KB140708

만주지역 친일단체

친일, 비겁한 변명

만주지역 친일단체

친일, 비겁한 변명

김주용 지음

역사공간

오늘날 중국 대륙의 국치일은 9월 18일이다. 1931년 일본제국주의가 만주를 본격적으로 침략한 날이다. 중국은 이때부터 1945년까지를 항일전쟁기로 부른다. 심양시 황고툰 유조구에 세워진 9·18역사박물관에는 전 국가주석 장쩌민江澤民이 쓴 '물망국치勿忘國恥'가 선명하게 사람들을 맞이한다. 항일전쟁기에는 무려 3,500만 명의 중국인이 다치거나 죽었다. 비단 사람만 희생되었을까. 그들의 문화·영토·풍속 등도 상당 부분 훼손되었다. 그래서 중국은 이 날을 국치일로 정했다. 해마다 심양을 비롯한 중국 동북지방 대도시에서는 9월 18일 오전 10시 정각에 3분간 경적을 울려 이 날이 국치일임을 상기시키고 있다.

중화민국시기에는 1915년 5월 9일이 국치일이었다. 이 날은 원세개가 일본에 굴욕적인 21개 조약을 체결한 날이다. 이른바 만몽조약으로 일컫는 이 조약으로 중국의 국부는 상당 부분 일본을 비롯해 열강들에게 흘러들어갔다. 중국 곳곳에서 일화배척운동이 전개되었으며, 또 다른 치욕의 길을 차단하려 했다.

중국의 국치일은 모두 일본과 관련이 있다. 그들은 일본의 만행을 용서는 하지만 절대 잊지 말자고 강조한다. 왕징웨이汪精衛를 비롯한 한간漢奸에 대한 역사적 단죄, 만주국 황제였던 푸이薄儀를 중생重生했던 무순전범관리소를 운영한 중국인의 눈으로 보면 대한민국은 아직도 '친일'과 보이지 않는 싸움을 하고 있는 것은 아닐까. 애써 우리의 현실은 중국과 다르다고 자위해 보지만 과연 우리의 자화상은 어떠한가.

'경술국치'는 나이든 세대에게는 익숙한 용어이다. 하지만 단지 용어일 뿐 실생활에서는 그리 큰 느낌을 주지 못하고 있다. 하물며 청소년들에게는 지나간 세월이자 먼 옛이야기일 뿐이다. 기성세대는 한일관계를 의식해서 또는 과거의 일이라고 얼버무리며 국치일에 대한 아픈 기억을 애써 봉합한다. 가슴 쓰린 현상이다. 이러한 상황에서 가깝고도 먼 나라 일본에게 우리의 메시지가 정확하게 전달될 리 없다.

2009년 민간단체에서 친일인명사전이 나왔다. 정부차원에서 친일단체 및 인명을 정리하는 작업도 마무리되었다. 그럼에도 아직 법원에서는 친일과 관련된 소송이 줄지어 사법부 판단을 기다리고 있다. 정리되지 않는 역사의 갈무리 작업은 그만큼 지난하다.

필자는 십 수년간 만주지역 독립운동사적지 실태조사를 다녔다. 그리고 현장에서 느낀 소감을 그때그때 보고서로 정리·발간하였다. 하지만 이러한 과정을 겪으면서 왠지 허전한 느낌을 지울 수 없었다. 그것은 당시 한 공간에서 벌어진 독립운동과 친일의 간극을 제대로 파악하지 못했다는 점 때문이다. 만주는 한국독립운동이 활발했던 곳이자 일제와 결탁한 세력들의 각축장이었다. 독립운동가들은 일제의 감시와 탄압보다 밀정이나 친일파들의 눈초리를 벗어나야 했다. 그 고단한 삶을 어떻게 현재 편안하게 살고 있는 우리가 복원할 수 있을까.

독립운동은 나를 버리는 길이다. 그것도 온전히. 안중근과 윤봉길 의사가 그랬듯이, 나를 버리고 온전히 죽음을 두려워하지 않는 삶이 바로 독립운동의 소중한 자산이자 우리의 중요한 문화유산이다. 그러나 편안한 길은 어떠한가. 나를 버리기는커녕 세상의 악과 결탁하여 다른 이들을 더욱 힘들게 한다. 친일의 길은 그래서 정의나 공의와는 동떨어진 삶일 수밖에 없다. 그것이 어떠한 변명이든 간에 말이다.

이 책은 만주지역의 수많은 친일단체 가운데 대표적인 단체들을 주로 다루었다. 제1부는 서간도지역의 대표적 친일단체인 만주보민회·봉천조선인거류민회·안동조선인회를 다루었다. 그 가운데 만주보민회는 회장 최정규가 주장했던 것처럼 단순한 친일단체가 아닌 일본인을 지향하는 단체였다. 왜 그들은 친일의 길에서도 일본인이 되는 길을 가려 했을까. 그 의문점에서 이 책은 출발했다.

제2부는 북간도지역 친일단체를 조명했다. 북간도지역은 독립운동의 잠재력이 가장 풍부한 곳이기도 했다. 민족교육기관에서 배출한 인적 자원은 언제든지 독립운동의 최일선으로 달려갈 수 있는 중요한 동력이었다. 일제는 '이한제한以韓制韓'이라는 방법을 사용하여 한인들을 통제하려 했다. 간도협조회·간도특설대·훈춘상조회가 대표적인 단체이다. 간도특설대는 지금도 논란이 될 만큼 존재 자체가 중요하다. 이들은 개인의 영달과 조국의 독립 속에서 고민하는 청년들인가. 아니면 개인의 영달만 추구했던 변명의 달인들인가. 참 안타까울 뿐이다. 이 책이 만주지역 친일단체의 모든 것을 밝혀줄 수는 없다. 하지만 역사의 역린逆鱗을 한 번은 헤집어서 그 상처의 환부를 도려내 건강한 사회를 만드는 것도 역사의 책무라 여기기에 이 작업을 시작했다. 독자들의 많은 질정을 바란다.

끝으로 무거운 주제를 선뜻 책으로 출판하겠다고 쾌히 승낙한 역사공간 주혜숙 대표님과 거친 글을 독자들이 편안하게 읽을 수 있게 다듬어준 편집부 여러분께 감사를 드린다.

이 책을 집필하는 과정에서 소천하신 선친께 바친다.

2014년 8월 1일

북한산 자락 구기동에서

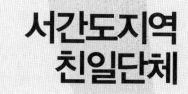

서간도지역
친일단체

만주보민회

제국주의시대 식민지배는 식민 모국의 우월성을 각인시키는 것에서 출발하였다. 주지하듯 식민지배론은 동화주의·자치주의·종속주의로 크게 구분된다. 일제의 식민통치방식도 이 틀을 벗어나지 않았다. 특히 강제병합 때부터 동화방식을 택한 일제의 식민통치방식은 3·1운동을 계기로 민족 이간책을 통한 분리지배방식으로 교묘히 변하였다. 하지만 이것도 오래가지는 않았다. 식민통치에 대한 일제의 내부적 반성이 식민지 '경영'의 체질 개선을 주문하는 형태로 표출된 것에 불과하였다. 즉 기능성의 변화를 통한 식민통치의 효용성 강화였다. 이러한 식민지배의 필요·충분조건을 만족시킬 수는 없었지만, 일제가 그 근사치에 가까운 활동을 보장하여 설립한 것이 만주보민회滿洲保民會이다.

만주보민회는 1920년 3월부터 1924년까지 남만주를 주된 무대로 활동한 단체이다. 보민회의 탄생은 일제의 대륙정책 중 선만일체화를 통한 한인통제와 회유以韓制韓를 동시에 이루고자 취한 결과로 이루어졌다.[1]

3·1운동은 전 세계인의 이목을 집중시킨 사건이었다. 이로 인한 영향

은 한반도를 넘어 간도를 비롯한 만주지역을 강타하였다. 일제는 만주지역에서 항일독립운동의 확산을 방지하기 위해 '혼춘사건'을 조작하여 이른바 '간도출병'을 단행하였다. 간도출병은 일제에게는 대륙침략을 완결하고 지배하는데 큰 틀을 제시한 중요한 사건이었다. 말할 필요도 없이 이를 계기로 독립운동가에게는 고난의 길이 더욱 더 가중되었다. 이러한 때 일제는 북간도에서 민회를 조직하여 이주한인의 예속을 더욱 강화하였으며, 서간도지역에서는 보민회를 설치하여 이주한인을 보다 긴박시킬 수 있는 단체를 조직하였다. 이는 서·북간도지역에서 지속적으로 성장하고 있는 독립운동 세력의 확산을 방지하는 일종의 방어막이었다.

지금까지 보민회에 대한 연구는 거의 이루어지지 않았다. 다만 민회와의 연관성을 규명하는 가운데 보민회를 독립운동단체의 대항단체로 파악한 연구가 있다.[2] 이 연구에서는 3·1운동의 영향과 그에 따른 일제의 위기감이 보민회를 조직하게 된 배경이었으며, 보민회는 독립군에 대한 적의를 유감없이 표출하였다고 강조하였다. 그러나 보민회의 설립배경을 독립군에 대항하는 무장조직으로 규정함으로써 보민회의 전체적인 성격을 규명하지 못한 것이 한계로 남았다.

이 글에서는 보민회를 통하여 '만주신천지'의 발전과 이주한인의 보호

---

1   초대 조선총독인 寺內正毅는 일선동조론과 선만일체화를 민족동화와 연결하여 강조하였고, 이는 대륙정책의 귀결점으로 인식되었다(정연태, 「조선총독 寺內正毅의 한국관과 식민통치」, 『한국사연구』 124, 2004, 189~192쪽).

2   김태국, 『만주지역 '조선인민회' 연구』, 국민대학교 박사학위논문, 2001, 154~167쪽. 강동진은 1919년 3·1운동 이후 일제의 식민통치 전반에 대한 외형적 변화 속에서 조직된 보민회의 관변적인 측면을 살펴보며 보민회를 무장 친일단체로 규정하였다(姜東鎭, 『日帝의 韓國侵略政策史』, 한길사, 1980, 258~262쪽).

라는 비합리적 규정성과 강자와 약자의 논리를 최대한 활용한 일본의 대륙침략정책의 한 단면을 살펴보려 한다. 그리고 단편적이지만 보민회 설립에 참여한 주요 구성원의 청원서를 분석하여 그들이 당시 팽배했던 사회진화론적[3] 관점을 지니고 있었는지를 살펴보고자 한다. 이를 통하여 남만주 이주한인에게 큰 영향을 미쳤던 보민회의 활동이 일본외무성과 조선총독부의 유기적인 관계 속에서 어떻게 진행되었는가를 밝히는 동시에 그 성격을 규명하려 한다. 특히 일제의 대륙침략정책으로 보민회가 설립·유지되었다는데 초점을 맞추었다. 이는 일제의 '선만일체화鮮滿一體化' 정책과 대아시아주의가 보민회 설립과 직접 연관되어 있다는 논지에서 출발하였다.[4] 이를 통해 1920년대 남만주지역에서 일제의 식민정책 도구로서 기능하였던 보민회의 성격을 조금이나마 이해하는데 보탬이 되기를 기대한다.

세력 이식의 충족화

1931년 9월 18일 '만주사변' 전까지 일제는 지속적으로 이주한인에 대한 보호정책을 강조하였다. 만주보민회 설립 당시 일본외무성에서는 남만주 이주한인에 대하여 첫째로 농업에 종사, 둘째로 교통의 불편, 셋째로 항

---

3 박성진, 『사회진화론과 식민지사회사상』, 선인, 2003 ; 이나미, 「일제의 조선지배 이데올로기」, 『일본과 서구의 식민통치비교』, 선인, 2004, 97~102쪽.
4 일본의 대아시아주의는 메이지유신 이후 전개된 대륙침략 정책의 이념적 틀을 제공하였다(강창일, 『근대 일본의 조선침략과 대아시아주의』, 역사비평사, 2002).

일운동 방지, 넷째로 만주개발의 첨병을 이유로 보호해야 한다고 주장하였다.[5] 이 가운데 가장 중요한 것이 만주개발의 첨병이라는 인식이었다. 대표적 식민론자인 야나이하라 다다오^{矢內原忠雄}는 만주사변 전까지 일본의 농업이민정책이 실패한 원인 가운데 경제적인 측면을 가장 중요하게 인식하였다. 이를 극복하기 위해서는 소극적 방임주의를 지양하고 법률적 보호와 경제적 구제를 아울러 진행해야 한다고 주장했다. 그는 농업이민의 중요성은 아무리 강조해도 지나치지 않는다고 생각하였다.[6] 일제는 이주한인에 대한 보호가 자국세력의 이식과도 직결된다고 판단하였기 때문에, 1907년 통감부임시간도파출소 설치에서 나타나듯이 지속적으로 대륙침략정책의 실행이 필요했다.[7] 북간도뿐만 아니라 서간도 역시 세력이식에 필수적인 것이 초기 이주한인의 존재였다.

그렇다면 만주보민회를 설립한 직접적인 배경은 무엇인가. 크게 두 가지로 대별해 볼 수 있다. 먼저 3·1운동의 영향과 독립운동단체의 활동이

---

5 淺田喬二, 『日本植民地硏究史論』, 未來社, 1990, 465~466쪽.
6 조선인 조합 결성은 소극적 방식을 지양하고 적극적 방식으로의 전화를 의미한다. 김태국은 보민회의 설립배경을 3·1운동 직후 남만지역에서 발흥하였던 독립운동단체인 한족회와 대한독립단에 대한 대립각으로서 무장조직인 보민회를 조직하였다고 지적하였다. 물론 보민회가 독립군에 대한 테러 및 공격을 행한 것은 여러 사료에서도 확인할 수 있다. 그러나 보민회의 활동을 독립군에 대한 대응방식으로 도식화한다면 보민회의 구성원인 대다수 농민들의 성격 규정은 어떻게 해야 하는가라는 문제에 봉착하게 된다. 이들이 모두 무장세력으로서 그 역할을 담당하였는지에 대해서는 이 글에서는 논외로 하고, 이러한 논의를 가능하게 하였던 1920년대 남만주의 환경에 대해서 서술하려 한다.
7 大藏省管理局, 『日本人の海外活動に關する歷史的調査』 3, 在外朝鮮人の保護, 10쪽.

일제로서는 큰 부담으로 작용하였으며, 이주한인들의 세금부담이 증가하고 있다고 판단하여 이를 적극 이용하고자 한 것이다.[8] 일제는 일반 이주농민이 독립군에게 금품을 많이 빼앗기고 있다고 선전함으로써 독립군의 물적 토대인 이주한인과 독립군의 간극을 벌려놓을 필요가 있었다.[9] 즉 자위단체 조직의 필요성이 대두되었다고 하나 실질적인 목적은 독립운동의 와해였다.

1920년 1월 하순 이인수李寅秀와 최정규崔晶奎[10]는 제우교도로서 홍경현지방의 교도를 위문한다는 명목으로 만주로 향하였다. 이인수는 제우교의 전도를, 최정규는 보민회 설립을 목적으로 활동하였다. 이들의 활동은 이주한인을 포섭하여 독립운동의 물적 토대에서 분리시켜 독립운동 세력을 약화시키고자 하는데 초점을 맞추었다.[11] 일제는 당시 경찰이 귀순공작을 자체의 힘으로 수행한다는 것이 현실적으로 곤란하였기 때문에 보

---

8 1921년 2월 일본중의원에서는 만주 및 시베리아에서 활약하고 있는 독립군이 조선 국내에 지대한 영향을 미치고 있는 것을 적절히 탄압하지 못하고 있는 정부에 대해 질책하였다(『衆議院議事速記錄』권4, 117~120쪽). 이에 정부는 「일지국경회순잠 정판법협정」을 체결하여 간도출병과 철병 이후 힘의 공백상태를 메우고 독립군의 활동을 적극 저지하고자 하였다. 이 법은 크게 6조로 되어 있다. 첫째, 양국파원회 동 국경순찰규정, 둘째, 순찰방법, 셋째, 무장비도에 대한 순찰관리규정, 넷째, 감 독관리 및 실행관리의 책임, 다섯째, 국경선박 및 도선취체 규칙, 여섯째, 부칙으로 구성되었다(『日本外務省 特殊調査文書』14, 고려서림 영인본, 195~196쪽).
9 日本外務省外交史料館, 『朝鮮人ニ對スル施政關係雜件 – 保民會(이하 保民會)』권 1, 「滿洲保民株式會社ニ關スル件」(1920. 3, 機密朝 제3호).
10 최정규는 김해친일회 회장으로 있다가 1915년 전후 만주로 건너가 본격적인 친일 행각을 펼쳤다.
11 日本外務省外交史料館, 『保民會』권1, 「滿洲保民株式會社ニ關スル件」(1920. 3, 機密朝 제3호).

민회를 통해 독립운동가에 대한 밀정활동과 귀순을 적극적으로 실행하고자 하였다. 이러한 취지는 일본외무성에서 관동청장에게 보낸 비밀의견서에도 상당 부분 반영되었다. 구체적인 내용은 다음과 같다.

첫째, 보민회는 재만조선인 독립운동 기타 불령선인의 귀화를 목적으로 한다.

둘째, 보민회의 두령은 일진회의 잔당인 제우교도(시천교) 가운데 자격 있는 자를 선정하고 그 조직 방법은 대략 일진회의 규정을 습용한다.

셋째, 보민회의 경비는 모두 정부 보조를 요한다.

넷째, 본회의 행동은 모두 관동장관 또는 관동군사령관의 지휘 명령에 복종한다.[12]

독립군에 대한 귀순공작은 공격적이었다. 1920년 3월 최정규가 제우교도 16명, 중국 순사 8명과 집안현에서 한족회장 박장호朴長浩와 조맹선趙盟善에 대한 귀순공작을 대담하게 전개한 데서도 알 수 있다.[13] 귀순공작은 1920년 일제가 간도침략을 단행하면서 독립운동단체와 개인에 대하여 조직적으로 실행되었다.[14] 일제의 강온정책은 북간도를 비롯한 한인사회

---

12 日本外務省外交史料館, 위의 문서.

13 金正柱, 『朝鮮統治史料』 8, 865쪽.

14 일제는 간도출병과 함께 독립운동가에 대한 '귀순공작'을 극렬하게 펼쳤다. 이러한 폭압적 정책 속에서 많은 수의 귀순(?)자들이 발생하였다(姜德相, 『現代史資料』 28, 645~669쪽 ; 日本陸軍省, 『間島事件關係書類』 下, 「間島及琿春派遣憲兵撤退

에 커다란 영향을 미쳤다.[15] 보민회는 제우교의 교세확장과 연결되어 성장하였다. 물론 이것이 보민회가 종교단체의 기능만을 보이고 있다는 것을 의미하지는 않는다. 오히려 종교적 외피를 쓴 친일단체의 성격을 태생적으로 안고 출발하였다.[16] 보민회는 일반 이주한인을 대상으로 하면서도 전도와 회유를 병행하면서 세력을 확장해 나갔다. 보민회가 일진회를 표방하고 그 조직체계를 따른 것은 일진회가 이미 1900년대 중반 아시아연대를 강조하면서 아시아주의를 내세웠다는 점에 비추어 보면 대한제국의 병합과 대륙침략정책의 연장선이라는 측면이 신빙성이 높고 설득력 있다고 할 수 있다.[17]

다음으로 이주한인들의 효용성은 토지개척에 있었다. 이것은 앞에서 서술한 것과 불가분의 관계가 있다. 일제의 만주에 대한 관심과 야욕은 대륙을 포괄하는 의미에서는 이미 다른 제국주의의 특징과 큰 차이가 없다. 다만 후발주자로서 자본주의 확립과 영토팽창이라는 절대명제 하에서 출발한 일제는 광범위한 지역에서 빠르게 독자성을 유지하는 것이 관건이었다.[18] 뿐만 아니라 한인의 경제적 지위와 실상은 때와 장소에 크게 구애받지 않고 동일하게 열악한 상태였다. 이를 이용하여 만주에 대규모

狀況報告」(1921. 6, 朝憲警秘 제1129호)).

15 김춘선, 「경신참변연구」, 『한국사연구』 111, 2000.

16 일진회의 적극적인 친일과 그 배경인 흑룡회와의 관계를 규명한 대표적 연구는 강창일에 의해 이루어졌다(강창일, 『근대 일본의 조선침략과 대아시아주의』, 역사비평사, 2002).

17 조항래, 「內田良平의 韓國倂呑 行蹟」, 244~246쪽.

18 구대열, 『한국국제관계사연구』 1, 298쪽.

일본이민을 추진하였던 것이 만주이민정책의 귀결이었다.[19]

'만주개발'의 첨병이라는 인식은 이주한인에 대한 존재가치를 더욱 각인시켜 주었다. 이들은 수전농법의 전수자로서, 그리고 개척농민의 대명사로서 각광을 받았다. 1900~1910년대 만주지역에서 농지개척은 주로 이주한인이나 관내 한족에 의해 이루어졌다. 만주지역의 이주민 증가는 중국 정부로서도 매우 민감한 문제였다. 중화민국 성립 이후 중국 정부는 1914년 3월 '국유황무지승간조례國有荒蕪地承墾條例'를 반포하여 중국인에게만 황무지 개간권을 부여하였으며, 중국 관리의 지속적인 지휘 하에 두었다.[20] 이는 만주지역 관내 이주자의 증가와 이주한인 및 일본인에 대한 대응책의 발로였다. 하지만 무엇보다도 황무지 개척과 수전농법의 비교우위는 이주한인에게 있었으며, 합병 이후에도 여전히 그 현상이 유지되었다.[21]

이러한 사회경제적인 상황은 일제에게 중국 대륙에서 세력 확장에 대한 조급성을 초래했다. 특히 3·1운동 이후 더욱 거세어지는 항일독립운동의 열기를 소진시키고 만주개척에 필요한 자원을 안정적으로 수급할 수 있는 방법이 강구되었다. 그것이 만주보민회 설립으로 현실화되었다. 만주보민주식회사의 발기문에서도 나타나듯이 만주에 이주한 한인 무산

---

19 淺田喬二, 「滿洲農業移民と農業·土地問題」, 『日本近代化と植民地』, 岩波書店, 1993.

20 马尚斌, 『奉系经济 - 奉系军阀全书 5』, 遼海出版社, 2000, 4~5쪽.

21 러일전쟁 이후 획득한 관동주와 만철부속지(약 2천 5백만 평)에 경작한 일본인은 각각 150명과 300명 내외이다. 일제는 만주에서 일본인의 농업이 성공하지 못한 이유로 농민의 자질과 사상적 노력의 결여, 토지소유권의 불확실성을 들었다(朝鮮雜誌社 編著, 『新朝鮮及新滿洲』, 523~524쪽).

농민에게 토지를 경작시키기 위해 보민회를 설립한다는 것을 표면적인 이유로 내세웠다. 이는 이주한인의 경제적 지위를 향상시켜 대내외적인 선전효과를 노리는 동시에 실질적으로는 만주개척에 이주한인을 적극적으로 이용하려는 속셈이었다. 1922년 봉천총영사관의 조사에 의하면 안동현을 비롯한 남만주 일대의 이주한인은 24,663호, 110,548명에 달하였다.[22]

이에 비해 일본인의 남만주 이주, 특히 일본 농민의 남만주 이주와 정착은 실적이 저조한 편이었다. 이러한 실상을 극복하기 위해 일제는 보민회를 조직하여 자발적인 친일 행위를 가능케 하기 위한 통로를 열었다. 나아가 3·1운동의 영향력으로 만주에서 독립운동 열기가 고조된 상태에서 일제는 내선융화와 그 동질성을 확보한다는 명목으로 '동양평화론'을 제기하였다.[23]

요컨대 유기체적 연대론의 구현과 항구적인 선만일체화는 보민회의 설립으로 표면화되었다. 이를 통한 대륙침략의 인적 자원 활용안도 아울러 충족시킬 수 있었다. 따라서 일제는 러일전쟁 때부터 한일병합 때까지 공식 또는 비공식 라인으로 가동한 일진회의 '충성'과 그 이외의 것을 만주에서도 실현 가능하리라고 판단하여 보민회를 설립하기에 이르렀다.

---

22 牛丸潤亮, 『最近間嶋事情』, 153~154쪽.
23 『齋藤實文書』 권8, 「朝鮮ニ關スル植民政策的考察」.

조직정비와 경비조달

조직정비와 운용

1919년 3·1운동 직후 흥경현에 거주하는 김진석金鎭奭은 이완용의 찬조를 받아 자위단으로서 보민회 설립인가를 봉천총영사에게 신청하였다. 이것이 만주보민회 설립의 최초 움직임이었다. 이후 1920년 1월 7일 이인수와 최정규는 관동장관을 방문하여 조선총독 사이토 마코토齋藤實의 소개로 제우교도의 보호, 보민회의 설립허가, 보민주식회사의 조직 원조를 의뢰하였다. 이에 대하여 봉천총영사관에서는 외무성과 연락을 통해 그 설립 타당성을 타진했다.[24] 이인수·최정규·서소석徐邵晳은 독자적으로 1920년 2월 1일 흥경현에서 보민회 총회를 개최하였다. 총회장은 보민회의 실력자인 최정규였으며, 흥경현 지부장은 이동선李東宣, 부회장은 김공제金公濟, 총무는 김영순金永淳이었다. 지회는 통화·집안·임강·관전·환인·유하·해룡·개원 등지에 설치하였다. 지회의 설치는 일제에게 이주한인을 제어하는 안정장치 기능을 담당할 수 있는 중요한 요소로 인식되었다.[25] 보민회는 1920년 6월 봉천총영사관으로부터 정식으로 인가받았다. 조직은 총회·지부·지회로 계통화되었다. 보민회가 단기간에 세력을 확장하고 한인사회에서 영향력을 미칠 수 있었던 것은 일제의 규정력이 강하게 작용했기 때문이다.

1920년 6월 25일 보민회 총회장에 취임한 이인수는 조직 확대와 선전

---

24 『保民會』권1, 「保民會設立計劃ニ關スル件」(1920. 1. 13, 高제181호).
25 『保民會』권1, 「保民會設立計劃ニ關スル件」(1920. 1. 13, 高제181호).

을 강화하기 위해 총본부인 홍경에서 발회식을 개최하였다. 이인수의 개회사를 시작으로 총무 최병기가 '생명재산의 보호', 백형린白衡隣이 '풍속개량', 김창익金昌益이 '교육의 발달', 이인수가 '실업 장려'라는 주제로 발표하였다. 발회식 참가자는 흥남興南 총구總區 13명, 흥동興東 총구 11명, 흥북興北 총구 150명, 흥서興西 총구 40명, 하남河南구 11명, 흥경興京지부 관내 70명으로 합계 295명이었다. 유세구역은 환인·집안·통화 등 3현이며, 총회장 이인수, 총무 최병기, 간사 안홍익安鴻翼, 통사通事 강낙오康樂五, 감독 아카시 다다시明石正와 오가와 기이치小川喜一가 참석하였다.[26] 이 발회식은 일본이 보민회에 어떠한 영향력을 행사하고 있었는지를 단적으로 보여주고 있다.[27]

보민회 회칙에도 일본의 영향력을 알 수 있는 조항이 곳곳에서 보인다.[28] 그런데 이 총칙을 몇 차례 개정되었다.[29]

제4조   본회의 총본부를 봉천성 흥경현 신빈보新賓堡에 둔다. 임원회의 의결에 따라 관할 영사의 인가를 거쳐 필요한 곳에 지부를 설치할 수 있다. 지부 회칙의 제정 및 변경은 관할 영사의 인가를 요한다.

---

26 『保民會』권1, 「保民會ニ關スル件」(1920. 6. 29, 公제251호).

27 『保民會』권1, 「桓仁縣保民會狀況ニ關スル件」(1920. 10. 29). 통화일본영사분관 서장 小澤辨作은 통화영사분관 주임 本田選에게 보민회 환인현 지부의 무능과 일반 이주민의 혐오 등 무원칙적 일처리가 상당하여 보민회의 사무를 영사관의 지휘 명령에 둘 필요가 있다고 하였다.

28 『保民會』권1, 「滿洲保民會則」.

29 『保民會』권1, 「保民會規則寫返戾ノ件」(1920. 7. 14, 拓제3551호).

제6조   회 및 회원에 관한 중요사항이 발생할 때는 그때마다 관할 영
사에 보고한다.

제11조 본 회에 다음의 임원을 두고 회원 가운데 추천하여 총회에서
동의를 얻는다. 회장 1인, 부회장 1인, 총무 2인, 평의장 1인,
서무주임 1인, 간사 5인, 서기 2인, 평의원 20인, 조사원 약간
명. 총회장은 본회를 대표하되 회의에 의장이 되고 회무 일체
를 총리함. 부회장은 총회장을 보좌하고 총회장 유고시에 이를
대리함. 총무는 총회장의 명을 승계하여 그 사무를 감독 처분
함. 총무 가운데 1인은 총회장의 명을 받고 서무에 관한 모든
사무를 감독 처리함. 다른 1인은 총회장의 명을 받아 회계에
관한 모든 사무를 감독 처리함. 간사는 총회장의 명을 받아 다
른 주관에 속하지 않은 사무를 취급함. 조사원은 총회장의 명
을 받아 제반 조사사무에 종사함. 서기는 총회장의 명을 받아
회무에 관한 서무에 종사함. 평의원은 회에 관한 제반 사항을
평의한다.

제12조 총회장 및 부회장은 당분간 관할 영사가 이를 지명함. 총무 간
사 및 서기는 총회장이 이를 임면함. 조사원은 다른 곳에서 요
하면 회원 가운데 수시로 총회장이 이를 임면함. 평의원은 회
원의 호선互選으로 하고 그 임기를 1개년으로 하고 단 재선도
무방함. 평의원은 총회장이 정당한 이유로 인정할 경우 이외에
는 사임할 수 없다.

제14조 임원은 모두 명예직으로 하고 단 관할 영사의 인가를 거쳐 수
당을 지급할 수 있다.

제15조 관할 영사의 인가를 거쳐 필요한 곳에 구장을 설치하고 구역 내에 회무를 처리함. 구장은 명예직으로 하고 총회장이 이를 임면함. 단 관할 영사의 인가를 거쳐 수당을 지급할 수 있다.

제17조 총회는 매년 12월에 개최하며 회의 업무에 관한 중요사항을 의결하고 평의원의 선거를 행하며, 총회장은 중요한 회의 업무의 경과 및 회계의 상황을 보고함. 관할 영사의 명령 또는 임원회의 의결에 따라 임시총회를 개최할 수 있다. 임원회는 임원으로서 조직해야 하고 필요에 따라 이를 소집하고 본회의 제반 사무를 심의한다.

제18조 본회의 기본금 및 경비는 회원이 부담하고 회비 및 유지자의 기타 수입으로 충당함. 본회의 수입금은 총회장이 이를 보관하고 관할 영사는 어떤 때라도 회계에 관한 부책簿册서류 및 현금 검사를 행할 수 있다.

제20조 회원의 부담액은 총본부 임원회에서 이를 의결하여 관할 영사의 인가를 거쳐 징수함

제21조 총회장은 매년 3월 총본부 및 각 지부에 관한 지부 예산을 조정하여 총본부 임원회의 의결을 거쳐 그해 개시 전에 관할 영사의 인가를 받아야 한다.

제22조 이미 정한 예산의 추가 또는 개정할 필요가 있다고 할 경우에는 총본부임원회의 의결을 거쳐 관할 영사의 인가를 받아야 한다.

제23조 임원회는 관할 영사의 인가를 거쳐 본 규칙 시행에 관한 세칙을 정해야 한다.

제24조 본 규칙은 총본부 임원회의 의결을 거쳐 관할 영사의 인가를
받아야 하고, 그렇지 않을 때에는 이를 변경할 수 없다.

일제의 영향력은 제4조에서 보민회의 각 지부는 관할 영사의 인가에
따라 설치가 가능하였다는 점에서도 엿볼 수 있다. 이외에도 제12조와 제
14조 등을 볼 때 보민회의 성립과정에서 영사관은 협력체제의 구축을 초
월하는 그 이상의 힘을 발휘하였다.

보민회 성립과 함께 지부 설치도 빠르게 진행되었다. 1920년 9월 17일
유하현柳河縣 양자초樣子哨 박상록朴尙錄의 집에서 김성규金性奎, 金性圭와 박상
록 등 15명은 21일 창립총회 개최를 결의하였고, 회원은 100여 명에 달
할 것으로 예측하였다.[30] 보민회 지부 설치는 보민회의 세력확장과 직접
적인 관련이 있기 때문에 지부 관할 영사관에서 적극적으로 개입하였다.
특히 아카시赤塚 봉천총영사는 외무대신에게 조선인을 통제하기 위해서는
보민회 지부를 이용하는 것이 가장 효율적이라고까지 강조했다.[31] 일반적
으로 1개 현에 지부를 설치하고 1개 지부 밑에 4개 지회를 두어 지부의
감독을 받게 하였다.[32] 이는 오지에도 지회를 설치하여 일제의 경찰력이
미치지 않아도 보민회 조직만으로 이른바 '불령선인'을 감시·통제할 수

---

30 당시 회합한 임원은 다음과 같다. 회장 김성규, 부회장 全炳先, 총무 權治機, 간사
    박상록, 조사원 崔海源·李元赫·權洙玉, 서기 孫基玉·朴致烈, 평의원 朴致瑞·張
    錫周·金基洪 등이다(『保民會』 권1, 「柳河縣 樣子哨 保民會設立ノ件」(1920. 10.
    5, 公제125호)).
31 『保民會』 권1, 「保民會設立計劃ニ關スル件」(1921. 1. 13, 公제18호).
32 『保民會』 권1, 「滿洲保民會補助費ニ關スル件」(1921. 12. 9, 公제400호).

있다고 인식한 결과였다.

1920년 10월 일제의 '간도출병'과 함께 용정에 보민회 총지부가 설치되었다. 중심인물인 양정묵梁正默·이선민李仙民·성희경成熙慶·나정묵羅正穆은 일본군이 행했던 이주한인에 대한 귀순사무를 맡았다.[33] 이들은 적극적인 귀순권유 등을 통하여 제우교의 교세를 확장하고 독립운동을 거세하기 위한 활동을 전개하였다. 보민회는 두도구·태랍자·남양평·허문리에 지부를 설치하였다. 용정촌 지부에 참여한 사람들은 다음과 같다.

> 양정묵(총지부령), 박상하(교장), 조정기(지원사장), 朴春瑞(宗化課長), 姜斗遠(宗化課員), 崔尙奎(종화과원), 林炳斗(財務課長), 鄭智健(財務書記), 朴昌翊(庶務課長), 吳健泳(서무과원), 金桂鳳(庶務書記), 金鳳漢(編輯課長), 金昌烈(編輯書記), 羅性穆, 朴京周, 方正規, 嚴仲瑞, 車雲日, 李東郁, 林澤鍾, 吳鍾源, 沈昌濬, 韓秉翼, 金奎鎭, 董秉憲, 鄭運河, 韓承仲, 鄭浩珉, 李恭翊, 兪仲華, 李英郁, 尙允植, 姜周憲, 文永穆, 鄭文權, 崔容浩, 姜渭玉, 金順熙, 姜基鎬, 太舜範, 崔炯國, 李官俊, 趙廣允, 嚴秉喆, 李明行, 金元濬, 姜尙翊, 崔明三, 馬秉鎬, 李重洙, 朴子英, 趙完璧, 姜東益, 成熙慶(頭道溝支部領), 李仙民[34]

또한 1920년 12월 혼춘에 북만주 보민회 혼춘총지부회가 조직되었다.

---

33 『保民會』권1, 「濟愚教現況ニ關スル件」(1921. 2. 25. 제87호). 초기 귀순업무는 堺 간도총영사대리와 군참모의 협의로 이루어졌으며, '귀순'은 그 자체로 끝나는 것이 아니라 지속적인 보호·관찰이 뒤따랐다(『間島出兵史』上, 102~103쪽).

34 『保民會』권1, 「濟愚教現況ニ關スル件」(1921. 2. 25. 제87호).

참가인원은 70명으로 주로 지역유지와 일제의 '귀순공작'으로 포섭된 자들이었다. 혼춘총지부회는 이주한인 상호 간의 친목을 도모하고 생명과 재산을 보호, 교육과 산업을 장려할 목적으로 설립되었음을 강조하였다. 하지만 실질적으로 모든 의결사항은 일본총영사관의 직접적인 통제를 받았으며, 이해추李海秋(이해수李海秀)가 실질적인 권한을 가지고 있었다. 그는 간도출병 부대인 기림지대磯林支隊 선교사 출신으로 "남북만주의 이주한인 현황을 볼 때 독립군(불령선인)이 출몰하여 유감으로, 그 무지몽매가 자못 심하여 일본군에게 출동 기회를 주었다. 이에 본 회의 목적을 달성하기 위해 임원을 선정한다"고 하였다. 이렇게 선정된 인원은 회장 이해추, 부회장 맹성국孟成國, 평의원 윤동철, 교육부장 노남창魯南昌 등이었다. 평의원은 독립군 간부로서 귀순한 자 가운데 선발하였으며, 일본의 지도를 받아야 했다. 혼춘 시내 외에 4개소의 지부를 설치하고 조직위원을 선정하였다.[35]

이러한 가운데 1921년 3월 8일 보민회 총본부 총회장 이인수가 주동이 되어 외무대신 우치다 고사이內田康哉에게 보민회 확장에 관한 청원서를 직접 제출했다.[36] 이인수는 볼셰비키 혁명의 후폭풍으로 만주지역에 사회주의 세력이 팽창하고 독립운동단체의 근거지로서 확고한 기능을 담당하고 있다고 하였다. 따라서 만주지역에서 한인의 안전과 보호를 위해서 조직

---

35 『保民會』권1, 「琿春親日團成立ノ件」(1920. 12. 27, 高警제40510호).
36 1921년 보민회 조직상황은 다음과 같다. 총회 고문 2인, 회장 1인, 부회장 1인, 간사 1인, 서기 2인, 조사원 4인, 소사 1인이며, 지부와 지회에는 지부회장 8인, 부회장 8인, 서무 8인, 회계 8인, 간사 8인, 조사원 24인, 소사 8인이었다(『保民會』권1, 「滿洲保民會補助費ニ關スル件」(1921. 11. 4, 機密제50)).

만주보민회 회장 최정규가 동포들에게 보낸 경고문

의 확장이 절대적으로 필요한 사업임을 강조하였다. 나아가 보민회가 위축되면 만주 일대에서 제국의 권리 역시 동반 추락할 수밖에 없다고 '위협'할 정도였다. 그는 '보민회를 재만한인의 유일한 온화건실한 집단'으로 선전하면서 조직 확장에 필요한 경비로 30만 원을 요구하고 이를 관철시키고자 하였다. 실질적으로 책정 받은 예산은 12만 5천 원에 불과했다.[37]

---

37 당시 적극 참여했던 보민회 간부는 다음과 같다. 배정자(경성 서린동 56번지(현 주소), 만주보민회 총본부 고문), 양정묵(길림성 간도 용정촌, 만주보민회 총본부 부회장), 오헌영(봉천성 통화현, 만주보민회 총본부 전 총무), 최병기(봉천성 흥경현 신민보, 만주보민회 총본부 전 총무), 이해수(길림성 혼춘시, 만주보민회 북만주총지부 회장), 이선민(길림성 화룡현, 두도구지부), 윤범식(길림성 혼춘시, 만주보민회 북만주총지부 총무), 이민관(길림성 혼춘시, 만주보민회 북만주총지부 총무), 안

보민회는 설립 초기부터 몇몇 개인에게 실권이 집중된 상태였다. 보민회 조직은 최정규파와 이인수파로 나뉘어 자파의 견해를 피력하는데 주력하였다. 급기야 1921년 8월 보민회의 실권자인 최정규에 대한 비판이 제기되었다. 총회장 이인수는 최정규의 독단으로 이주민의 원성이 증가했다고 문제를 제기하면서 봉천헌병대에 보민회 조직 개선을 위해 다음과 같은 안건을 제시하였다.[38]

첫째, 보민회로서 독립운동가를 토벌하려는 것이 회 설립의 취지인데 이러한 것은 일반인의 반감을 살 수 있어 독립군 토벌은 헌병에게 일임할 것

둘째, 각 현에 소학교를 설치할 것

셋째, 귀순자의 처리에 신중을 기할 것

넷째, 구제금을 각 현마다 200엔씩 하부下付할 것

다섯째, 회원 유족에게 위로금을 지불할 것

여섯째, 총본부를 통화로 이동하며 총재 이하 임원을 개선 임명할 것

이와 함께 최정규는 9월 3일 봉천일본총영사관에 자신의 견해를 담은

홍익(봉천성 홍경현 신빈보, 만주보민회 총지부 간사), 변기택(경성 사직동 139, 제우교 선교사 겸 본부 의제관장), 이동성(봉천성 통화현, 만주보민회 지부회장), 성홍경(길림성 화룡현, 두도구지부), 박종구(경성 효자동 50, 제우교 본부 서무관장), 조연기(길림성 화룡현, 제우교 총지부 지원사장), 강두원(길림성 연길현, 제우교 지부령) (『保民會』권1, 「回覽書類返却方ノ件」(1921. 2. 21, 拓제383호)).

38 『保民會』권1, 「滿洲保民會ノ紛擾竝ニ幹部ノ行動ニ關スル件」(1921. 9. 26, 機密公제52호).

의견서를 제출하였다. 9월 6일 봉천총영사관에서는 이인수가 보낸 의견서와 비교 검토하여 이인수의 안건을 수용했다. 이것이 보민회 개혁안으로 내용은 다음과 같다.

첫째, 만주보민회 총본부를 봉천총영사관 내에 두고 본부 출장소를 통화현 내에 두어 각 현에 지부를 설립할 것

둘째, 최정규를 고문으로 임명하고 독립운동가를 토벌하는 최정규일파를 전부 봉천에 두어 보민회 사무에 관련시키지 말고 무기도 환수할 것

셋째, 이인수는 종전과 같이 교육·구제금 등에 관하여 상세하게 집행할 것[39]

일제로서는 보민회의 내분을 이용하여 지도부의 예속을 강화시키고자 하였으며, 한편으로 그 내분이 외부로 표출되어 보민회의 와해로 이어지는 것을 방지하기 위한 마지노선으로 이와 같은 개혁안을 제시하였다. 이러한 미봉책은 보민회 존속 기간 내에 지속적인 알력으로 표출될 수밖에 없었다. 심지어 1923년 11월 제우교 교주 김유영金裕泳은 최정규의 독단과 공금 횡령에 대하여 외무대신 이쥬인 히코키치伊集院彦吉에게 탄원하기에 이르렀다.[40]

---

39 『保民會』 권1, 「滿洲保民會ノ紛擾竝ニ幹部ノ行動ニ關スル件」(1921. 9. 20, 中제 3311호).
40 『保民會』 권2, 「陳情書」.

한편 보민회 설립으로 기존 조선인회 사이에 알력이 발생하기도 하였다. 1921년 11월 18일 봉천·흥경·유하·통화·임강·집안·환인·관전·안동 각 현에서 독립군의 조사 및 보민회 지부 설치에 관한 조사를 하기 위해 조사반이 파견되었다.[41] 그리고 12월 3일 봉천총영사관 경찰서 시미즈淸水 경부와 평안북도 경무과 이토伊藤 경부 등 7명은 유하현에 도착하여 보민회 지부를 신설하고 그곳 일대를 이주한인 관할로 하였다. 이들은 흥경현에서 동반한 이주한인 이응도李應道를 지부장에 임명하고 부회장·간사·서기·조사원 및 각 주요부처에 지회장을 임명하여 종래 담당관할인 해룡분관의 인가를 거쳐 설치하였다. 그리고 유하현보민회 지부 이외에 해룡영사관 내 양자초樣子哨보민회, 휘남輝南 및 북산성자北山城子 농업조합을 유하보민회 지부의 지회로 고치고, 다시 삼원포三源浦에 지회를 신설하여 해룡분관 내 한인단체를 전부 보민회로 통일하여 유하지부 아래 두었다. 이때 보민회 감독은 경찰관 출장소 주임에 위임하고 일반 이주 한인의 지위에 관해서는 봉천총영사 및 관원이 협의하여 결정하였다.[42] 그러나 보민회지부를 설치할 때 기존 조선인거류민회를 해체하고 외부인을 회장으로 임명하였기 때문에 알력이 생겼다.[43]

이처럼 설립 초기 보민회가 지향했던 회원의 무장과 독립군 토벌은 오히려 이주 한인사회에서 반감을 촉발하였고, 나아가 중국측의 적극적인 대응을 초래하였다.[44] 이 문제는 총재 최정규와 총회장 이인수의 알력이

---

41 『保民會』권1, 「保民會其他鮮人團體ニ關スル事務打合ニ關スル件」(1922. 4. 6, 機密제12호).
42 『保民會』권1, 「當管內保民會支部設置ニ關スル件」(1922. 1. 20, 機密제5호).
43 『保民會』권1, 위의 문서.

만주지역 친일단체

라는 측면이 강하게 내포되어 있었다. 당시 한인사회에서는 최정규 일파의 행위에 대한 불만과 두려움이 컸다.[45]

1922년 9월 1일 일본 봉천총영사관 주재로 보민회 지부회장 회의가 개최되었다. 이 회의에서는 보민회 본부와 각 지부의 활동상황에 대한 의견이 개진되었다.[46] 아카츠카 쇼스케 총영사는 '보민회의 장래와 발전 및 만주 이주한인의 보호책'이란 주제로 연설하였다.[47] 그는 먼저 중국측과 갈등 내지 마찰에 관한 문제를 제기하였다. 독립운동가들의 활동은 중국관헌의 용인 범위를 초월하였고, 이는 이주한인의 지위와 직결되어 그들의 보호책이 거의 무장해제 상태에 있으므로 조선인회와 보민회가 중국측과 교섭을 통해 이를 해결해야 한다는 것이다. 즉 중국측의 이주한인 '축출주의'에 대항하기 위해서는 중국관헌과 관계가 가장 중요하다고 판단하였

---

44 중국 측에서는 보민회의 이러한 행위에 대하여 이미 1921년 4월부터 통화일본영사관에 건의할 정도였다(『保民會』 권1, 「保民會ニ就キ知事來信等ニ關スル件」(1921. 4. 13, 제11호)).

45 金正柱, 『朝鮮統治史料』 8, 865~866쪽 ; 『保民會』 권1, 「滿洲保民會ノ紛擾竝ニ幹部ノ行動ニ關スル件」(1921. 9. 20, 中濟3311호).

46 참석자는 다음과 같다. 보민회 본부 고문 : 최정규, 회장 : 이인수, 부회장 : 張之亮, 간사 : 이해수, 서기 : 金周益, 홍경현 지부 회장 : 백형린, 부회장 : 洪大英, 감독 : 佐佐木準, 통화현 지부 회장 : 이동성, 부회장 : 李和英, 감독 : 奈頂勇喜, 환인현 지부 회장 : 安鴻翼, 감독 : 毛井正男, 유하현 지부 회장 : 李應斗, 서기 : 鄭炳翰, 감독대리 : 鄭晃極, 樣子哨지회 회장 : 朴元昊, 三源浦지회 회장 : 李東勳, 北山城子지회 회장 : 李珍河, 관전현 지부 회장 : 金用國, 부회장 : 姜鏡海, 임강현 지부 회장 : 孫熙相, 감독 : 松隈塔太郎, 집안현 지부 회장 : 李完求, 서기 : 金景鎬, 감독 : 金永薰, 장백현 지부 회장 : 宋林, 有志者 : 朴基潤, 감독 : 木村友治, 안동현 조선인회 회장 : 李泰鉉, 有志者 : 張驥植·林倫基, 무순조선인회 회장 : 李重武, 철령조선인회 회장 : 張宜根, 봉천조선인회 회장 : 朴昌植.

47 『保民會』 권1, 「保民會支部會長會議ニ關スル件」(1922. 11. 3, 機密公제84호).

다. 다음으로 이주한인 상호간에 융합이 잘 이루어지지 않으며, 지방 및 종교별 혹은 단체별 의견충돌·대립 공격 등이 발생하였다는 점을 들었다. 이를 극복하기 위해서는 이주민에게 경제적인 지원과 안정적인 생활 토대 마련이 시급하다고 언급하였다.

초기 보민회 회원은 일진회 잔여인 제우교도만 가능하였다. 이후 제한적인 종교단체로 기능이 강화되면서 본래 목적으로 하였던 이주한인에 대한 회유와 포섭의 기능은 약화되었다. 이러한 문제제기는 그동안 보민회 지도부에서 행한 많은 실행을 비판하고 보다 확고한 친위체제 구축을 하기 위함이었다.

1922년 12월 봉천총영사관에서는 회장 이인수를 파직하고 최정규를 회장 대리로 임명하여 조직을 운용하게 하였다. 일제는 양 파의 세력 갈등이 이주민들에 대한 장악력 약화로 이어지는 것을 미연에 방지하는 한편 이를 이용하여 지도층에 대한 통제를 강제하려 하였다. 또한 무장단체로서 자위단 조직도 역설하였다. 이는 중국관헌과 마찰을 야기할 수 있는 소지가 충분하였음에도 불구하고 제한된 인원으로는 이주한인을 '보호'할 수 없다는 판단하에 내려진 조치였다.[48]

경비조달

1920년 11월 4일 조선총독 사이토 마코토는 만주지역에서 독립운동이 격렬해지고 있기 때문에 이주한인에 대한 적극적인 보호정책을 전개해야

---

48 자위단은 일진회에서도 중요하게 여겼다. 이에 대해서는 강창일, 앞의 책 ;『保民會』 권3, 「外務省囑託崔晶奎歸朝許可稟請ノ件」(1924. 1. 5, 機密公제8호) 참조.

한다는 당위성을 외무대신 우치다 고사이內田康哉에게 알렸다.[49] 일제는 간도지역 철병으로 발생할 수 있는 치안의 공백을 경찰관 증파로 대치하였으며, 이주한인에 대해서는 '시혜施惠'라는 명목으로 보호비를 높게 책정하였다. 일제는 이주한인 보호라는 과제를 스스로 각인시키는 한편 독립운동의 탄압 유형과 강도를 달리하였다.[50]

보민회 설립에 대한 일제 당국의 반응은 각 기관마다 상이하게 나타났다. 설립에 주동적이었던 일본 외무성뿐만 아니라 조선총독부 등 각 기관의 대응 양태는 다양하였다. 특히 조선총독부는 설립인가 다음날 경찰관 4명을 파견하였을 정도로 적극적이었다. 보민회를 둘러싼 각 기관의 모습은 대륙침략정책의 원활함을 추구하는 데는 비교적 일치된 형태를 띠고 있었지만, 헤게모니 쟁탈전 속에서 기관 이기주의가 투영되어 나타나기도 하였다. 그 가운데 하나가 경비문제였다.

보민회칙 제18조에는 본회의 기본금 및 경비는 회원이 부담한다고 규정되어 있었다. 회비는 총본부 임원회의에서 결정하고 영사의 인가를 거쳐 징수하였다. 그러나 보민회의 활동을 유지하기 위한 예산 책정은 자체의 회비로 충당하기에는 너무나 부족했다. 경비를 충당하기 위한 방책으로 회원에게 징납하는 경우와 다른 기관에서 보조하는 경우가 있었다. 그런데 전자는 이주한인의 경제력이나 한인사회의 분위기로 보았을 때 일정한 마찰이 불가피하였다.[51]

---

49 『朝鮮人ニ對スル施政關係雜件 一般ノ部』 권1, 「大正十年度豫算ニ關スル件」(1920. 11. 4).
50 『帝國議會衆議院議事速記錄』 권3, 172~173쪽.
51 『保民會』 권2, 「保民會支部設置方ニ關スル件」(1920. 10. 11, 機密公제8호).

일제가 1921년 재외 한인 보호 취체비로 책정한 금액은 50만 7,482원이었다. 이 가운데 보민회는 7만 5,867원의 보조금을 받았고, 민회는 2만 1,566원을 지급받았다.[52] 규모 면에서 훨씬 컸던 민회보다 보민회에 보조금이 집중되었다는 것은 단체의 성격과 활동 면에서 보민회의 중요성이 그만큼 컸다는 것을 반증한다.[53] 보민회 집행 예산의 대부분은 인건비다. 그 가운데 지도급을 제외하면 조사원 수당이 비중 있게 책정되었다. 일본영사관에서는 보민회를 대민조사와 감시체제 구축에 연계하려는 의도를 가지고 있었다. 따라서 다양한 조사원 경로의 확보는 복잡한 만주정세에서 충실한 대민창구 역할을 수행하는데 필수요소라고 판단하여 이와 같은 예산을 편성하였다. 한편 일제가 보민회에 더 많은 보조비를 책정한 것은 조직 초기에 발생할 수 있는 이탈을 최소화하고 원활한 조직운용을 이끌어내기 위해서였다. 그러나 이주민은 보조금이 지급되었음에도 보민회를 수탈대상으로 인식하였다.

보민회 설립 당시 운영비는 1920년 10월 일본군이 출병할 때 군대의 행군을 기회로 보민회의 기초를 강고하게 하는 동시에 그 세력을 증대하여 중국 지방관헌의 보호 원조를 얻고, 보민회원으로 하여금 독립운동단체의 근거지를 파악하게 하는데 제공되었다.[54] 보민회가 당시 주장하였던

---

52 『保民會』권1, 「1921年度 在外朝鮮人保護取締費」; 『朝鮮人ニ對スル施政關係雜件 一般ノ部』권1, 「1921年度 在外鮮人保護取締費」에서는 보민회 보조금 91,415원, 민회 보조금 25,880원으로 책정되어 있다.

53 『保民會』권1, 「大正十年度在外朝鮮人保護取締費」. 구체적으로 보면 본부임원수당 6,300원, 지부임원수당 19,200원 임차료 2,100원 교제비 10,200원, 여비 11,856원, 상여금 3,100원, 잡비 2,900원, 예비비 3,867원, 감독자 여비 16,344원이다. 이외 조사반비 98,915원이 책정되어 있다.

자위의 범위는 첫째로 이익증진이며, 둘째로 독립운동가에 대항하는 문제였다. 이것은 예산 책정에 반영되는 동시에 각종 조사에도 예산이 비중 있게 책정·실행되었다.[55]

1921년 3월 8일 이인수와 배정자는 외무대신에게 만주보민회 확장에 관하여 청원하였다. 그들은 이주한인의 증가와 그에 따른 생활의 불안정 상태 속에서 독립운동에 참여하는 자가 증가하고 있으며, 나아가 3·1운동 이후 만주에서 전개된 항일운동의 열기를 차단하고 '동양평화'를 달성하기 위해서는 보민회 확장이 필요하다고 건의했다. 즉 기존 조직을 유지하기 위해서는 '조선인 본위' 정책을 실행할 수 없으며, 이는 일본의 이익과도 크게 위배된다는 점을 역설하였다. 따라서 종교적인 신념으로 가득 찬 제우교의 모임인 보민회를 통하여 동양평화를 유지하고 한일합병 정신을 철저하게 하기 위해서는 보다 많은 국고가 보조되어야 한다[56]는 논리였다. 이들은 확장설비비를 포함하여 30만 원을 요청하였다.[57] 이 청원서에는 본부를 길림성에 두고 지부를 안동·장춘·하얼빈·봉천·흥경현·용정에 둔다는 계획이 적혀 있었다. 특이한 점은 예산 가운데 약 30%를 선전비에 전용하고 있었다. 이는 이주한인에 대한 활동이 초기에는 대부분의 조직이 그러하듯 단체 선전에 있었음을 알 수 있다. 반면 구제비는

---

54 『保民會』 권1, 「保民會現況ニ關スル件」(1920. 10. 24, 제382호).

55 회비로 50~80전을 거두었다.

56 『保民會』 권1, 「在滿洲朝鮮人保民會擴張ニ關スル請願」(秘受2954호). 제우교는 대부분 일진회의 잔여세력이었다. 청원서에 서명한 인물은 이인수·배정자·양정묵·오헌영·최병기·이해수·이선민·윤범식·이민관·안홍익·변기택·이동성·성흥경·박종구·조연기·강두원 등이다.

57 『保民會』 권1, 「回覽書類返却方ノ件」(1921. 2. 21, 拓第383호).

고작 2만 원에 그치고 있다. 보민회 설립취지에도 나타나 있듯이 구제는 중요한 사업임에도 불구하고 오히려 대민선전에 치중하였던 것은 일제가 대륙침략정책을 수행하는데 이주한인의 사회적 지위를 이용하였던 것이다. 또한 보민회 간부들의 동정을 살펴보면 이익사업에 치중하고 있음을 알 수 있다. 그 단적인 예로 국유임야 산물 매각에 관한 것인데, 약 100만 원 정도의 사업 규모였다.[58] 또 봉천권업회사를 설립하여 이주한인의 자금융통을 도모하려고 하였다.

한편 이인수 등은 만주보민주식회사를 설립하고자 발기인 총회를 열었다. 만주보민주식회사는 농업수리업과 토지겸병, 건축물의 매매 및 임대, 무역, 금융산업을 목적으로 설립되었다. 발기인은 이인수를 비롯하여 34명이었다.[59] 회사의 자본금은 300만 원으로 하였고 주식은 총 6만 주로 한정하였다. 이 가운데 2만 주는 제우교도 가운데 인수하고, 2만 주는 발기인에서 인수했다. 또한 신입금은 한 주에 2원 50전으로 정하고 불입장소는 한성은행 또는 식산은행과 조선은행으로 하였으며, 본점은 봉천에 설치하며 지점은 만주와 한반도에 걸쳐 각각 설치하는 것을 명시하였다. 이 회사의 설립 목적은 수전 관개척식 사업과 한인 동포의 산업장려에 있었다.[60]

한편 보민회는 내부적 모순의 심화로 상당한 진통을 겪고 있었다. 특히 최정규의 독단적 행동은 보민회 지도부의 알력과 갈등을 더욱 심화시켰

---

58 『保民會』 권2, 「保民會支部會長會議ニ關スル件」(1922. 11. 3, 機密公제84호).
59 『保民會』 권1, 「滿洲保民株式會社定款」(1920. 1).
60 『保民會』 권1, 「東三省遊歷實況」.

다. 그럼에도 만주보민회에 대한 보조금은 일본외무성과 조선총독부에서 지급되었다.[61]

보민회의 예산 증가는 조직 확대와 맞물려 지속적으로 이루어졌으며, 특히 조사반에 대한 경비지원은 다른 분야를 압도하였다. 1921년 12월 아카츠카 쇼스케 총영사는 외무대신에게 보조금을 충분히 집행하여 회비 징수 가운데 발생할 수 있는 불안정한 상황을 미리 방지해야 한다고 보고 하였다.[62] 그는 회비의 징수로 종종 폐해가 수반되기 때문에 보민회에 대한 오해가 발생하며, 이러한 오해를 불식하기 위해 보조금으로 지부 및 지회경비를 충당해야 한다고 강조했다.

1921년 12월 만주보민회 보조비 지급에 대하여 일본외무성과 대장성이 협의하였지만 대장성의 승인을 받지 못하여 외무성 단독으로 보조금이 지급되었다.[63] 한계비용과 조직운용의 타당성을 고려하여 일본외무성의 보조금은 당위성 범위 내에서만 지급되었다. 자체적인 경비조달이 용이하지 않은 상태에서 이주한인에 대한 선전활동은 위축되거나 또 다른 병폐를 낳을 수밖에 없었다. 따라서 보민회에서는 보조금에 의존하는 방식에서 벗어나 자립도를 충족시킬 수 있는 안건이 제출되었다.[64] 대표적

---

61 1921년 10월 만주보민회 보조금 월 1,500원이 조선총독부에서 지급되었고, 1921 년 11월~1922년 3월까지의 5개월간 경비 예산서는 다음과 같다. 고문 2명(1천 원), 회장 1명(750원), 부회장 1명(500원), 간사 1명(200원), 서기 2명(350원), 조 사원 4명(600원), 소사 1명(75원), 집세(250원), 통신비(50원), 소모비(50원), 여비 (25원), 교제비(250원), 기밀비(75원), 회보발행비(1,250원), 잡비(75원), 지부보조 금(1만 원) 합계 16,500원.

62 『保民會』권1, 「滿洲保民會補助費ニ關スル件」(1921. 12. 9).

63 『保民會』권1, 「滿洲保民會補助ニ關スル件」(1923. 3. 20, 機密公제24호).

인 사업이 토지매수계획이다. 앞서도 언급하였듯이 보민회의 경상비는 보조금에 절대적으로 의존하였다. 따라서 보민회 내부에서는 보조금의 편중성이 초래하는 제반 문제로 예산의 취약성을 극복하기 위해 토지를 매수하고 이를 통하여 기본 재산을 조성, 이로 인해 발생하는 이익을 경상비로 지출해야 한다는 의견이 개진되었다. 특히 보민회 지부 증설문제와 독립군에 대한 '귀순공작'에도 이용하기에 적합하다고 판단하였다.

위의 논의 배경에는 일제 당국의 보민회 보조금 감액이 결정적이었다. 1923년 2월, 당해 연도 보민회 보조금을 1922년에 비하여 25% 감액하는 조선총독부 안건이 제출되었다.[65] 전년도에는 민회에 대한 조선총독부의 보조금이 적고 보민회에 대해서는 많은 편이었으나 1923년도에는 조직이 큰 민회에 더 많은 보조금을 지불하려는 계획이었다. 이에 대하여 1923년 3월 봉천총영사 아카츠카 쇼스케는 보민회 예산 감축에 대하여 외무대신에게 그 부당성을 다음과 같이 지적하였다.

보민회는 일찍이 친일파 단체로 인식되어 배일파들이 악평을 하거나 방해를 시도하였다. 보민회의 중심인물인 최정규에게 반감을 갖고 중상모략을 하는데, 여기에 경도된다면 사업을 진행할 수 없다. 특히 관전현에 근거를 갖고 있는 대한통의부의 활동과 압록강 대안 각 현에 있는 일반 조선인에 대한 마적의 살해·약탈·강간 등과 같은 악행이 지속되어 일반인들의 불안이 가중되고 있다. 이에 보민회는 그 안전지대로서 기능

---

64 『保民會』 권1, 위와 같음.
65 『保民會』 권2, 「大正十二年保民會補助費ニ關スル件」(1923. 3. 30, 機密제39호).

을 해야 하지만 현실은 그러하지 못하다. 보민회의 지부 혹은 지회에 자위용의 무기를 공급한 것은 이러한 불안감을 제거하기 위함이며, 독립군의 발호와 횡포가 오지에 필요하기 때문이었다. 흥경현과 통화현 이외 보민회 지부 및 예상되는 지회의 경비를 대폭 삭감하면 그동안 사업이 위축될 우려가 있다. 이에 보민회 각 지부에는 밀정을 배치하여 항상 독립군을 감시하고 중국관헌의 양해를 얻어 가능한 범위에서 기존 업무를 잇는다.[66]

이러한 가운데 그 해 4월 해룡분관주임 다나카田中繁三도 보민회 사업과 보조금의 상관성에 대하여 외무대신에게 건의하였다.[67] 보민회 보조금 40% 삭감은 독립군으로부터 이주한인을 보호하는데 어려움이 따를 수 있다는 것이었다.

1923년 보민회 보조금 삭감은 외무성 내에서도 쉽게 해결될 수 있는 문제가 아니었다. 단체의 효용성과 경비지출의 연관성 속에서 일본외무성에서는 보민회의 기능이 점차 상실되어 간다고 판단하였다. 특히 중국관헌과 마찰을 피하면서 안정적인 침략시스템을 구축하는데 보민회의 존재가 부담스러웠기 때문에 예산배정도 그만큼 삭감될 수밖에 없었다.[68]

---

66 『保民會』권2, 위와 같음.
67 『保民會』권2, 「大正十二年度保民會補助竝不逞鮮人取締方ニ關スル件」(1923. 4. 6, 機密公제13호).
68 1923년 4월 보민회 보조비 책정 가운데 봉천총영사관 안(56,172)과 외무성 안(40,872)이 제출되었다. 1923년 5월 보민회 보조금이 1922년에 비하여 40% 삭감된 것에 대하여 안동영사관 부영사는 봉천총영사관 총영사에게 4개 지부 가운데 1개소 4,800원을 계상하였으나 대폭 삭감된 것에 대해 이는 보조행정기관으로서

화일(化日)과 해산

1919년 3·1운동의 여파로 조선총독부가 이른바 '신정新政'을 펼치면서 식민통치에 대한 선전사업에 주력하였던 것은 무엇보다도 통치체제의 균열을 방지하기 위함이었다.[69] 일제는 새로운 간부를 충원하고 경찰제도의 개정 등을 통한 일시동인—視同仁의 통치방침을 재정립하였다. 이에 따라 새로운 정치에 대한 일반인들의 이해를 구한다는 명목으로 대민선전에 주력했다. 일제로서는 3·1운동의 열기가 대륙으로 전파되어 독립운동의 추동력으로 전환되는 것에 대한 방지책 마련이 중요한 사안이었다. 그 정책 중 하나가 '간도출병'이며, 이주 한인사회를 통제하고자 설치되었던 것이 보민회였다.

1924년 보민회가 해체되기까지 주요한 활동은 대민선전에 있다고 해도 과언이 아닐 정도이다. 만주보민회가 1924년 2월 조선인회로 바뀐 이후에도 독립군들의 '위협'은 계속되었다.[70] 이것은 보민회의 대민선전을 통한 친일행위는 조직이 또 다른 형태로 친일을 확대 재생산하고 있음을 의미한다.[71] 선전활동은 이데올로기적 역할 수행과 직결되었다. 일제는

의 보민회 기능이 상실되거나 그 효과가 미진할 수 있다고 하였다. 1923년도 안동 영사관 관내 보민회 지부 보조 실행예산은 18,480원이다.

69 朝鮮總督府 編(이충호·홍금자 역)『朝鮮統治秘話』, 형설출판사, 1993, 140~141쪽.
70 『日本外交史料館文書』滿洲-39, 「輿京地方居留朝鮮人狀況ニ關スル件」(1924. 5. 13).
71 1922년 9월 보민회 지부장 회의에서도 보민회의 정체성에 대한 규정과 장래 사업 목표에 대한 입장을 피력하면서 대민선전 활동이 강조되었다(『保民會』권1, 「保民會支部會長會議ニ關スル件」(1922. 11. 3)).

식민통치를 강화하는데 이데올로기의 중요성을 직시하였고, 다른 제국주의국가와는 달리 이를 식민화 도구로 사용하였다.[72] 만주보민회 해산은 일제의 입장에서 보면 효용성의 고갈이었다. 성립 때부터 적극적인 개입으로 이민족에 대한 감시와 회유를 용이하게 실행하였던 일제로서는 저비용 고효율, 즉 한인에 대한 최대한의 효용 창출인 독립군 와해와 이식 토대의 마련을 끌어내는데 어느 정도 성공하였다. 만주보민회가 일제의 대륙정책 수행 과정에서 4년간 충실하게 기여한 점은 일본 세력의 이식에 대한 부담감 제거였다. 특히 만주와 조선의 연결고리를 끊임없이 강조하였고, 특히 한인의 일본인화에 대해서는 어느 단체보다도 열성적이었다.[73]

1922년 9월 만주보민회 고문 최정규와 제우교주 김유영金裕泳은 만주 시국에 관하여 일본 외무대신과 조선총독에게 건의서를 보냈다. 주요 내용은 다음과 같다.

---

72 이나미, 「일제의 조선지배 이데올로기」, 98~102쪽.

73 선만일체화, 선만일여가 본격적으로 실행된 것은 만주국 성립 이후라고 할 수 있지만, 그 단초는 합병 전후에 나타난다. 이는 초대 총독 데라우치 마사타케의 통치방식에서도 엿볼 수 있다(정연태, 앞의 논문 참조). 보민회의 선만일체화는 설립 초기부터 조선총독부의 영향력에서 완전히 자유로울 수 없었다는 점에서도 찾을 수 있다. 내지연장주의와 같이 조선총독부에서는 만주지역에 대한 행정·군사·경제적 영향력뿐만 아니라 인적자원을 통한 선만일체화를 위해 정책을 입안하고 실행하였다. 특히 보민회의 경우 조선총독부의 보조가 지속적으로 이루어지고 있었으며, 최정규의 건의문에서도 끊임없이 선만일체화를 인적교류에서 찾고 있음을 발견할 수 있다. 따라서 재정문제와 인력문제만큼은 보민회를 한반도와 떼어서 설명할 수 없다.

17세기 이래 세계는 빠른 속도로 변하고 있으며 만주팽창을 위해 러시아·미국 등이 분주하게 움직이고 있다. 이후 만주로 이주한 조선인은 러시아인의 억압, 중국인의 반감을 샀으며 이 때문에 보이지 않는 전쟁을 치르고 있다. 이러한 상황 속에서 일본과 중국은 친선을 도모하고 태평양회의를 통하여 만주지역의 평화를 꾀해야 한다. 한편으로 만주의 치안을 위해 마적과 독립군 제거를 하기 위하여 여러 방안을 모색하여야 한다. 왜냐하면 만주는 매우 특수한 곳이다. 즉 토지가 광대하고 삼림이 풍부하고 지하자원이 많이 매장되어 있는 등 그야말로 자원의 보고이다. 이러한 곳에 이주한인이 수전을 개발하고 농업을 경영하는데 안정장치가 필요하다. 현재 만주의 배일 기세는 대단하다. 부득이 조선인과 공존공영을 할 수밖에 없다. 보민회가 그러한 역할을 할 것이다. 보민회는 이주한인을 마적 및 독립단의 횡포로부터 보호해준다. 특히 일본군의 출병 이후의 문제에 대하여 먼저 일본군의 철병 이후 만주 치안이 위험하기 때문에 경찰관을 증설해주고, <u>일본인과 조선인의 융화방침을 세운다.</u>(밑줄 필자) 일본과 중국의 친선책을 강구한다. 철도를 이용하여 일본세력을 확장한다. 그러기 위해서는 광활한 미간지를 개간해야 하는데 이주한인이 이를 적극적으로 실행할 수 있다. 중상주의 정책, 산림벌목공사 설립, 화폐문제의 혼잡함을 제거, 토지매수에 진력 등이다.[74]

최정규는 건의문에서 먼저 만주의 경제적 가치와 국제관계 속에서 만

---

[74] 『保民會』권2, 「保民會關係者建言書ニ關スル件」(1922. 9. 5. 高警2822호).

주를 둘러싼 열강들의 첨예한 이해관계를 묘사하고 있다. 나아가 이러한 자원의 보고인 만주에 이주한 한인들의 안전장치 필요성이 대두하였으며, 그 결과물이 보민회였다는 것이다. 특히 이주한인의 보호를 위해서는 경찰관을 증원해야 하고 일본인과 한인의 융화방침을 세워야 한다고 강조하였다. 뿐만 아니라 철도를 이용하여 일본세력을 확장하고 황무지를 개간하는데 이주한인을 적극 활용하여 조선과 만주의 선을 잇는데 주력해야 한다고 인식하였다.[75]

또한 1923년 10월 17일 고문 최정규는 외무대신 이쥬인 히코키치伊集院彦吉에게 만주의 일반적 정세와 보민회의 과거와 현재에 대한 진정서를 제출하였다.[76] 그는 보민회는 이주한인 보호의 메카로 성장하였으며 앞으로는 보민회의 경제활동에 주력하여 황무지 개간과 수전농법을 사용하여 이주 일본인과 상부상조할 수 있는 체제 확립에 주력해야 한다고 강조했다. 그리고 일제에 대항하는 배일의 부당성을 지적하면서 적극적인 친일의 길로 인도하고자 하였다. 여기에서 최정규는 심지어 항일독립운동을 전개하는 것을 문명을 거부하는 것으로 묘사하거나 인식하여 그의 인종적 편견을 드러내고 있다. 이렇듯 저비용 고효율의 창출, 이주민의 고통 이용은 보민회라는 단체를 통하여 나타났다. 제국신민에 대한 '거침없는 소속감'은 독립운동단체에 대한 테러 행위 이상의 효과를 가져왔다. 이러한 활동으로 보민회원 가운데 일부는 조직 해산 당시 그 공로를 인정받아 보상금을 지급받았다. 이를 정리하면 〈표 1〉과 같다.

---

75 『保民會』권2, 「陳情書」(1923. 7. 21. 普通222호).
76 『保民會』권2, 「謹言」(1923. 10. 17).

〈표 1〉 보민회 해산 당시 공로자 명단

이름	직책	경력	공적사항	공로금(퇴직금)
崔晶奎	고문 겸 회장	총회장	보민회의 실질적 권력자로서 일제의 정책에 충실하고, 독립군 토벌에 가장 열성적인 활동을 전개	10,000원 (1,600원)
嚴柱翊	관전지부 회장	부회장		
姜鏡海	관전지부 부회장		식민지 교육정책 수행	
文國彬	임강지부	조사원		
金景煥	관서지회장	관전보민회 간사	1922년 4월부터 본격적인 활동 개시. 가족이 독립군에 살해된 이후 보민회 사업에 진력	220원 피해구제금, 60원 위로금
車綱		조사반	집안현에서 활동	
張熙相	임강지부 회장			
金璟鎬	통구通溝주재소 순사	집안지부 서기		
金應浩	輯南支會長	조선인회 집안현 지부장	독립군 정탐 활동을 높이 평가함	(86원)
趙允杰	집안지부 조사원	통화지부 조사원	통신업무 담당	(86원)
朴允道	관전지부 간사			
李完求	집안지부 회장	조선인회 집안총지부장	1916년 일본에 적극 협조하여 각 집안현의 호구조사를 완료하는데 큰 공을 세움. 아들 3인을 모두 잃음	(183원)
金用國	관전현 회장	조선인회 회장 대리	독립군의 정보를 외무성에 알림. 낙영학교樂英學校를 설립. 아버지가 독립군에 의해 살해됨	위로금 500원
朱林	장백지부 회장	조선인회 지부	1922년 5월 장백지부 회장으로 추천되어 민생안정과 사상개선에 노력. 이주한인 호구조사 완료	(183원)

이름	직책	경력	공적사항	공로금(퇴직금)
姜信鄕	장백지부 서기		1922년 5월 지부 설치와 함께 서기로 취직되어 보민회 업무를 계속 추진	
鄭寅采	장백지부 조사원	장백지부 조사원	일본어를 유창하게 하여 일본관헌들의 의사를 이주 조선인에게 철저하게 보급	(73원)
李晉	장백지부 조사원		아동교육에 전념	(26원)
趙炳喆	장백지부 십삼도구 지회장			(73원)
鄭昌奎	장백지구 십사도구 지회장			(70원)
金道一	장백지구 십칠도구 지회장			(36원)
姜泰求	장백지부 이십도구 지회장			(16원)
孫凞相	임강지부 회장			(241원)
鄭丹	임강지부 서기			(115원)
金英漢	임강지부 조사원		독립군 활동상황 조사	(76원)
承德鳳	임강지부 조사원			(76원)
朱明俊	임강지부 영동지회장			(76원)
金邊秀	임강지부 영서지회장			(76원)
李光珉	임강지부 십오도구 회장			(76원)
安建植	임강지부 십칠도구 회장			(76원)
金明朝	집안현지부 서기			(70원)
尹壽福	집안현 조사원		한반도와의 통신연락 담당	(46원)
吳響杰	집안현 輯東지회장	조선인회 집안총지부장	이주민의 복리증진	(76원)

이름	직책	경력	공적사항	공로금(퇴직금)
李成乙	집안현 輯北지 회장			(46원)
金炳燮	집안현 輯西지 회장		중국관헌과 일본관헌의 제 휴를 끌어냄	(26원)

* 『保民會』권3, 「滿洲保民會廢止竝善後措置ニ關スル件」(1924. 3. 1, 機密公제57호)
** 〈표 1〉에서 누락된 인원의 퇴직수당은 다음과 같다. 총본부 朴元植(조사원) 293원, 崔桓圭(서
기) 53원, 朴弼根(임시조사원) 150원, 환인지부 白衡璘(지부 회장) 400원, 許燮(서기) 170원,
金熙貞(조사원) 90원, 통화지부 李東成(지부 회장) 383원, 李時八(서기) 125원, 金昌淳(조사
원) 86원, 徐光夏(조사원) 20원, 金成海(通東지회장) 90원, 李澤禧(通南지회장) 150원, 金亨
三(通北지회장) 40원, 宋雲峯(서기) 105원, 金道盛(조사원) 46원, 崔德贊(조사원) 46원, 金鐘
華(桓西지회장) 115원, 金錫祉(桓南지회장) 95원, 李碩基(桓北지회장) 105원, 해룡지부 李膺
計(지부 회장) 183원, 張錫周(서기) 110원, 金昌壽(조사원) 73원, 申相鎬(조사원) 40원, 皮熙
泰(지회장) 60원, 李東勳(지회장) 110원, 河在禹(지회장) 110원, 羅國珍(지회장) 110원.

〈표 1〉에서 주목되는 것은 최정규와 경쟁관계에 있던 김유영과 이인수
는 공로자 명단에서 제외된 점이다. 한편 1924년 7월 만주보민회 회장이
었던 최정규, 서기 박원식·김경집은 만주 이주한인의 구제와 독립군 토
벌을 목적으로 설립된 보민회의 역할을 선전·강조하기 위해 일본에 체류
하였다.[77] 이때 최정규는 도쿄에서 외무대신에게 보민회를 통한 만몽개척
의 중요성에 대하여 역설하였으며, 이주한인의 집단농장과 금융기관 설
치에 대하여 강조했다.[78] 특히 그는 선만일체화는 인적자원의 교류에서

77 『保民會』권3, 「要注意鮮人尾行東上ニ關スル件」(1924. 7. 15, 高第18060호). 최
정규가 일본에 도착하였을 때 일본 경시청에서는 최정규 일파를 '재만조선인 구제
운동자'로 묘사할 정도였다.
78 최정규의 이러한 행동은 보민회가 해산당할 때 지급된 자금과도 관계가 있다. 일본
외무성에서는 13,700원의 해산비와 함께 최정규에게 1만 원의 위로금을 지불하였

이루어진다고 하였다.[79] 그리고 외무성 당국에 재만 한인 구제문제의 진정서(만주사정)도 제출하였다. 그 개요는 다음과 같다.

동삼성 각지의 인정 풍속은 대동소이하다. 조선인은 모두 기아에 허덕이고 있으며 그들의 독립을 표방한 의열단·독립단·광복단·통의부 등도 생활문제에 기인한 것이다. 또 화폐의 이용은 민중의 생명과도 직결되며 인민은 국가의 기초로서 적자이기 때문에 국가의 기초를 확고히 하려면 적자의 안위를 계획해야 한다. 적자 안무의 방법으로서는 시정방침에 따라 움직이고 또 현재 만주방면에 유입된 조선인 역시 국가 기초의 분자로서 정치상의 적자이다. 그러나 생활 곤란으로 기아에 허덕이고 있으니 어찌 동정하지 않겠는가. 의식을 제공할 방책으로서 먼저 동삼성의 미간지를 매수하여 금융기관을 설치하고 민중에게 권업 경식耕食하고 또 교육 위생기관을 설치하여 일선日鮮융화를 꾀하여야 한다. 집단농장마다 학교를 설치하고 일본인으로 감독하게 하여 조선인 가운데 실력자를 채용하여 교수하게 한다. 도시에서는 당국에서 만철과 교섭하여 유지비를 부담하게 하고 농촌에서는 다른 방법을 정하여 처음 학교 설립과 동시에 제반 설비 및 물품의 연간 경비를 당국에서 보급하고 이후 유지방법은 각 농가에서 부담하게 하면 충분하다. 남북만주의 농번기는 농가경제의 가장 곤란한 시기로서 자연 금융이 필요하다. 그

으며, 임원들에게도 그 '노고'에 대한 공로금이 지불되었다. 하지만 이에 대한 불만도 컸다.

79 『保民會』권2, 「陳情書」.

리고 콩 가격의 시세에 따라 좌우되는 경우가 많다. 이자 및 원리금 상황 문제도 이때 많이 발생한다. 당국에서는 금융기관을 설치하여 농업자금을 원조하면 조선인 농가의 생활이 점차 향상될 것이다. 당국은 만몽의 장래를 위해서 조선인을 이용하지 않으면 안 된다. 만몽의 개척은 이주 조선인에 의하여 이루어질 것이다. 재만조선인 사정은 잘 알기 어려우나 남북만 각지에서 농업에 종사하고 있기 때문에 자위단을 조직하여 독립군을 취체해야 한다. 자위단의 역량이 부족할 때는 중국관헌에 의뢰한다. 양민의 피해가 심할 때 또는 국경지방에서 독립군이 활동할 때는 조선총독부에 의뢰한다.[80]

이러한 보민회의 적극적인 협력활동은 해산 당시 일본외무성에서 공로자의 선발과 공로금 지급으로 나타났다. 이는 일진회의 해산 당시와 유사한 형태를 보이고 있다.[81] 1924년 3월 안동 일본영사 니시자와西澤義徵는 보민회 공로자와 최정규 회장대리의 공적 조서를 봉천총영사에게 제출하였다. 일본외무성에서는 최정규에게 1만 원 등 적정한 선에서 보상금을 지급하고 보민회를 해산시켰다. 이렇듯 일제는 보민회를 해소시키고 친일단체인 조선인회[82]를 통하여 일제의 이데올로기, 즉 동화와 차별에 협조하는 체제를 구축하였다.

---

80 『保民會』 권2, 「陳情書」.
81 강창일, 앞의 책, 282쪽.
82 일제는 보민회를 폐지한 후 조선인회를 창설하였는데 각 지역의 금융조합과 합병하여 조선인 금융조합이라는 점을 선전하여 독립군의 공격을 방어하였다(『保民會』 권3, 「滿洲保民會廢止竝善後措置ニ關スル件」(1924. 3. 1, 機密公제57호)).

만주지역 친일단체

남만주를 주 무대로 활동한 보민회는 단지 '친일'의 잣대로 재단하기에는 복잡한 성격을 띤 단체이다. 1920년 창립 당시 보민회의 주된 세력은 제우교도였다. 주지하듯 을사늑약 전후 '매국'단체로 활약했던 일진회는 그 구성원이 시천교인이었다. 양자는 시기적·공간적인 차이를 극복하였을 정도로 초기 활동 상황은 유사한 점이 많았다.

첫째는 무장활동이다. 일진회는 자위단을 조직하여 의병들을 토벌하는 데 앞장섰으며, 보민회 역시 자위단을 조직하여 마적과 독립운동단체의 공격을 방어한다는 명목으로 활동하였다.

둘째는 이들 단체는 일본인보다 더 일본인이기를 원했다는 점이다. 일진회가 한일병합에 적극적이었던 것은 조선적인 측면을 극복하기 위해서였다고 할 수 있다.

앞에서 살펴보았듯이 보민회는 복잡한 국내외 정세 속에서 조직된 단체임을 알 수 있다.

보민회는 일제의 대륙침략의 한 방편으로 성립되었다. 물론 제우교도의 필요성에 의해 설립된 것만은 분명한 사실이나 실제 목적은 제국주의에 편승하여 자신들의 영달을 유지하기 위함이었다. 또한 보민회의 성립은 인종주의적 측면이 강하게 내포되어 있었다. 일제는 탄압과 동화라는 동전의 양면과도 같은 정책을 수행하는데 보민회를 적절하게 이용하였다. 특히 일제는 보민회를 통하여 자국세력의 이식을 꾀하였으며, 불안전한 대륙침략정책을 수행하는데 이주한인을 최대한 이용하는 형태를 띠었다.

일진회가 러일전쟁 이후 대한제국의 보호국화를 위해 동분서주하였다면, 보민회는 1919년 이후 보다 안정적인 식민통치를 수행하기 위하여 배

후지 만주에서 한인 통제와 회유의 역할을 충실히 수행하였다. 물론 활동 후기 보민회의 효용성 문제가 대두되었지만, 초기의 성과는 목표 이상이었다. 결론적으로 보민회 설립과정에서 나타난 일제의 목적은 보민회를 이용하여 독립운동단체의 활약을 차단하고 일반 이주민으로 하여금 일제에 좀 더 친밀함을 느끼게 할 수 있는 토대 마련에 있었다. 나아가 일제가 만주 이민을 추진하는 가운데 보민회는 이한제한以韓制韓을 넘어서 안전하고 편리한 일본인 이주 공간을 확보하는 전위대 역할을 하였다. 보민회의 설립목적이 무장조직 활동을 통해 독립군 조직의 와해와 귀순공작에 있다고 하였지만, 실질적인 측면에서는 농업이민의 장려와 선만일체화의 구현 등 황민화로 나아갈 수 있는 토대 마련이라고 할 수 있다.

봉천거류조선인회

심양[83]은 20세기 동북의 정치·경제·교통의 중심지였다. 만철滿鐵·안봉선安奉線·경봉선京奉線이 통하는 교통의 요충이자 오늘날에도 동북 삼성三省의 성도省都 가운데 도시화가 가장 빠르게 진행되고 있는 곳이기도 하다. 20세기 초 군벌기와 만주국 시기의 심양은 이주한인에게는 낙원이나 도피처가 아닌 삶의 공간 그 자체였다. 한인은 심양의 도시화가 진행되는 가운데 만철 부속지처럼 일본인 거주지에서는 비교적 '번듯한' 직업을 가진 경우도 있었지만, 그 외 지역에서는 '날품팔이'로 생활을 이어가는 경우도 많았다. 공급원도 교육 정도나 자금력에 비추어 볼 때 굉장히 열악한 상태에 있었다. 한편 안봉선의 개통을 통한 이주 경로의 단선화는 심양 부근으로 이주를 더욱 촉진시켰다. 이주한인의 유입은 심양에 또 다른 거주

---

83 오늘날 심양은 1910년대에는 봉천으로 불렸다. 이 글에서는 당시 일제가 조직했던 봉천거류민회·봉천조선인거류민회 등 고유 명칭을 그대로 사용하였으며, 심양과 봉천을 혼용하기도 했다.

지를 생성했으나 심양은 한인에게 풍요로운 삶의 공간을 제공하지는 못했다.

기존 연구에서는 일제침략기 만주지역으로 이주한 한인의 생활실태에 관한 연구가 주류를 이루었으나 심양이라는 도시를 주제로 한 연구는 거의 없는 실정이었다. 다만 최근에 만주국 시기의 심양의 도시기능 변화와 이 과정에서 이주한인의 사회경제적 실태를 다른 민족과 비교를 통해 규명한 연구 성과가 나왔다.[84] 하지만 심양의 도시적 기능과 이주 조선인의 사회경제적 실태라는 메커니즘을 규명하기 위해서는 만주국 시기만을 떼어내어 분석하는 것은 양자의 위상에 불균형을 초래할 수 있다. 따라서 이 글에서는 한인 이주 경로와 거주지 형성과정을 추적하여 도시의 근대화와 그 속에서 파생된 조선인의 사회경제적 지위변화를 조선인민회(봉천거류조선인회)라는 단체를 통해 살펴보고자 한다.

이 연구의 시기적 범위는 20세기 초 이주민이 심양에 정착한 시기부터 만주국 성립 전까지로 한정하였다.[85] 오늘날 심양의 대표적 조선족 거주

---

84 윤휘탁은 봉천시(심양)의 직업·상공업·금융·임금·교육을 통한 민족별 특징과 그 가운데 조선인의 역할 및 지위를 자세하게 분석하였다(김경일·윤휘탁·이동진·임성모, 『동아시아의 민족이산과 도시 – 20세기 전반 만주의 조선인』, 역사비평사, 2004, 91~171쪽).

85 만주국 성립 이후 일제는 이른바 '민족협화'를 내세워 이주한인에 대한 친화정책을 펼쳤다. 만주국 성립 이전 이주한인은 엄밀한 의미에서는 중국에 귀화하지 않으면 중간자 내지 난민의 지위에 있었다. 1910년대부터 발생한 굵직한 사건들은 한인의 지위가 어떠하였는지를 극명하게 보여준다(崔峰龍, 「기억과 해석의 의미 – 만주국과 조선족」, 『만주연구』 2, 2005, 101쪽). 따라서 이 글에서는 일제의 정책과 한인의 지위가 구별되는 만주국 성립을 기준으로 그 이전에 대하여 살펴보고, 만주국 성립 이후는 별고에서 취급하려 한다.

지인 서탑西塔은 1920년대를 거치면서 이주한인 거주지로서 특징이 명확하게 드러났다. 20세기 전후 시작된 남만주로의 이주는 몇 차례의 정치적 변동을 거치면서 크게 증가하였다. 이러한 배경 하에 1925년 봉천군벌과 일제의 야합, 즉 미쓰야三矢협정의 체결로 인한 독립운동가 탄압과 이를 통해 일제가 획책하였던 한인 이용·감시체제 및 한인의 사회적 실태를 협회 등 유사단체의 설립과 활동을 통해 접근하고자 한다.

따라서 이 글은 근대 중국 동북의 제1도시인 심양의 역사적 변천 가운데 제국주의 시기 남만주에 이주한 한인의 경제적 지위 및 일제의 정책이 한인사회에 어떠한 영향을 미쳤으며 이것이 한인사회를 어떻게 변용시켰는지를 밝히는데 일정한 도움이 되리라 본다.

봉천시 이주한인

오늘날 중국 동북 3성의 도시 가운데 가장 중심적 역할을 담당하고 있는 곳이 심양이다. 심양은 청나라가 수도를 정한 이후 급속하게 발전하였으며 지금도 동북지역의 중심이다.[86] 심양의 도시 발전은 청대 이후 본격화되었다.[87] 특히 18~19세기 이후 서구 열강의 관심이 점차 만주로 집중되

---

86 2003년 심양의 총인구는 730만 명이며, 행정구역은 9개구 4개현으로 이루어져 있다. 주변에 철강도시 鞍山과 석화도시 撫順을 거느리고 있다.

87 1625년 청 태조 누르하치가 요양에서 심양으로 천도한 이후 심양은 중국 동북 지방의 정치·경제 중심지가 되었다. 청 태종은 명대 수축된 심양성을 확대 개축하여 오늘날 심양 고궁의 원형을 만들었다. 물론 이후에도 크고 작은 개축이 이루어졌

면서 심양의 도시적 기능이 확대되었다. 1905년 러일전쟁을 겪으면서 심양의 도시기능도 변용되었다. 특히 심양에 만철부속지가 성립되면서 일본 세력이 본격적으로 확대되기 시작하였다. 심양은 일제가 동북에서 경제적인 재편을 꾀하는 중심에 있었다. 1906년 6월 일본군의 철군 후에도 그 영향은 그대로 상존하였다. 이에 중국에서는 1907년 교육·법무·경찰청에 대한 혁신을 계획하였으며, 이를 골자로 한 도시체제 정비가 추진되었다.[88] 1911년 조직된 봉천보안공회奉天保安公會는 당시 심양에서의 맨파워 그룹의 성립을 의미한다.[89] 이 기관은 신해혁명기 심양을 비롯한 봉천성의 치안유지를 담당하였다. 당시 봉천성의 최대 현안은 질서유지였기 때문에 공권력 강화는 어느 때보다 강조되었다. 따라서 봉천보안공회의 주요임무는 성내 거주 만족, 한족 및 외국인의 생명·재산 보호에 있었다.

심양으로 이주한 한인의 경로는 세 갈래였다. 하나는 집안-환인-무순-심양, 다른 하나는 단동-본계本溪-심양, 나머지는 영구營口-해성海城-심양이다. 이러한 경로를 통해 한인의 이합과 집산이 지속되었으며, 그들의 초기 경제활동은 농업 위주였다. 일제는 대륙으로 통하는 경로를 크게 세 갈래로 설정하였다. 첫째가 오사카에서 청도靑島로 이어지는 경로이며, 둘째가 시모노세키-부산-신의주-단동-심양 경로이고, 셋째가 나진-도문-하얼빈 경로이다. 이 가운데 두 번째 경로인 단동-심양 경로는 일제가 식민지 조선과 대륙을 연결하는 가장 중요한 경로로서 개발

다. 또한 무엇보다도 심양은 陪都로서의 역할을 담당하면서 그 중요성이 한층 커졌다(曲曉范, 『近代東北城市的历史变化』, 东北师范大学出版社, 2001, 109쪽).

88 曲曉范, 위의 책, 110~111쪽.
89 『周縁へがらの歴史』, 67~69쪽.

봉천역 앞 광경

하였다. 1945년 일제가 패망할 때까지 철도·도로 및 도시개발 등 모든 개발행정이 이것을 기준으로 해서 이루어졌다고 해도 과언이 아닐 정도다.

　19세기 말부터 진행된 한인의 만주 이주는 20세기에 들어와서 더욱 두드러지게 나타났다. 심양의 경우 1906년 심양 교외 오가황촌吳家荒村에 김시순金時順 등이 수전을 개발하면서 이주가 본격적으로 진행되었다.[90] 이렇듯 이주한인은 농업에 종사하면서 한인 커뮤니티를 형성하기 시작하였는데, 이들 대다수가 토지를 매개로 삶을 영위하였던 농민들로 심양 주변에 터를 잡는 것이 훨씬 수월하였기 때문이었다.[91] 이주한인은 1912년 이

90　柳振超, 『沈陽民族民俗風情』, 遼寧民族出版社, 2002, 187쪽.

91　심양을 비롯한 남만주 지역에서의 이주한인의 효용성은 수전농법에 있었다. 일반

후 꾸준히 증가하여 그 해 6호 44명이 이주하였다. 1914년에는 서탑 부근 십간방十間房으로 100여 명이 이주하기도 하였다.[92] 봉천이 한인들을 끌어들일 수 있었던 중요 요인은 교통의 중심지라는 측면과 광범위하게 펼쳐진 농업지대라는 점이다. 즉 상공업 이외에도 농업에 종사하면서 삶을 영위할 수 있다는 장점이 있었다. 봉천은 시내뿐만 아니라 외곽에 위성도시 및 농촌을 거느리고 있었기 때문에 이러한 현상이 가능하였다. 또한 봉천으로 이주가 얼마든지 가능한 인접지역에 많은 한인들이 거주하고 있었다. 1922년 봉천상업회의소의 조사에 의하면, 봉천성 전체 이주한인은 호수 38,352호, 인구 202,290명이었는데 그 가운데 봉천시의 경우 호수 328호, 인구 1,920명에 지나지 않았다. 이에 반하여 흥경현興京縣 (현재 신빈현)은 호수 1만 3천 호, 인구 7만 5천 명에 달하였다.[93] 이를테면 흥경현의 이주한인들은 크고 작은 요인으로 얼마든지 심양으로 제2차 이주를 진행할 수 있는 개연성이 충분히 내포되어 있었다. 이를 보다 명확

적으로 당시 만주의 농업은 윤작법이었다. 예컨대 고량을 제1년 작물, 조를 제2년 작물, 대두를 제3년 작물의 순서로 경작하였다. 토지가 비옥하고 척박한 정도에 따라 어느 정도 차이가 나지만 대체적으로 이러한 경향을 띠고 있었다. 이주한인의 수전농업이 진행되는 가운데에서도 만주의 농작물 가운데 가장 경쟁력 있는 상품은 대두였으며, 일반에게는 고량이 가장 중요한 식량이었다(農商務省 商務局, 『滿洲ニ於ケル經濟事情』, 1912, 3~4쪽).

92 菊池秋四郎·中島一郎, 『奉天二十年史』, 183쪽.

93 菊池秋四郎·中島一郎, 위의 책, 182쪽. 1921년 봉천조선인협회 관할 이주한인 수는 다음과 같다. 심양현 5,326호 26,972명, 新民 4,289호 22,764명, 本溪 2,324호 12,308명, 撫順 3,107호 15,159명, 興京 13,326호 65,231명, 遼中 1,619호 7,263명으로 총 29,991호, 149,696명이다(『朝鮮人ニ對スル施政關係雜件 - 朝鮮人民會(奉天)』(이하 雜件), 「奉天朝鮮人協會ノ請願ニ關スル件」(1921. 3. 9, 機密公제24호)).

〈표 1〉 봉천시 이주한인 인구

연도	호수	인구		합계	호수대비 인구수	연도	호수	인구		합계	호수대비 인구수
		남	여					남	여		
1913	36	113	72	185	5.13	1924	356	916	870	1,786	5.01
1914	45	147	84	231	5.13	1925	387	1,002	1,018	2,020	5.21
1915	38	110	91	201	5.28	1926	1,202	3,095	2,451	5,546	4.61
1916	70			261	3.72	1927	1,310	3,483	3,174	6,657	5.08
1917	73	237	158	393	5.38	1928	1,443	3,723	3,363	7,086	4.91
1918	78	237	185	422	5.41	1929	1,532	4,084	3,621	7,705	5.02
1919	182	411	299	710	3.90	1930	1,776	4,956	4,386	9,342	5.26
1920	239	515	429	844	3.53	1931	1,927	5,022	4,639	9,661	5.01
1921	252	565	549	1,114	4.42	1932	2,153	5,725	5,104	10,829	5.02
1922	265	687	673	1,360	5.13	1933	3,423	9,196	7,977	17,073	4.98
1923	330	857	813	1,670	5.06	1934	3,904	10,475	8,884	19,359	4.95

* 출전 : 『奉天二十年史』, 702~705쪽 ; 沈陽市民委民族志編纂辦公室, 『沈陽朝鮮族誌』, 25쪽 ; 奉天居留民會, 『奉天居留民會三十年史』, 1936, 122~123쪽.
** 비고 : 1916년 기록은 각 자료마다 편차가 크고 불확실하여 호수와 합계만 도출하였다.

하게 파악하기 위해서 1910~1930년대까지의 봉천시 거주 한인을 정리하면 〈표 1〉과 같다.

봉천 거주 한인은 1910년대는 완만한 상승세를 보이다가 1920년대 들어와서, 특히 1925년을 경계로 폭발적으로 증가하였다. 봉천으로 1차 이주가 용이하지 않았던 당시 상황을 감안하면 봉천 인접 농촌으로부터 유입된 인구였을 가능성이 크다. 또한 '만주사변'으로 발생한 한인 피난민들이 대거 심양으로 이주하면서 1933년도의 인구현상을 만들어냈다. 당시 피난민들은 대부분 교통이 편리한 서탑과 십간방에 정착하였다.[94] 이러한 이유로 정착한 한인들은 대부분 상업에 종사하거나 노동자가 되었다.[95]

만주국 성립 이전까지 심양시내의 이주한인은 다른 지역에 비하여 많은 편은 아니었다. 다만 인근지역으로 이합과 집산이 이루어지고 있었으며, 이주한인들의 정착지라고 할 수 있는 서탑 역시 심양역과 가까운 곳에 위치하고 있어 이주의 유동성을 엿볼 수 있다.[96] 심양 시내 거주자는 상공업 종사자가 많이 거주하고 있었다. 특히 십간방·서탑·북시장 등 주요 상업지역에 많이 거주하였다.

한편 이주한인들의 이주 자금은 간도지역의 경우 1910년대 평균 100원 정도였다. 남만주의 경우에도 이를 크게 벗어나지 않았을 정도로 한인의 생활은 열악하였다.[97] 따라서 이들이 근대적 금융기관을 이용하기에는 여러 가지 어려움이 따랐다.[98] 일반적으로 한인들은 전당업자들의 자금을

---

94 沈陽市民委民族志編纂辦公室, 『沈陽朝鮮族誌』, 26쪽.
95 윤휘탁, 「봉천시의 민족구성과 조선인」, 『동아시아의 민족이산과 도시』, 109~110쪽. 만주국 성립 이후(1936년)의 수치이지만 심양시내 거주 한인은 北市場, 小西邊門工業區, 南市場에 947호 4,146명(남: 2,309명, 여: 1,837명), 十間房, 西塔에 1,176호 6,178명(남: 3,219명, 여: 2,959명), 小西關, 大西關에 118호 496명(남: 263명, 여: 233명), 城內에 236호 973명(남: 508명, 여: 465명), 城外에 65호 258명(남: 138명, 여: 120명), 鐵西工業地區에 497호 1,942명(남: 1,053명, 여: 889명)으로 총 3,039호 13,993명이다. 2005년 10월 현재 북시장 지역은 재개발로 옛 모습을 찾을 수 없게 되었다. 심양시는 이곳과 서탑 일부 지역에 대한 재개발을 지속적으로 추진하고 있다(2005년 10월 19일 沈陽市朝鮮族經濟交流協會 주임 면담).
96 沈陽市民委民族志編纂辦公室, 『沈陽朝鮮族誌』, 26쪽.
97 李勳求, 『滿洲와 朝鮮人』, 平壤崇實專門學校, 1932, 106쪽.
98 1910~1920년대 심양 지역에서 가장 경쟁력 있는 지폐는 봉천표였다. 그러나 군비 확장 등의 원인으로 지폐가 남발되면서 화폐가치가 하락하는 등 불안한 상태가 지속되어 한인들의 자금축적은 용이한 상태가 아니었다(外務省通商局, 『滿洲ニ於ケル通貨事情』, 42~43쪽 ; 塚瀬進, 『中國近代東北經濟史硏究』 - 鐵道敷設と中國東北經濟の變化, 東方書店, 1993, 109쪽).

만주지역 친일단체

이용하거나 상호간 계를 통해서 자금을 융통 또는 축적하였다. 그러다가 점차 일제가 남만주 전역에 이주한인을 대상으로 설립한 금융기관을 이용하는 경우가 많아졌다.[99]

남만주에서 한인 소유 공장경영이 본격적으로 진행된 것은 1920년대부터였다. 하지만 규모나 운영 면에서 영세함을 벗어나지 못했다. 1927년 기준 한인 경영 공장수는 심양 2개, 무순 4개로 전체 6개였으며, 주로 음식료품과 기호품을 만드는 제조업체였다.[100] 그 해 남만주 도시거주 한인노동자는 봉천 105명, 안동 796명, 무순 173명, 철령 1명, 대련 32명, 안산 4명으로 총 1,111명이었다.[101] 안동지역이 압도적으로 많은 것은 신의주 거주 한인들이 출퇴근하는 경우가 많았기 때문으로 짐작된다.

봉천거류조선인회와 하부단체

20세기 초 남만주지역의 한인 이주는 주로 압록강 대안지역을 경로로 이루어졌다. 특히 압록강 철교의 가설과 안봉선安奉線의 부설은 일제의 경제

---

99 김주용, 「1920년대 간도지역 조선인민회 금융부 연구」, 『사학연구』 62, 한국사학회, 2001.
100 遼寧省檔案館 編, 『滿鐵與勞工』 제2집 1권, 廣西師範大學出版社, 2003, 64쪽. 네 곳은 30인 이하이며 두 곳은 31~51인 이하의 규모이다.
101 한인노동자의 직업을 세부적으로 정리하면 다음과 같다.

구분	요업	금속	기계제조	화학	섬유	제지	목공예	식료품	피복	인쇄	기와	합계
인원	76	8	4	388	165	151	23	191	12	92	1	1,111

* 遼寧省檔案館 編, 『滿鐵與勞工』 제2집 1권, 廣西師範大學出版社, 2003, 66쪽.

적·군사적 침략뿐만 아니라 통신체제의 설치를 통한 지배체제 토대를 마련하기 위해 진행된 사업이었다. 이것은 한인의 이동을 촉진하는 계기가 되었다. 남만주로 이주한 대부분의 한인은 농업에 종사하면서 전통적인 방식으로 자금을 축적하였다. 하지만 휴대 자금이 부족하고 또 초기 정착에 어려움을 겪고 있었기 때문에 이주민의 곤궁한 생활은 향상되지 않았다.

특히 1910년 한일병합을 전후하여 남만주(서간도) 이주한인은 일제와 중국 지방정부에 의해 이중의 통제를 받고 있었다. 이곳에는 일찍부터 이주한인의 자치기관이었던 경학사·부민단이 존재하였으나 일제가 노골적인 침략정책을 실시하면서 한인들의 자립도는 점점 위축될 수밖에 없었다. 중국측의 경우 한인 이주자가 증가할수록 이들에 대한 처리문제가 큰 현안으로 대두되었다. 이는 필연적으로 일제와 마찰 거리를 제공하였음을 의미한다. 따라서 한인은 중국에 자본주의 체제를 이식하여 식민지 경영을 수행하려는 일제에게는 이용 대상이자 수단이었다. 이러한 상황 하에서 이주한인을 이용·통제하기 위해 설립된 것이 '조선인민회(조선인회)'였다. 일본인 거류민회를 모방하여 조직된 '조선인민회'는 일제에게는 이주한인을 회유하고 통제하는 중요한 수단으로서 기능하였다.[102]

한편 일제는 1925년 이른바 '미쓰야三矢협정'을 통해 만주의 이주한인들을 더욱 감시·통제하면서 중국관헌을 일정기간 파트너로 활용하였다. 일제와 중국관헌의 이중압박 속에서도 한인 이주는 지속되었다. 심양지역에 이주한 한인들의 가장 큰 장점은 수전농법 기술이 비교우위에 있다

---

102 김태국, 『만주지역 조선인민회 연구』, 국민대박사학위논문, 2001, 45~54쪽.

만주지역 친일단체

는 점이다. 초기 이주자는 대부분 농지를 소작하면서 생활을 영위하였다. 남만주지역은 이주한인이 수전을 개발하기까지 벼농사에 대한 기술이 전무한 실정이었다. 특히 이 지역의 기후는 수전농법을 실행하기에 적합하지 않은 한랭지역이었다. 심양지역의 수전개발은 심양성 서북 오가황과 탑만 일대 및 신민현新民縣의 서공태보西公太堡 일대에서 개시되었다. 1906년 왕가구에서 조선인 김시순 등 세 가구가 이주하여 수도작 농사를 시도하였다.[103] 이렇게 수도작 농법에 비교우위를 가지면서 시작된 한인이주는 점차 확대되어 한인사회를 형성하는 촉매제가 되었다. 일제는 이주민이 증가하자 이들에 대한 통제와 이용방안을 강구하였다.[104]

1915년 명제태明濟泰와 박창식朴昌植 외 80여 명은 이주한인의 친목을 도모하고 상호 발전을 위한다는 명목으로 봉천조선인회를 발기하고 일본총영사관에 설립 허가를 요청하였다.[105] 같은 해 3월 창립총회가 개최되어 의원을 선출하였으나 경비 등 여러 가지 사정에 따라 일시 보류되다가 1917년 아카츠카 쇼스케赤塚正助 봉천총영사의 알선으로 조선총독부에서 보조금을 받고 11월 15일 소서변문小西邊門 밖 공원 회장 윤계중尹啓重 자택에 사무소를 설치함으로써 봉천조선인협회가 성립되었다. 당시 임원은 정민화鄭民和·엄기섭嚴琪燮·황정광黃庭鑛·장죽섭張竹燮·정필화鄭弼和·정의봉鄭義奉·신재정辛在政·최원식崔元植·박창식·윤계중 등이다. 1918년 윤계중 회장이 사직하고 11월 5일 정병조鄭炳朝가 회장에 취임하였으며 조선총독

---

103 沈阳市民委民族志 編纂办公室, 『沈阳朝鲜族志』, 遼宁民族出版社, 1989, 50쪽.
104 沈陽市民委民族志 編纂办公室, 위의 책, 36쪽.
105 『奉天二十年史』, 184쪽.

부로부터 매년 600원의 경비를 보조받았다. 하지만 이러한 과정에서 회장 정병조가 전횡을 일삼자 회원들이 정병조 배척운동을 전개하였다.[106]

1917년 11월 설립된 봉천조선인회는 내부 분열과 반목으로 1920년 1월 봉천총영사관의 명령으로 해산되었으며 모든 업무가 봉천일본거류민회로 인계되었다.[107] 그 해 5월 봉천 일본거류민회 내에 별도로 봉천거류조선인협회를 설립하여 일본거류민회 회장이 조선인협회 회장을 겸임하도록 하였다. 본부도 일본거류민회 내에 두었다. 1920년 3월 봉천거류민회 내에 봉천거류조선인협회가 창립되었으며 심양을 비롯한 인근 지역을 관할 하에 두면서 한인을 이용·통제하였다. 1921년 당시 봉천조선인협회 관할 하에 거주하는 한인은 29,991호에 149,696명이었다.[108]

봉천거류조선인협회는 봉천시 소서관대가小西關大街 일본거류민회[109] 내에 있었으며, 임원으로는 회장 일본거류민회장인 가와모토川本靜夫, 부회장 박창식, 평의원 김경진·이삼성·박창식·정의봉·홍성린·명제공·이우인·백용선·엄기섭·장영순 등이었다. 그들의 이력을 정리하면 〈표 2〉와 같다.

---

106 『奉天二十年史』, 185쪽.
107 김태국, 앞의 글, 123~124쪽.
108 『雜件』, 「請願書」(協發제12호).
109 봉천시에서 일본인들이 가장 많이 거주한 곳은 만철부속지이다. 이곳은 1937년 12월 치외법권이 철폐될 때까지 만철 봉천지방사무소와 관동청 봉천경찰서에 의해 관할되었다. 부속지 밖에 거주한 일본인들은 총영사관에서 관할하였다. 성내와 부속지의 중간 지점인 상부지의 소서관대가 및 십간방 지역에는 일본계가 많이 거주하고 있었으며, 성내 거주자들과 합해서 일본인거류민회를 조직해서 자치를 행하고 있었다(윤휘탁, 앞의 글, 96쪽).

<표 2> 봉천거류조선인협회 임원(1921)

이름	직위	연령	주소	원적	직업
川本靜夫	회장	41	봉천 十間房 제2구	일본 웅본현	
朴昌植	부회장	39	봉천 십간방 제2구	평북 의주	금대업
安泰魯	서기장	36	봉천 小西邊區 外	평남 용강	
神原將雄	서기	38	봉천 십간방 제5구	일본 웅본현	
康賢杰	임시서기	39	봉천 西塔 大街	평남 순천	
李愚寅	평의원	53	봉천 성내	경북 선산	농업
沈成麟	평의원	45	봉천 서탑 대가	평북 정주	정미업
明濟泰	평의원	45	봉천 소서변문외	평북 영변	농업
李三生	평의원	51	봉천 십간방 제2구	평북 창성	농업
禹應奎	평의원	41	봉천 소서변문외	경성	농업
鄭義奉	평의원	37	봉천 성내	평북 의주	상업
嚴琪燮	평의원	44	봉천 성내	경남 의령	상업
白寅善	평의원	44	봉천 서탑 대가	평북 의주	상업
金慶鎭	평의원		봉천 불상	불상	농업
張英淳	평의원		봉천 불상	불상	농업

* 출전 : 『朝鮮人ニ對スル施政關係雜件 – 朝鮮人民會(奉天)』(이하 雜件), 「朝鮮人民會補助費 ニ關スル件」(1921. 12. 20, 機密公제75호)).

〈표 2〉에서 알 수 있듯이 임원들은 주로 30대 후반부터 50대 초반에 집 중되어 있다. 조선인이 가장 많이 거주한 곳은 앞서도 밝혔듯이 십간방과 서탑이며 지역적으로 이주하기가 용이했던 평안도 출신들이 많다. 특이 한 점은 심양 시내의 한인단체이지만 그 임원 가운데 상당수가 농업에 종 사하고 있다는 점이다. 이는 봉천조선인협회가 조직 당시 시내 거주자뿐 만 아니라 시외 거주자까지 포함하고 있으며 그 외연을 확대하고 있음을 알 수 있다.

봉천조선인협회의 상담역에는 조선총독부 봉천파견원 아이바 기요시相
場淸, 봉천지방사무소 차석 시마사키島崎好直, 일본거류민회 이사 히구치樋口
衣吉, 일본조합기독교회 목사 와타나베渡邊守成이며 명예직으로 전 일본거류
민회장 미나가와皆川秀孝, 전 조선인회장 정병조와 부회장 정민화鄭民和 등으
로 구성되었다.[110] 회원은 봉천총영사관내 거주하는 한인으로 일정한 직업
이 있는 청년 이상의 남자로 자격을 제한하였다. 조직 운영경비는 회원에
게서 일정한 회비와 또 봉천수산장奉天授産場[111]을 운영하여 나오는 수입으
로 충당했다. 하지만 이러한 것으로 운영경비가 충분하지 않았기 때문에
협회를 유지하기 위해서는 조선총독부 등에 보조금을 신청할 수밖에 없었
다. 이는 당시 민회 성격을 띠고 활동하였던 다른 단체와 유사하다.[112] 봉
천거류조선인협회는 일본총영사관에서 관할하였지만 실질적인 자금은 각
종 보조금에 의존하고 있었다. 후술하겠지만 봉천거류조선인협회에서는
이주한인에 대한 구제사업 명목으로 상당액의 보조금을 일본외무성·조
선총독부·관동청에 신청한 상태였다.[113] 조선인협회의 구체적인 구조와
성격을 파악하기 위하여 협회의 규칙 전문을 정리하면 다음과 같다.

---

110 『雜件』, 「奉天二於ケル鮮人救濟機關」(1921. 1. 27, 關參謀제37호).
111 일본영사관의 영향을 받고 출발한 한인단체는 재정적인 문제에 봉착하게 된다. 이
러한 것을 극복하기 위해서 봉천거류조선인협회에서는 자체 경제활동을 할 수 있
는 장치를 마련하게 된 것이다.
112 조선인 민회의 경우 경상비가 부족하였음에도 불구하고 지속적으로 한인들에게 저
리 대출을 실시하였으며 또 부족 자금에 대해서는 조선총독부 등에 보조금을 요청
하였다. 이는 민회 설치가 단지 경제적인 의도로만 해석될 수 없음을 의미한다(김
주용, 「1920년대 간도지역 조선인민회 금융부 연구」, 『사학연구』 62, 254쪽).
113 『雜件』, 「奉天二於ケル鮮人救濟機關」(關參謀제37호, 1921. 1. 27). 조선인협회에
는 일본외무성 10,720원, 조선총독부 6천원, 관동청에 2,400원을 각각 신청하였다.

봉천조선인협회규칙

제1장 총칙

제1조 본회는 봉천거류민회조선인협회라 칭한다.

제2조 본회는 봉천총영사관 관할 구역내 거주하는 조선인으로 조직한다.

제3조 본회는 봉천총영사관 관할 구역 내 재주 조선인 상호간 친목을 도모하고 공동 복리를 증진하는 것을 목적으로 한다.

제4조 본회는 제3조의 목적을 달성하기 위하여 다음과 같은 사업을 경영한다. 단 각부 세칙은 별도로 정한다. 제1부 첫째 서무회계, 둘째 소학교 예산·학교 경영, 셋째 자애병원의 경영. 제2부 첫째 수산장의 경영, 둘째 직업 소개, 셋째 농업의 경영.

제5조 본회의 본부를 봉천에 둔다. 임원회의 결의에 따라 총영사의 허가를 거쳐 필요한 지점에 지부를 설치할 수 있다. 지부규칙은 총영사의 인가를 요한다.

제2장 회원

제6조 본회 회원은 일가를 이루고 일정한 직업을 가진 청년 이상의 남자로 한다.

제7조 본회 회원은 본회의 목적을 수행함에 필요한 경비를 부담한다.

제3장 임원

제8조 본회에 평의원 11명을 두고 그 임기를 1년으로 한다.

제9조 평의원은 회원의 호선으로 한다. 단 당분간 총영사가 이를 지명한다. 평의원은 명예직으로 총영사에게 정당한 이유가 있

다고 인정될 경우 외에는 사임할 수 없다.

제10조 회장은 총영사가 지명한다.

제11조 부회장은 평의원 가운데 1명을 호선하며 총영사의 허가를 받는다.

제12조 회장은 본회를 대표하고 회의 개최에 의장으로서 회무 일체를 처리한다.

제13조 부회장은 회장을 보좌하며 회장 유고시 이를 대리한다.

제14조 본회에 명예고문과 상담역 약간명을 둔다.

제15조 본회에 유급 이사·서기장·서기 약간명을 둔다.

제4장 회의

제16조 회의는 총회 및 임원회 2종으로 한다.

제17조 총회는 매년 12월에 열고 회무에 관한 중요사항의 경과 및 회계 상황을 보고한다. 총영사의 명령 또는 임원회의 결의에 따라 임시 총회를 개최할 수 있다.

제18조 임원회는 평의원으로 조직하고 본회 제반 사무를 심리한다.

제19조 총회 및 임원회에서 결의할 사항은 총영사의 인가를 받아야 한다.

제5장 회계

제20조 본회의 회계연도는 1월 1일 시작하고 12월 31일로서 끝난다.

제21조 회원의 부담액은 임원회에서 이를 의결하며 총영사의 인가를 거쳐 매월 이를 징수한다.

제22조 회장은 매년 12월 수지예산을 작성하여 임원회의 결의를 거쳐 그 연도 개시 때 총영사의 인가를 받는다.

제23조 기정 예산의 추가 또는 경정이 필요할 때는 임원회의 의결을
거쳐 총영사의 인가를 받는다.

제24조 회계에 관한 모든 사무는 총영사의 감독을 받는다.[114]

제25조 회원은 언제라도 회계장부의 검열을 요구할 수 있다.

제26조 임원회는 총영사의 인가를 거쳐 본 규칙 시행에 관한 세칙을
정한다.

제27조 본 규칙은 총영사의 인가를 받지 않고 임의로 변경할 수 없
다.[115]

총 5장으로 구성된 봉천조선인협회 규칙을 보면 곳곳에 일본총영사관
의 영향력을 감지할 수 있다. 특히 회계와 같이 협회 운영에 실질적으로
필요한 부분은 총영사가 직접 관할하였다. 이는 봉천총영사관과 협력구
조가 현실적으로 가장 절실히 요구되고 있었던 문제였으며, 특히 제3조와
4조에서와 같이 조선인협회의 목적과 재정 확보는 당시 이주 한인사회가
불안정했다는 사실을 그대로 보여준다.

한편 1920년 심양 낭화통浪花通 37번지에 만주조선인친애의회滿洲朝鮮人親
愛義會가 설립되었다. 이는 전 봉천거류민회장 미나가와皆川秀孝 및 『일화지
실업日華之實業』 잡지사 만주지국 주임 다하라田原茂 두 명의 발기로 설립되

---

114 회 운영에 필요한 모든 자금은 총영사가 장악하고 있다. 이는 무엇을 의미하는가.
명목상 조선인협회를 내세웠지만 실질적으로 활동의 원천을 통제하고 있었다. 따
라서 조선인활동에서 정치·경제상 총영사관의 위상은 절대적일 수밖에 없었다(김
태국, 앞의 글, 139쪽).

115 『雜件』, 「奉天ニ於ケル鮮人救濟機關」(1921. 1. 27. 關參諜제37호).

1부 서간도지역 친일단체　69

었다. 당시 설립 찬조자들은 봉천총영사 아카츠카 쇼스케를 비롯하여 봉천헌병대 분대장인 스도須藤昇司 등 일본인 24명, 정병조·박창식 등 조선인 2명이었다.[116] 이 회의 설립취지는 다음과 같다.

한일합병 이후 10년 동안 일본 정부와 조선총독부 당국자는 한일병합의 근본정신인 일선인 일시동인一視同仁 주의 방침에 따라 오로지 조선인 인문의 향상 발달에 예의를 기울여 교육시설과 한반도의 식산흥업의 진흥에 진력한 결과 자못 양호한 성과를 거두었다. 하지만 최근 불령선인不逞鮮人이 시대사조를 따르지 못하고 내외에서 준동하고 있다. 특히 만주에서 일대 발전을 이룬 조선인도 이들 불령선인의 강박을 받고 있어 남만 연선 일본 관헌 아래로 피하고 있으며 날로 이러한 현상이 증가하고 있다. 게다가 이번 봄 이래 경제상황이 좋지 않아 대다수의 조선인은 경영난과 생활난에 시달려야 하였다. 이에 실질자의 구제를 당국 관헌에게 애원하였으나 별 반응이 없어 이들 조선인을 지도하고 구제할 필요가 있어 이들을 구제하여 점차 자활·자영의 길을 열어 놓고 근검 저축 정신을 함양함으로써 만주에서 조선인의 노력 발전과 복리 증진을 통해 황화의 은택을 입게 한다.[117]

위와 같이 만주조선인친애의회는 이주한인 가운데 실업자를 구제한다

---

116 『雜件』, 위의 문서.
117 『雜件』, 「奉天ニ於ケル鮮人救濟機關」(1921. 1. 27. 關參諜제37호), 1920년 9월 만주 조선인 친의회 회장 皆川秀孝의 취지서.

만주지역 친일단체

는 명목으로 설립되었다. 이주한인에 대한 구제는 실질적인 자금 수요가 가장 중요하였기 때문에 다하라는 농경조자기성회農耕調資期成會를 조직하여 구제자금을 충당하고자 하였다.[118] 하지만 그의 보조금 지원 요청 활동은 많은 문제를 파생시켰기 때문에 이 회 총무 최상옥崔相玉은 경성으로 가서 대정친목회大正親睦會[119] 회장 민영기閔泳綺에게 자금을 요청하기도 하였다. 당시 회원이 548명일 정도로 조직 규모가 비교적 컸으며 경비는 유지들의 기부로 충당하였다.[120] 그러나 기부로 하기에는 경비 금액이 커서 기부금 모집에 상당한 곤란을 겪었다.

이렇게 설립된 만주조선인친애의회의 회칙 전문을 보면 다음과 같다.

제1조　본회를 만주조선인친애의회라 한다.
제2조　본회는 만주에서 조선인 실직자를 지도 계발하여 적당한 업무를 부여하여 자활 자영과 근검 저축의 정신을 함양하여 의식주의 안정을 도모하고 조선인의 만주에서 노력적 발전과 복리를 증진함을 목적으로 한다.

---

118 『雜件』, 「滿洲朝鮮人親愛義會ノ現況ニ關スル件」(1921. 9. 10, 中제3183호).

119 大正親睦會는 1916년 12월 29일 설립된 단체로서 초대 회장에는 趙重應이 선임되었다. 1921년 당시 회장은 민영기였으며 그 활동은 부일협력 행위를 보조하는 데 주력하였다. 특히 3·1운동 이후 내지 일체론을 주창하면서 독립불능론에 입각하여 활동하였기 때문에 일제로서도 이러한 활동에 더욱 주목하게 되었다. 즉 친일네트워크의 형성이라는 측면에서 만주와 식민지 조선의 연계는 중요시되었다. 대표적 인물로는 민영기·조진태·한상룡·예종석·백완혁 등을 들 수 있다(민족문제연구소, 『일제식민통치기구 및 협력단체편람 - 국내편』, 2002, 504~505쪽).

120 『雜件』, 「滿洲朝鮮人親愛義會ノ現況ニ關スル件」(1921. 9. 10, 中제3183호).

제3조   본회는 위의 목적을 달성하기 위해 무료숙박소의 개설, 직업
소개, 기타 노력적 각종 사업을 경영하고 때때로 정신수양 강
연회를 개최한다.[121]

제4조   본회는 봉천조선인협회에 예속되며 그 감독을 받고 지부를 만
주 각지에 설치한다.

제5조   본회 회원에게는 본회에서 지정한 회원장을 교부한다.

제6조   본회 회원이 되려고 한 자는 신입서에 이력서를 첨부하여 본회
사무소에 제출한다.

제7조   본회 회원은 이유없이 탈퇴할 수 없다.

제8조   본회 회원은 회비를 납부해야 한다.

제9조   본회는 다음과 같이 임원을 둔다. 회장 1명, 주사 1명, 조수 약
간명, 통역 조선인 약간명.

제10조   만주 각지에 지부를 설치할 경우에는 지방재주자 가운데 임원
을 두고, 그 인선은 본부의 승인을 받는다.

제11조   회장은 본회를 총리한다.

제12조   주사는 본회 제반 경영의 균형을 담당한다.

제13조   본회의 회계연도는 당해년으로 한다.

제14조   본회의 회계는 일정한 장부를 준비하여 수지를 밝히고 매월 수
지 결산을 회장에게 보고한다.

---

121 잠재적 저항집단이라고 일제가 인식하였던 이주한인에 대한 정신 교육은 자연스럽
게 친일교육을 통하여 실현될 수밖에 없었다. 조선인협회의 3대 사업 가운데 교육
사업이 포함되어 있었던 것도 이를 반증한다.

만주지역 친일단체

제15조　본회 회원으로서 다음의 사항에 해당하는 것은 선행자로서 이를 표창한다.

첫째 회칙을 준수하고 품행 방정하여 업무에 정력을 다하고 다른 회원에게 모범적인 행위를 한 자.

제16조　피 표창자에게는 금품 혹은 기념품을 증정한다.

제17조　회원으로서 부정행위를 한 자는 본회에서 교정하도록 하며 그렇지 않을 때에는 제명한다.

제18조　회원으로서 병질 기타 다른 사정이 있는 자는 의료 기타 의식주에 대해서 보급해 줘야 한다.

제19조　회원 및 회원 가족 가운데 사망자가 있을 때에는 화환 및 장례식 비용을 보조해야 한다.

제20조　본회 회칙을 개폐할 때 회장의 허가를 받아야 한다.

제21조　지부의 회칙은 이것에 의거한다.[122]

회칙 제2조와 3조에는 만주조선인친애의회의 목적과 사업방향이 고스란히 녹아 있다. 일제가 이주한인에 대한 태도를 어떻게 취하고 있는지 또 그것을 한 차원 끌어올려 중국 당국과 조율을 통하여 한인들은 이용·통제하고 있는지 회칙을 통하여 충분히 짐작할 수 있다. 하지만 이 단체도 내부적 합의를 도출하는데 실패하였기 때문에 크고 작은 분규로 조직 자체가 어려움에 처하기도 하였다. 즉 만주조선인친애의회는 간부 상호 간의 알력과 분규로 이주한인에 대한 구제가 원활하게 이루어지지 않아

---

122 『雜件』, 「奉天ニ於ケル鮮人救濟機關」(關參諜제37호, 1921. 1. 27).

조직의 유지가 불안정한 상태에 빠졌다.[123]

이러한 크고 작은 갈등에도 불구하고 이주한인에 대한 일제의 통제는 봉천조선인협회와 친애의회의 성립으로 구체화되었다. 심양은 일제가 대륙에서 남만주철도를 북만주로 연결하는 중요한 점이었으며 그 주변 도시들은 심양의 공업화에 주요한 역할을 하였다. 이러한 상황에서 이주한인은 거대도시로 탈바꿈하고 있는 심양의 한 부분을 차용하면서 삶을 영위하고 있었다. 이처럼 만주지역 공업도시의 메카로 자리 잡은 심양에서 이주한인은 성내와 성외에서 일제의 통제를 받으면서 이주와 정착 그리고 또 다른 이주를 반복하고 있었다.[124]

한편 이주한인을 구제 선도하여 '일선日鮮' 민족의 친화를 도모한다는 명목으로 1921년 4월 심양 서탑 대가大街지역에 공영사共榮社가 설립되었다.[125] 이 단체는 무료숙박소·실비식당·인사상담소를 개설하고 그 해 5월에는 인력거 제조사업에도 손을 대기 시작하면서 이주한인을 끌어들이는데 심혈을 기울였다. 특히 조직으로 구제부·교육부·산업부·무역부를 설치하는 등 체계적으로 조직을 운영하였다.[126] 임직원은 사장 아오야

---

123 『雜件』-「滿洲朝鮮人親愛義會ノ現況ニ關スル件」(中制3,183호, 1921. 9. 10).

124 윤휘탁, 앞의 글, 105쪽. 『奉天二十年史』, 705쪽.

125 공영사의 정관은 다음과 같다. 제1조 당사는 조선인을 구제 선도하여 일선민족의 친화를 도모함을 목적으로 한다. 제2조 당사는 제1조이 목적을 달성하기 위하여 먼저 봉천에서 다음과 같은 사업을 개시한다. 첫째 무료숙박소, 둘째 실비식당, 셋째 인사상담소, 넷째 야학교. 나아가 授産場을 개설할 예정이다. 셋째 당사의 업무를 희망하는 일본인은 상임사원 외 독지가의 조력에 따라 일체 무급으로 한다. 넷째 당사에 필요한 경비는 당분간 독지가의 의연금에 의존하고 점차 자급자족을 계획한다. 다섯째 당사에는 고문 및 찬조원을 설치하고 자금 이외 사업 수행시 조력을 받을 수 있다(『雜件』 共榮社定則).

무료숙박소 숙박인원	3,064
실비식당입장 인원	2,423
직업소개원	162
행상매상고	97,045
노동자 소개수익고	13,980
출가 농부(봉천 – 해림) 본사송부 인원	30
봉천시료 환자 수	28
開原·西安·海龍 등 순회시료 환자 수	328

* 『雜件』, 「共榮社補助申請書要項」.

기淸柳藤敏, 사원 오카세이岡淸定, 사원 겸 교사 김정식金正植, 사원 이병일李炳馹, 교육부 교사 고시환高時煥, 교사 안재호安在鎬 등이었다.

　이러한 사업을 가능하게 할 수 있었던 것은 자금융통이 원활하였다는 것을 의미한다. 이 기관의 재정이 가능하였던 것은 봉천화양행奉天華洋行 카나이金井利八가 원조해주었으며 개설 이래 4,500원의 자금을 투자하였기 때문이다. 사장 또한 500원의 자금을 투자하였으며 이 기관의 사업으로 영리적 목적을 띠면서 진행한 것은 인력거 제조공장의 영업뿐이었다.[127] 나머지는 모두 투자가의 자금에 의존하고 있는 상태였다. 당시 한인과 관계된 일본이 설립한 금융기관은 만주 전역에서 비슷한 자금 구조를 보이고 있었다.[128]

---

126 『雜件』, 「共榮社補助申請書要項」.
127 『雜件』, 「共榮社補助申請書要項」.
128 김주용, 「만주보민회의 설립과 '鮮滿一體化'」, 『한일관계사연구』21, 2004, 107쪽.

구제와 통제의 이중주

봉천조선인협회는 만주지역 다른 조선인회와는 달리 일본거류민회 내에 설립되었으며 직접적인 통제를 받고 있었다. 하지만 일방적인 통제와 지도보다는 이주한인의 가장 필요한 부분을 먼저 간파하고 이를 통해 한인사회 전반을 장악하고자 하였다. 그 중심은 자금융통에 있었다. 조선인협회 활동의 중요 열쇠인 자금 확보와 융통은 자체 조달보다는 보조금에 의존하는 형국이었다.[129] 1921년 3월 봉천총영사 아카츠카 쇼스케는 조선총독 사이토 마코토에게 봉천조선인협회의 활동 가운데 농민에 대한 자금융통과 이주한인 대책문제를 논의하였다. 이는 봉천거류조선인협회 회장 가와모토가 외무대신에게 보낸 청원서에 대한 회답 차원에서 이루어졌다. 그는 재만한인 문제가 식민지 조선통치와 밀접한 연관이 있음에도 일본 정부가 방관하고 있다고 진단하고 이를 바로 잡기 위해서는 이주한인 보호에 심혈을 기울여야 한다고 강조하였다.[130] 청원 내용을 정리하면 다음과 같다.

첫째, 교육사업 및 구제에 관한 부분이다. 당시 봉천조선인협회에서는 봉천보통실업학교[131]를 경영하고 있었지만 그 실질적인 교육실적이 크지 않았기 때문에 이에 대한 보조가 절실하다고 판단하였다. 이에 따라 조선

---

129 『雜件』, 「奉天朝鮮人協會ノ請願ニ關スル件」(1921. 3. 9, 機密公제24호).

130 『雜件』, 위의 문서.

131 이 학교는 1919년 1월 張宇根이 설립한 학교이다. 만철에서 보조금을 받아 운영되었으나 1921년 4월 보조금이 중지되면서 폐쇄 위기에 처해진 학교였다. 『雜件』, 위의 문서.

총독부의 학교운영비 보조 및 교사 신축 비용으로 3만 원 정도의 지원을 강력하게 요청했다.[132] 둘째, 위생시설에 관한 부분이다. 이주한인의 척박하고 열악한 환경 속에서 위생시설 설치는 이주한인들의 마음을 얻을 수 있는 지름길 가운데 하나였다. 따라서 조선총독부의 자혜병원 출장소의 설치를 강력하게 원하였다. 셋째, 농업자금 차용 문제이다. 이주한인의 주된 생업은 농업인데 농업 이외의 직업은 도저히 중국인과 대항하기에는 어려우며 특히 농업은 생활상 이주한인에게 안정과 희망을 주기 때문에 농업자금 차용 문제는 매우 중요하다는 것이다. 농업자금 대출방법은 협회에서 적당한 토지를 상조하여 이를 이주한인에게 소작하게 하고 각 농가에 저리의 농업자금을 대출해 준다는 것이 골자였다. 특히 협회에서 감독하는 농업조합을 설립하여 조합원의 연대책임을 강조하였다.[133] 대출 기간은 매년 3월 1일부터 11월까지로 연리 15%로 1호당 90원의 대출금을 지급하는 것이 적당하다고 하였다.[134]

이러한 활동이 가능하였는지에 대해서는 봉천조선인협회의 재무구조를 살펴볼 필요가 있다. 먼저 1921년 조선인협회의 예산 경상비는 14,400원으로 책정되어 있었다. 이 가운데 봉급 및 수당이 6,000원, 교제비 3,000원으로 실질적인 사업비는 거의 없는 실정이었기 때문에 조선인협회는 보조금에 의존할 수밖에 없는 상태였다. 1921년 한 해 동안 보조금 청원은 지속적으로 이루어지는데 그 대상기관은 조선총독부·일본외

---

132 『雜件』, 위의 문서.
133 『雜件』, 「奉天朝鮮人協會ノ請願ニ關スル件」(1921. 3. 9, 機密公제24호).
134 연 15%는 당시 은행이자보다도 높았다. 하지만 당시 중국 지주의 고리대(연 50%) 보다는 저리였기 때문에 이주한인의 이목을 끌기에 충분하였다.

무성·관동청 등 일제 대륙침략의 핵심적 기관이었다.[135]

1924년 봉천조선인협회장 가와모토는 봉천총영사에게 조선인 시설 지원 명목으로 9,810원의 보조금을 요청하였다.[136] 이 가운데 실질적인 구제비는 19%인 1,860원이었다.[137] 이주한인의 대부분은 생활난에 따른 경제적인 이유로 이주한 사람들이었다.[138] 따라서 이들이 정착하는 데 무엇보다도 필요한 것은 생활자금이었다.[139] 1920년대 말 심양지역 이주한인의 연 생활비는 4인 가족 기준 약 70원 정도였다. 하지만 총수입 450원 가운데 종자대금·소작료를 제외하면 만성적인 빈곤에서 벗어나기 어려웠다.[140] 이러한 상황 속에서 일제는 이들에게 '사막의 오아시스'라는 인식을 심어주기 봉천조선인협회의 활동 가운데 구제자금을 책정하였다.[141]

---

135 『雜件』, 「奉天朝鮮人協會補助金下附請願ニ關スル件」(1921. 8. 9, 公제281호).

136 『雜件』, 「大正十三年度朝鮮人ニ對スル施設費豫算變更方申請ノ件」(1924. 12. 28, 奉民제1826호-2).

137 구체적으로는 행려병자 취급비 300원, 난민이송비 600원, 난민구조비 960원이다.

138 李勳求, 『滿洲와 朝鮮人』, 平壤崇實專門大學, 1932, 102쪽.

139 1930년대 심양 지역에 거주하고 있었던 이주한인은, 시내에만 국한하여 보았을 때, 농업에 종사하는 자의 비율은 낮았다. 오히려 만주국 성립 이후 표방하였던 '공업 심양'의 슬로건이 강하게 작용하고 있었기 때문에 공업종사자가 많았다(윤휘탁, 앞의 글, 114쪽).

140 金三民, 『在滿朝鮮人の窮狀と其の解決策』, 新大陸社, 1931, 79쪽.

141 1924년도 일본외무성 보조금은 봉천거류민협회뿐만 아니라 그 주변 지역인 무순 조선인민회(회장 李重武), 흥경조선인민회(회장 權桂洙)에도 각각 보조금이 지급되었다. 봉천거류민협회보다는 적지만 무순 2,000여 원, 흥경 4,000여 원이 지급되었다. 사업은 대체로 구제사업·산업장려사업·교육사업·의료사업 등이었다(『雜件』, 「大正十三年度朝鮮人民會補助金ニ對スル收支計算書ニ關スル件」(1925. 8. 26, 公제389)). 특히 이들 지역에는 많은 한인들이 이주하고 이었기 때문에 이들 자녀들에 대한 교육사업에 많은 보조금이 지급되었다.

이에 대한 선행작업으로 심양 거주 이주한인에 대한 철저한 조사가 이루어졌다. 협회에서는 이주한인의 구체적인 지원을 하기 위해 이들의 생활 정도 및 기본적 조사를 위하여 임시조사원을 파견하여 심양 거주 한인뿐만 아니라 그 부근 지역까지 조사하였다.[142] 또한 심양에서 다른 지역으로 이주하는 한인들에게 여비를 지급하기도 하였다. 이들의 대부분은 역이민자였다.[143]

한편 1925년의 봉천조선인협회의 보조금이 증폭되면서 보조금 총액도 31,673원에 달하였다. 그 가운데 외무성보조금 9,810원, 조선총독부 보조금 13,570원, 남만주철도주식회사 보조금 31,673원 등이었다.[144] 이 해 세입 총액 34,778원 가운데 보조금은 절대적인 비중을 차지했다.[145] 이는 이주한인에 대한 일제 각 기관의 통제와 이용의 정도를 가늠하는 수치라고 할 수 있다.

봉천조선인협회에서는 지역적 특성상 주변의 농촌 지역까지 통제 범위로 설정하였다. 즉 흥경·통화·집안·유하현에 대해서도 구제자금을 보조해주거나 빈민 이송에 적극적으로 지원했다. 1921년 9월 한 달 동안 봉천 주변지역에 대한 구제자금은 119명에 4,785원이었다.[146] 이처럼 심양에

---

142 『雜件』, 「大正十三年度朝鮮人民會補助金ニ對スル收支計算書ニ關スル件」(1925. 8. 26, 公제389). 이 조사에 의하면 시내 거주 한인은 407호 2099명, 西公太堡 부근 1,096명, 오가황 부근 2,274명이었다.

143 『雜件』, 위의 문서.

144 남만주철도주식회사에서는 출자회사인 동아권업주식회사를 통하여 농업경영과 농업금융에 필요한 자금을 조달하였다(佐田弘治郎, 『南滿洲鐵道株式會社第二次十年史』, 南滿洲鐵道株式會社, 1928, 1001쪽).

145 雜件』, 「大正十四年度朝鮮人民會補助ニ關スル件」(1925. 8. 26, 公제390호).

봉천신사(奉天神社)

는 한인사회와 연결되어 이들을 통제하고 이용하기 위해 일제에 의해 설립된 단체들이 공존·활동하고 있었다. 그런 만큼 한인사회에 대한 통제를 둘러싼 헤게모니 다툼도 항상 잔존할 수밖에 없었다. 예컨대 봉천조선인협회의 경우 부회장 박창식, 서기 안태로, 농우회장 백인선의 자금 운용에 의문이 제기되었다. 즉 1921년 일본외무성과 조선총독부에서 기민구제 명목으로 보조한 금액 가운데 일부분을 박창식 등이 횡령하였다는 사실은 봉천조선인공민대회 대표 홍성린洪成麟 등이 일본외무대신에게 진

---

146 『雜件』, 「奉天朝鮮人協會廓淸請願陳情書」(1922. 9. 9, 普通受제165호).

정서를 보내면서 표면에 드러났다.[147] 일부 임원은 이 문제에서 대하여 조사위원과 진정위원을 선발하여 대응하였다. 이에 대하여 봉천총영사관에서는 일본외무성에 이 사건의 진상을 보고하기에 이르렀다.

반대파의 주장에 의하면 1920년부터 1921년에 걸쳐 봉천 부근의 수전경작이 별로 좋지 않아 일본외무성과 조선총독부에서 구제자금을 봉천조선인협회에 위탁하여 궁민에게 분배하게 하였는데 협회 관계자 즉 부회장 박창식과 서기 안태로 및 봉천농우회 회장 백인선 3명이 공평하게 분배하지 않고 문서를 위조하여 구제금을 횡령하였다. ……협회 측에서는 박창식 등이 부정행위를 하였다는 것은 있을 수 없는 일이라 하였으며 회장은 다소간 부정이 있을지라도 이들을 사직시키는 것은 생활상 매우 곤란한 일이라고 하였다.[148]

이 문제는 각 기관[149]이 나서서 해결해야 할 정도로 확대되었다. 이는 본질적으로 당시 한인사회를 이용·통제하려고 했던 단체에서 발생하였던 일반적인 현상이자 또 특수한 현상이었다.[150] 이러한 문제가 발생하였

---

147 『雜件』, 「奉天朝鮮人協會廓淸請願陳情書」(1922. 9. 9, 普通受제165호).

148 『雜件』, 「奉天朝鮮人協會幹部排斥運動ニ關スル件」(1922. 9. 11, 機密公제72호).

149 관동청에서도 요주인물로 봉천 서탑거주자 홍성린을 선정할 정도였다(『雜件』, 「注意鮮人ノ行動」(1922. 10. 20, 關機高收제14832호−1)).

150 예컨대 保民會의 경우 이른바 유기체적 연대론의 구현과 항구적인 鮮滿一體化의 실현을 표면화시킨 것이었으며 이를 통한 대륙침략의 인적 자원을 보조받기 위함이었다. 이는 강압적 탄압으로 가능한 것이 아니고 적당한 유인책이 필요하였던 것이다(김주용, 「만주보민회의 설립과 선만일체화」, 196쪽).

다고 하여 협회의 기능과 활동이 축소된 것은 아니다. 이 단체의 사무소가 이주한인 밀집 지역에 있고 또 지역적 특성상 주변 지역을 관할하고 있기 때문에 재정적 지원이 끝임 없이 제기되었다. 이렇듯 심양지역 한인 사회는 일제가 설립한 기관에 의하여 일정한 영향을 받았으며 때로는 그것이 친일의 길로 가는 지름길이 되기도 하였다.

이 글에서는 20세기 초 심양으로 이주한 한인의 거주지와 봉천조선인협회를 통하여 한인의 이주실태와 일제의 한인 통제양태를 밝히고자 하였다. 또한 안봉철도와 같이 교통로 신설이 이주민 증가와 도시로 유입을 촉진하는 계기가 되었음을 밝히고 이를 근대 도시화의 척도인 심양의 한인 실체를 이해하는데 도움을 주고자 하였다. 특히 선만일체화의 실현과 한인의 이주, 그리고 도시로 이민 행로를 밝히는데 주력하였지만 오히려 일제가 설립한 한인단체를 중심으로 그 범위를 좁혀서 살펴보는데 그쳤다. 이를 정리하면 다음과 같다.

첫째, 심양 이주한인들은 시외에 거주하면서 농업에 종사한 자가 주류를 이루었으나 점차 시내로 진입하면서 십간방·서탑·만철부속지에 거주하였다. 거주지의 정착은 직업을 결정하게 되었다. 따라서 시내 거주자들은 상공업에 종사하거나 노동자들이며 시외 거주자들은 대부분 농민이었다. 심양지역의 이주한인의 특징은 철도역이 인접한 서탑지구에 거주지가 형성되었으며 이합과 집산이 쉼 없이 진행되면서 독특한 커뮤니티를 형성했다. 다만 1910년대부터 20년대는 만주의 정치적인 변혁 등으로 한인의 지위가 불안정하였으며 이를 적당한 범위 내에서 일제가 이용·통제하였다.

둘째, 일제의 영향권에서 자유롭지 못하였다. 봉천거류조선인협회와 만주친애의회 등 일본영사관 영향 하의 유사단체들이 설립되면서 열악한 이주한인의 경제력을 담보로 한인사회를 장악해 나갔다. 특히 심양이 요령성의 중심이기 때문에 일제의 파괴력은 더욱 커질 수밖에 없었다. 지원금 규모와 통제의 강도에 따라 한인들은 이주라는 선택에서 '고립된' 형태의 삶을 강요당하기도 하였다. 즉 삶의 새로운 패러다임은 일제의 규정력에 의해서 결정되었다. 물론 한편으로 이것이 이주한인에게는 또 다른 안전망으로 인식되기도 하였다.

셋째, 친일과 항일 그리고 생존의 절대성 문제를 들 수 있다. 심양 이주한인들은 정착 단계에서 많은 유혹에 빠진다. 하지만 거주 환경은 자신들이 결정하는 것이 아니라 이미 중일 양국 기관에 의하여 결정된 경우가 많다. 봉천거류조선인협회와 같은 기관에 가입하면서 보다 안정적인 이주생활을 영위할 수 있는 반면 '친일' 혹은 '부일'의 멍에를 쓴 경우도 많다. 하지만 무엇보다도 중요한 것이 이주자들의 생존에 관한 절대성 문제이다. 이를 간과하고 한인사회를 논하는 것은 지나치게 현재적 해석이 아닐 수 없다.

안동지역 친일단체

19세기 말부터 압록강 대안지역을 중심으로 한인들의 이주가 본격적으로 진행되었던 남만주지역은 일제로서는 열강의 이권을 배제시키고 독점적인 세력을 구축하기 위한 천혜의 요지였다. 특히 러시아의 동청철도를 인수하여 만철을 설립한 것은 일제가 대륙침략을 추진하였던 결정판이었고, 그 교두보의 하나가 안동현安東縣(현재 단둥)이었다.[151] 러일전쟁 직후 일제가 안동을 상업거점의 중심도시로 만들고자 군정관을 두고 신도시계획을 실행하였던 것, 러일전쟁의 소용돌이 속에서 부산과 신의주를 잇는 한반도 종단철도망을 시급하게 완성한 것은 대륙침략이라는 큰 틀 속에서 실행된 정책이었다. 또한 시기적으로 차이는 있지만 경의선이 완성되자 일제는 한반도를 식량과 자원 약탈을 위한 대동맥을 완성한 것과 마찬

---

151 만철 설립 당시 안동지역은 이미 野戰鐵道提理部가 철도 용지를 확보하고 있는 상태였다. 1906년부터 압록강 철교 부설이 논의될 만큼 안동지역은 일제에게는 한반도의 신의주와는 또 다른 중요성을 갖는 도시로 인식되었다(遼寧省檔案館, 『滿鐵的設立』上卷, 遼海出版社, 1998, 162~163쪽).

가지로 인식하였다. 철도 부설은 일제에게는 군사·정치·경제적 토대를 확고히 심어 주었으며 독점적 이윤을 보장하였고 식민지적 약탈을 가능하게 한 주요 수단이었다.[152]

본 장에서는 일제가 '한인 보호'를 명목으로 남만주 안동지역에 설립한 단체의 활동을 중심으로 다루고자 한다. 1910년 한일병합을 전후하여 남만주(서간도)에 이주한 한인은 일제와 중국 지방정부에 의해 이중의 통제를 받고 있었다. 이 지역에는 일찍부터 한인의 자치기관이었던 경학사와 부민단이 존재하였으나 일제가 노골적인 침략정책을 실시하면서 한인들의 자립도는 점점 위축될 수밖에 없었다. 특히 중국 입장에서는 한인 이주자가 증가할수록 이들에 대한 처리문제가 큰 현안이었으며, 이는 필연적으로 일제와 마찰할 거리를 제공하였음을 의미한다. 따라서 한인은 자본주의 체제를 이식하여 식민지 경영을 수행하려는 일제에게는 이용대상이자 수단이었고 중국에게는 대륙침략의 주구로 인식되었다.

지금까지 일제의 영향 아래 남만주 지역에 설치된 단체에 대한 연구는 주로 민회와 보민회를 중심으로 이루어졌다.[153] 다만 이들 연구에서는 일제가 민회·보민회를 설치하여 한인사회에 대한 장악력 확대를 꾀하였다는 점을 규명하면서도 압록강을 비롯한 남만주지역의 경제상태와 연결하는 시도는 미흡하였다. 특히 민회금융부의 성격을 띠고 있는 안동금융회

---

152 일제는 1903년 러시아 세력이 압록강 하류지역에 확대되는 것을 경계하기 위하여 의주 또는 진남포에 일본인을 이주시키거나 개방케 하여 압록강 하류지역에 대한 지배권 확보에 심혈을 기울였다. 이러한 결과 신의주의 탄생으로 이어진다(국사편찬위원회, 『한일경제관계』 2, 2003, 145쪽).

153 김태국, 「만주지역 '조선인민회' 연구」, 국민대 박사학위논문, 2001, 103~126쪽.

에 대한 언급은 거의 없는 실정이다.

본 연구는 남만주 안동지역에서 일제가 한인단체를 설립하고 이를 통하여 남만주지역에서 통치권의 외연을 확대하고자 했던 정책의 지향성을 추적함으로써 이른바 일제가 선전했던 '시혜의 특전'과 한인보호의 허구성을 규명하고자 한다. 나아가 독립운동단체의 대립각으로 일제가 '대륙의 친일파'를 양산하기 위해 설립한 두 단체의 유기적 관계도 살펴보려한다. 시기적으로 1905년 전후부터 만주국 성립 이전까지로 하였다. 만주국 성립 이후 한인정책의 변화로 각종 한인단체의 성격 변화가 보이기 때문에 이를 시기적 범위로 삼았다.

자료는 주로『일본외교사료관문서』를 활용하였으며 중국 당안 자료는 제한적으로 이용하였다. 이들 자료를 통하여 압록강 유역의 대표적 도시인 안동에서 실행된 일제의 정책과 그 산물인 한인단체의 조직을 통하여 이주한인의 사회적 실태를 규명함으로써 일제가 선전하였던 '시혜의 생생한 현장'을 복원하고자 하였지만 자료의 한계 등으로 활동부분을 충분하게 다루지 못하였다. 이는 추후 과제로 삼고자 한다.

안동조선인조합의 설립과 활동

압록강 하류지역은 국제하천으로 기능뿐만 아니라 일제강점기 국적을 상실한 이주한인의 주된 이주경로였다. 19세기 후반부터 본격적으로 남만주에 이주한 한인들은 일제에게는 만주개발의 첨병으로 인식되었다. 대표적 식민론자인 야나이하라 다다오矢內原忠雄는 만주사변 전까지 일본의 농업이민정책이 실패한 원인 가운데 경제적인 측면을 가장 중요하게 인식하였다. 이를 극복하기 위해서는 소극적 방임주의를 지양하고 법률적 보호와 경제적 구제를 아울러 진행해야 한다고 주장할 정도로 대륙정책에서 농업이민의 중요성은 아무리 강조해도 지나치지 않는다고 생각했다. 일제로서는 이주한인에 대한 보호는 자국세력의 이식과도 직결된다고 판단하였기 때문에 1907년 통감부임시간도파출소를 설치한 것에서 나타나듯이 지속적인 대륙침략 정책수행을 필요로 하였다. 이처럼 북간도뿐만 아니라 서간도에서도 세력이식에 필수적인 것이 초기 이주한인의 존재였다.[154]

한편 남만주에서 일제의 지위는 러일전쟁 이후 관동주의 획득으로 결정되었다.[155] 포츠머스조약 제5조와 6조에 명시된 것과 같이 일제는 관동주에서 재산권을 러시아로부터 승계받았다. 이처럼 남만주에서 일제의 권익은 러일전쟁이라는 '위험한 거래'를 통하여 더욱 공고해졌다.[156] 러일전쟁 직후 안동에서 전개되었던 세력이식 작업은 새로운 형태의 도시를 탄생시켰다.[157] 더욱이 일제는 제1차 세계대전 이후 만주특산품의 수입과 자본 투하를 주축으로 만주에 대한 경제침략을 본격화하였다.[158] 일제가

---

154 김주용, 「만주보민회의 설립과 선만일체화」, 192쪽.
155 안동은 일제에게는 대륙으로 나가는 관문이며 그들이 조성한 신시가지로서의 기능을 지녔다(『安東縣及新義州』, 33쪽).
156 蜷川新, 『南滿洲ニ於ケル帝國ノ權利』, 淸水書店, 1913, 69~70쪽. 1906년 일본은 군정을 종식하고 민정으로 전환하였으며, 1907년 3월 해관이 설치되고 미국인 베이린을 세관장에 임명하였다. 이에 따라 안동현은 개항장으로서의 면모를 갖추게 되었다(『安東縣及新義州』, 35쪽).
157 위와 같음.

압록강 철교

제1차 세계대전의 특수를 누리면서 중국에 대한 보다 강력한 경제침탈을 단행한 점, 예를 들면 7개국 차관단의 일원으로 이른바 엔블록을 공고히 하기 위한 정책을 수행한다든지, 또는 원세개를 압박하여 21개 조약을 체결한 것이 바로 그것이다. 이는 일제가 만주에서 그 동안 독점적 이권을 확보하기 위해 열강들의 세력 속에서 자국의 권한을 극대화시키고 특히 러시아의 만몽전략에 대해 매우 민감한 상태에 있었기 때문이다.[159]

158 小林英夫, 『「大東亞共榮圈」の形成と崩壞』, 御茶の水書房, 1977, 20쪽.
159 『日本外務省文書』(Reel 12, 12229), 「滿蒙及新疆ニ對スル露國ノ經營」. 러시아는 신해혁명을 계기로 만주에 대한 이권을 획득하고자 중국에 대해 다음과 같이 요구하였다. 첫째, 중국 정부는 외몽골의 독립에 관하여 인정한다. 둘째, 러시아의 철도 교통 및 광산채굴권을 획득한다. 셋째, 러시아통상회사를 창립한다. 이처럼 러시아

만주지역 친일단체

안동은 지리적으로 교통이 유리한 압록강을 끼고 있으며 일찍부터 이주한인들의 주된 이동경로이며 이합과 집산의 도시이기도 하였다. 이러한 지리적 요충지인 안동은 수운을 이용한 목재 사업이 크게 번성하였다. 목재는 압록강의 생명과도 같은 상품이었다. 압록강을 끼고 있던 지역은 목재의 영향에서 자유로울 수 없었다.[160] 1916년부터 1920년까지 안동현 출하 목재량을 보면 5년간 약 6천척이 증가하였음을 알 수 있다.[161] 또한 만주 농업의 상징이라고 할 수 있는 대두는 안동에서도 경쟁력 있는 상품이었다.[162]

안동지역은 대륙의 관문이었다. 생계를 위해서건, 독립운동을 위해서건 많은 한인들이 이곳을 거쳐 갔거나 정착하였다. 안동 신시가는 러일전쟁 직후 경의선과 안봉선安奉線의 개설이 논의되면서 본격적으로 건설되기 시작하였다. 먼저 1905년 7월 군정서는 25만 평의 토지를 매수한 것을 필두로 총 300여만 평의 부지를 확보하고 사이토 스에지로齋藤季治郎를 위원장으로 하는 시가 설계위원회를 조직하였다.[163] 이에 따라 안동 육도구六道溝에 일본인 거류지를 건설하여 본격적인 시가계획이 실행되었다. 여기에 안동영사관이 1906년 설치되었고, 1908년 안동상업회의소가 설치되는 등 속속 침략기관이 들어섰다. 안동 도시계획에서는 군사적인 측면

가 외몽골지역에서 이권 확대를 추진하게 되자 일제는 만주에서의 독점적 이권이 흔들릴 수 있다고 판단하여 그 촉각을 곤두세우고 있었다.

160 滿洲弘報協會 編, 『鴨綠江』, 滿洲國通信社, 1937, 41쪽.
161 朝鮮銀行調査部, 『鴨綠江江岸地方經濟狀況調査槪要報告』, 29쪽.
162 笠原博, 『滿洲金融機關通貨』, 滿蒙産業硏究會, 1919, 166~169쪽.
163 『安東縣及新義州』, 36쪽.

이 먼저 고려되었다. 러일전쟁이 끝난 후 봉천으로의 군수물자 수송은 반드시 안동을 거쳐야 했기 때문에 그에 필요한 제반 부대시설이 설치되어야 했다.[164] 안동현에서 일본인 상업 활동을 촉진하기 위하여 이미 1906년 7월 초 정금은행 출장소가 설치되었으며, 나아가 1909년 10월에는 조선은행 출장소가 설치되었다. 이후 1917년 정금은행이 금권 발행권을 조선은행에 인도한 후 금고사무도 조선은행에 인계하였기 때문에 정금은행 안동출장소의 업무 역시 조선은행에 인계되었다.[165]

안동의 시가는 국경지대라는 특수성에 기인하여 식민지 조선의 철도가 관통하기 때문에 이에 밀접한 관련이 있었다. 1911년 압록강 철교가 완성되고 그 철도 노선과 안동역은 신시가지 남쪽에 자리 잡았으며, 이 철로를 중심으로 신시가지가 형성되었다.[166] 남만주철도주식회사의 부속지를 중심으로 안동국경수비대와 헌병분대가 들어섰고 이들 기관은 주로 안동 철도 노선과 열차 보호를 담당하였다.

---

164 『統監府文書』 2, 국사편찬위원회, 1999, 141쪽 ; 「安奉線利用한 兵器輸送風說에 관한 件」.
165 지방은행으로서 일본인이 경영하는 안동은행이 있으며(1911년 5월 창립), 이 은행은 자본금 50만 원의 4분의 1을 불입하여 주식회사로서 상업은행의 업무를 행하고 있다. 게다가 1911년 창립한 안동저금은행은 저축예금의 흡수를 목적으로 10만 원을 자본으로 개업하였는데 무엇보다도 그 상당한 영업활동을 전개하고 있다. 이외 日支合辦鴨綠江採木公司는 목재 자금에 관계있는 상인에 대한 금융을 강구하고 있다. 중국 측 금융기관으로서는 중국은행 지점이 있으며 1914년 7월 개설하여 상당한 노력을 하고 있는 東三省官銀號분호는 중국은행으로서 먼저 세워져 1907년부터 안동에 지점을 설치하여 은행업무를 하였지만 그 영업실적은 부진한 편이었다(外務省通商局, 『滿洲二於ケル通貨事情』, 15~16쪽).
166 『安東縣及新義州』, 40쪽.

만주지역 친일단체

뿐만 아니라 일제가 농업경영의 필수적인 요소[167]로 인식하였던 한인은 토지소유권을 가질 수 없으므로 일부 귀화 한인을 제외하고는 모두 중국인 지주의 소작인으로서 농업에 종사하였다. 중국인은 손쉽게 농사지을 수 있는 가경지를 가지고 있었으며 한인들은 주로 산간 혹은 습지에 소작권이 한정되어 있었다.[168] 소작료 납부는 소작인에게 불리하게 되어 있었으며 그로 인한 자금부족은 이주한인에게 만성적인 고리채에 시달릴 수밖에 없는 원인이 되었다.[169] 이것은 일제가 조선인회 설립을 빠르게 지원할 수 있었던 요인이 되기도 하였다.

이러한 안동의 경제상황 속에서 안동 시내에 거주하는 한인은 상거래에 종사하거나 비교적 자금회전이 빠른 직업을 가지고 있었다. 하지만 시외에 거주하는 대부분의 한인들은 농업에 종사하였다. 일제는 이들에 대한 통제의 수위와 이용가치를 높이기 위하여 1913년 조선인친목회를 설립하였고, 이 조직을 이주한인의 행정보호기관으로 규정하는 동시에 이주한인의 '보호기관'으로 선전하였다.[170] 하지만 중국측으로서는 이주한인에 대한 일제의 정책에 대한 불신으로 조선인조합 설립에 대하여 매우 민감한 반응을 보였다.[171]

---

167 『日本外務省文書』(Reel 23), 「滿蒙殖民に關する一方案」.
168 牛丸潤亮, 「最近間嶋事情」, 『朝鮮及朝鮮人社』, 1927, 161~162쪽.
169 『國境地方 復命書』, 199쪽.
170 『朝鮮人ニ對スル施政關係雜件 – 朝鮮人民會』, 「1926年度 朝鮮人民會補助ニ關スル件」(1926. 9. 10, 普通제271호).
171 중국은 일제의 만몽정책에서 이주한인에 대한 '보호'정책이 향후 중국 주권 침해에 중대한 영향을 초래할 수 있다고 판단하였다(『中華民國外交檔案』, 「韓人買收水田設立居留民會案」, 1917. 4. 1).

한편 '만주사변'의 영향은 안동에도 미쳤으며,[172] 만주국 성립과 함께 시가지도 새롭게 정비되었다. 1930년대 한인은 꾸준히 증가하여 1932년에 9천 명, 1934년에 1만 2천여 명으로 증가하였다. 한인의 증가로 새로운 거주가 필요하였으나 안동의 경우 한인들은 시외로 쫓겨날 처지에 놓이기도 하였다.

시가지가 발전됨에 따라 점포·주택의 신·개축으로 건축계에는 …… 그 반면에 무산자들은 헌집을 헐어서 새집을 짓기 때문에 가임이 비싼 관

---

172 『조선중앙일보』 1935년 10월 20일 「安東領事館內 同胞 생활 실상기, 安東縣에서」. 만주사변 이래 하루에도 수백 수천이 고국을 등지고 만주로 만주로 하면서 몰려든 조선동포는 현재 무엇을 하면서 지내고 있는가. 때로는 반만군에게 피해를 당하여 먹을 것 입을 것 하나도 없이 이리저리 유리인생을 계속하는 경우, 어떤 때는 죽을 고생을 다하면서 지어놓은 농작물을 냉해와 수해로 여지없이 전멸을 당하여 기아선상에서 헤매이다가 할 수 없이 알몸으로 고향을 찾아 조선내지로 드러가는 그네들의 실정을 보고 사람마다 한번은 눈물을 흘리지 않고는 견디지 못하였다. 영사관내 안동현을 비롯한 8현내에 거주자는 조선총포의 호수는 13,570호, 인구는 66,087명으로 작년에 비하여 767호 2,707명이 증가하였다. 대개 조선 내에서 들어온 자들이며 만주각지에서 전입한 자는 불과 3호 18인이다. 그리고 새로이 이주한 자들은 전부 농촌으로 몰려 들어가고 만주 각지에서 전입된 이주자들은 시가지로 몰려드러 집중하고 있는 바 이제 이주자들은 현별로 보면 다음과 같다. 안동현은 249호, 1,064명이 이주하였다. 그리고 이주자들의 본적을 조사해보면 지리적 관계로 평안북도가 제일 많고 그 다음이 평남, 함남 등이다. 귀환자를 조사해 보면 590호에 2,596명인데 이들이 살지 못하고 돌아간 원인은 전부가 반만군의 압각과 피해로 하는 수 없이 고국으로 돌아간 것이다. 거주자들의 직업은 태반이 농업이다. 그런데 이 농업이 이주자들의 가장 중요한 살림임에도 불구하고 점차로 감소되는 경향이 많다. 그 반면에 상업과 庸人은 해마다 증가되는 원인은 농촌에는 반만군의 피해가 많은데 이주자들이 귀환하는 관계로 감소되고 시가로 집중함으로 상업과 용인은 해마다 증가를 보이고 있다.

계로 경제의 타격이 심한 동포들의 곤난이 제일 심한 바 집이 없어서 시외로 쫓겨 가는 한편 현재 집단적으로 거주하고 있는 시내 6번통 4정목 동흥공사東興公司 사택의 기지가 될 51호와 6도구 제2보통학교 부지가 될 54호가 방금 철거치 않을 수 없는 형편에 있다. 방금 12호의 셋집도 구하기 어려운 형편에 백여 호의 가족 800여 명을 어디로 갈지 앞길이 막연하다. 이로 인해 제2보통학교에서는 지난 4월 중순에 기공하여 10월 준공하려든 예정을 아직도 착수하지 못하고 지난 6월 중순에는 안동경찰서에서 200원과 영사관에서 150원을 각각 지출하여 이전비로 54호에 분배하였다고 하나 아직도 갈 곳을 정하지 못하였다. 흥동공사 사택기지에 있는 11호 주민은 시내 영기·중촌·소률 4인이 매수하여 개축할 모양으로 일경당국에 진정서를 제출하였다.[173]

이주한인의 생활 보호를 목적으로 설립한 안동조선인회에서는 안동의 지리적 특성을 이용한 수산장을 설치하였으며 1935년에는 14,500원을 투자하여 377평으로 증축하였다. 당시 규모로는 만주에서 가장 컸다고 한다.[174] 중국인 미곡상으로 조직된 안동현상무회와 일본내지인과 조선인 미곡상으로 조직된 안동현미곡상조합 사이에 일어났던 분규는 일시 쌍방이 타협되어 해결될 형세에 있었으나, 그 후 만주인 즉 손모의 악선전으로 또다시 문제가 악화되어 벼를 살 수 없는 상태에 빠져 벼를 많이 사두고 있는 춘만春滿과 환압丸鴨 두 정미소를 제외하고는 벼를 전혀 살 수 없어

---

173 『조선중앙일보』 1935년 7월 5일 「大建物 신건축으로 8백 同胞 住宅難」.
174 『조선중앙일보』 1935년 2월 1일 「安東縣 朝鮮人의 水産場 근간 낙성」.

각 정미소에서는 작업을 정지하게 되었다. 이로 인해 조선인 직공 283명은 14일부터 완전히 실직 상태에 빠졌다.[175]

안동지역에서 한인들의 경제활동이 활발하게 진행되면서 독자적인 금융기관을 설립하려는 움직임도 있었다. 1939년 안동도시금융합작회사 설립위원회에서는 이주한인의 금융관련 업무를 담당할 수 있는 금융기관을 설립하고자 하였다. 당시 위원으로는 김호찬金虎贊과 이충근李忠根이 활동하였다.[176] 김호찬은 신의주를 중심으로 경제활동을 전개한 인물이며, 특히 1919년부터 미곡무역과 창고업을 주로 하는 신의주무역주식회사의 대주주였다.[177] 또한 이충근의 밀정으로 활동한 경력이 있기 때문에 안동 도시금융합작회사는 성격상 일제의 영향력 아래에 놓여 있었다.

하지만 무엇보다도 안동의 한인 거주와 도시구조를 연동해서 보면, 주로 한인들은 상업과 밀무역에 종사하는 경우가 많았다. 러일전쟁과 만주국을 거치면서 도시로서 면모를 갖추긴 했지만 주로 자국인 중심의 도시계획을 세웠다. 이 때문에 초기에는 침략과 정착에 무게를 두었고, 이후에는 확장에 초점을 맞추었지만, 신시가와 구시가의 불균형이 극명하게 나타났다. 특히 안동을 처음 찾는 사람들에게 안동의 명소가 '아편굴'이라고 현지 사람들이 말할 정도로 아편 밀거래의 온상이었다.[178] 이는 국경지

---

175 『조선중앙일보』 1936년 5월 15일 「米穀商間의 분규로 각 精米所 일제 휴업」.

176 『동아일보』 1939년 9월 10일 「조선인의 금융기관 都市合作社設立委員會에서 준비중」.

177 안동과 집안에도 기부를 하는 등 활발한 자선활동을 펼쳤다. 만철지방위원이기도 하였다(『동아일보』 1935년 6월 15일 「集安에서 동정금, 安東縣 유지 김호찬씨가 동정금을 모집」).

178 『東光』 30, 1932, 72~73쪽.

대의 특징이기도 했지만 나혜석의 말처럼 구시가와 신시가의 불균형, 도
시정비의 난맥상이 그대로 드러난 결과라고 할 수 있다.[179]

1913년 11월 7일 안동에 거주한 한인들은 친목을 도모하고 이주민의
결속력을 다지기 위한다는 명목으로 '안동현조선인친목회'를 설립하였
다.[180] 창립 목적은 일본인민단과 같이 이주한인의 친목을 도모한 협동주
의 활동과 상공업상의 이권을 개척하는데 있었다. 임원은 최경극崔慶極 ·
서세충徐世忠 · 이봉욱李鳳旭 · 박봉엽朴奉葉 · 이성규李聖奎 · 김성삼金成三 등이다.
사무소가 일본인민단에 설치됨으로써 이 조직이 일본과 밀접한 관계가
있음을 엿볼 수 있다.[181] 설립은 빠르게 진행되어 11월 13일 친목회협의회
를 개최하고 단체명의 변경과 임원 선정에 관한 안건을 상정하기에 이르
렀다.[182] 이 회의에서는 친목회를 '안동조선인조합'으로 변경하였으며 임
원은 10명으로 하였다. 임원은 백인선 · 김택후 · 최경식 · 서세충 · 김태환 ·
이승주 · 신덕준 · 황명원 · 이동희 · 박봉엽 등이 선임되었다.

남만주지역에서 이주민의 증가는 중일 양국의 새로운 문제로 비화되
기도 하였다. 하지만 안동지역을 중심으로 한 남만주지역에서 이주한인
은 수전농법의 전수자라는 타이틀 때문에 무조건 구축되지는 않는다. 특
히 제1차 세계대전 이후 쌀값이 등귀하고 이주한인의 수전농법 기술이 발
달하였다는 소문이 돌면서 중국인 지주들이 이주한인들을 받아들이는 계

179 羅惠錫, 「쏘비엣 露西亞行, 歐美遊記의 其一」, 『三千里』 4권 12호, 1932, 61쪽.
180 『不逞團關係雜件朝鮮人ノ部 – 滿洲ノ部』(이하 滿洲ノ部) 권2, 「安東縣鮮人親睦會
組織ニ關スル件」(1913. 11. 14).
181 위와 같음.
182 『滿洲ノ部』 권2, 「安東朝鮮人組合創立ニ關スル件」(1913. 11. 19).

〈표 1〉 안동조선인조합 조직 현황

	소재지	개설 연도
안동현 조선인 조합본부	안동 시내(일본거류민단 내)	1913
동 접리수 지부	안동현 접리수	1914
동 혼수포 지부	봉성현 혼수포	1915
관전현 총지부 외 지부 9개소	관전현 태평초	1915
집안현 총지부 외 11개소	집안현 태평구	1916
장백현 총지부 외 2개소	장백현 장백	1920

* 출전 : 『朝鮮人ニ對スル施政關係雜件 - 朝鮮人民會』(日本外交史料館文書), 「朝鮮人民會補
助費其他ニ關スル件」(1921. 11. 29).

기가 되었지만, 한편으로 이주한인과 중국 지주 간에 조지租地·과세課稅·

대차貸借 등과 관련하여 끊임없이 분의紛議도 발생하기도 하였다.[183] 이러한

가운데 설립된 안동조선인조합은 이주한인을 보호하고 조선인 상호간의

친목도모와 조선상품 판매의 조직적 확대를 꾀하며 궁민窮民의 구제, 교

육과 생업의 장려, 호구조사를 주된 활동목표로 설정하였다. 본부와 지부

현황을 보면 〈표 1〉과 같다.[184]

---

183 일제는 이주한인이 증가하면서 중국과의 마찰의 원인을 여기에서 찾고 있다. 그러
나 당시 현실적으로 비추어 보았을 때 과연 한인 이주자의 증가만이 중국관민의 마
찰이라고 단정하는 것은 무리한 견해라고 할 수 있다. 즉 당시 이주한인의 증가는
경제적인 이유가 가장 주된 것이었으며, 이러한 배경 하에서 중국 지방정부의 대
한인 정책을 추론할 수 있다. 따라서 일제가 한인의 경제 상황 개선을 목적으로 안
동조합회를 개설하였다는 것을 액면 그대로 받아들이기는 곤란하다. 특히 남만주
의 특수 상황을 고려하면 더욱 그러하다.
184 『朝鮮人ニ對スル施政關係雜件 - 朝鮮人民會』(日本外交史料館文書), 「朝鮮人民會
補助費其他ニ關スル件」(1921. 11. 29).

만주지역 친일단체

안동조선인조합을 설립하는데 안동 일본영사관의 역할은 절대적이었다. 당시 오카베岡部 영사대리는 평의원 후보자의 심사와 선출에 대하여 절대적인 권한을 행사하였다.[185] 그는 조선인조합을 자신과 이주한인을 연계하는 중간단체로 규정하기까지 하였다. 한편 1913년 12월 17일 안동영사 요시다 시게루吉田茂는 외무대신 마키노 노부아키牧野伸顯에게 안동조선인조합의 설치 이유에 대하여 다음과 같이 보고하였다.

조선인을 위해 민단과 유사한 조직을 만들려는 뜻은 생각해 보아야 한다. 이에 따라 제국정부의 방침에서 종종 심각하게 받아들일 수 있는데 어쨌든 조선 내치의 상황은 이미 재만 조선인의 행동에 대하여 특별하게 우려할 만한 상황은 아니다. 오히려 이들을 보호하고 인도해야 하며 이를 통하여 좋은 성과를 거둘 수 있다. …… 조선인 관계 사건의 진상을 파악하기란 어렵다. 따라서 보호·인도의 방법을 강구하여 조선인간의 연락을 취하며 본 건 성립에 진력하며 회의 명칭을 조합으로 하면 정치상 어떠한 목적이 없다는 것을 명확하게 알려 일본인 민단 내에서 집무하면 그 비용을 절약할 수 있고 또 민단 이사의 지도를 받고 민단 관하의 단체로 각종 영업 조합과 같이 주의를 기울일 수 있다.[186]

위와 같이 요시다 안동영사는 조선인조합의 설립 취지를 조선인에 대한 '보호와 인도'라고 밝혔다. 하지만 실질적으로 이주한인 문제는 일제로

---

185 『滿洲ノ部』 권2, 「安東朝鮮人組合成立ニ關スル件」(1913. 11. 22).
186 『滿洲ノ部』 권3, 「朝鮮人組合ニ關スル再申ノ件」(1913. 12. 17).

서도 경찰력이 미치지 않는 곳에서는 그들의 인적 자원만으로는 감당하기 힘든 부분이었다. 따라서 일제는 이주한인에 대한 장악력을 높이기 위해 자신들의 조직인 민단[187]의 하부 조직으로서 안동조선인조합을 운영하려고 하였다. 특히 명칭을 조합이라고 한 것은 이주한인에게 정치적인 의도나 색채를 띠지 않고 한인들에게 친목단체로의 인식을 심어주기 위함이었다. 주된 활동은 주로 이주한인 명부를 작성하며 한인 자제 가운데 취학연령층에 대한 조사, 한인간의 알력과 분쟁 중재 등이었다.[188] 이러한 취지로 조직된 안동조선인조합의 규약을 소개하면 다음과 같다.

안동조선인조합 규약

제1조   본 조합은 영사의 명령 감독 하에 그 관내에 거주하는 조선인 상호간의 친목을 독려하고 지덕智德을 연마하는 교육을 장려하여 실업을 장려하여 공동의 이익 도모를 목적으로 한다.

제3조   본 조합은 사무소를 안동 시내에 두고 단 필요하다고 인정할 경우 역원役員(임원)회의 결의에 따라 영사의 인가를 얻어 지부를 둘 수 있다. 지부 규약은 별도로 이를 정한다.

제8조   본 조합에 조합장 1명, 부조합장 1명, 평의원 약간 명을 둔다.

제9조   조합은 총회에서 평의원 후보자 10명을 선거하여 영사의 지명을 받는다.

---

187 안동현일본인거류민단은 1907년 9월 1일 설치되어 영사관의 행정보조기관으로 행정위원 7명 및 3명의 예비 행정위원이 임명되었다(『安東縣及新義州』, 45~46쪽).
188 『滿洲ノ部』 권3, 「朝鮮人組合二關スル再申ノ件」(1913. 12. 17).

제10조 조합장은 본 조합을 대표하고, 조합의 모든 사무를 총괄하는 부조합장은 조합장을 보좌하여 조합장 사고시 그 사무를 대리한다.

평의원은 영사 및 조합장의 자문에 응하여 조합에 관한 중요사항을 평의評議한다.

제13조 회의를 나누어 총회 및 역원회의 두 개가 있다.

총회는 해마다 1회 개최하고 조합에 관한 중요 사항을 결정한다. 또 평의원 후보자의 선거를 행한다. 단 영사의 명령이 있거나 또는 조합장 혹은 평의원에서 필요하다고 인정할 때는 임시총회를 연다. 임원회는 영사의 명령이 있거나 또는 조합장 혹은 평의원에서 필요하다고 인정할 때 수시로 이를 개최한다.

제15조 본 조합의 기본금 및 경비는 조합원이 부담하는 조합비 및 유지의 기부금 기타 수입으로 이를 충당한다.

제16조 조합비의 부담액은 임원회의에서 적당한 부담률을 정하여 영사의 허가를 거쳐 이를 징수하는 것으로 한다. 단 조합장은 매년 3월에서 이듬해 조합예산을 편성하여 임원회의에서 부의附議하여 영사의 허가를 받는다.

제18조 회계사무는 임시영사의 검사를 받는 것으로 한다.

부칙

제19조 본 규약의 개정 변경 및 세칙의 제정은 총회의 의결에 따라 영사의 허가를 받는 것으로 한다.[189]

〈표 2〉 1913년 안동조선인조합 임원

이름	나이	본적	주소	직업	경력	재산규모	비고
白寅善	37	평북 의주	안동 신시가 3번통 8丁目 2번지	金貸	평북 의주 면장을 역임	안동에 5천 원, 의주에 3천 원	직업상 비난받음
崔京植	35	평북 의주	안동 신시가 3번통 8정목 1번지	운송업	농업에 종사하고 한학 수학	안동 2천 원, 의주 2천 원	일본어를 잘함. 백인선과 친구. 이주한인에게 신망을 얻음
申德俊	27	평북 의주	안동 신시가 3번통 5정목 1번지	운송업	신문사 근무	약 2천 원	일본어 능력이 떨어짐
金泰煥	38	평북 용천	안동 신시가 7번통 8정목 1번지	숙박업	한학수학	약 500원	일본어를 못함. 한인에게 신망을 얻음
朴奉燁	33	평북 의주	안동 신시가 3번통 8정목 2번지	운송업	한학 수학, 신의주 연초 회사에 근무	2천 원	일본어를 함. 신망 보통
李承珪	25	평북 선천	안동 구시가 右道街	주류 판매업	창성군 군주사 역임	약 2천 원	일본어를 잘함
李東曦	51	평북 용천	안동 신시가 4번통 4정목 20번지	정미업	잡화상 및 농업에 종사	4천 원	
徐世忠	26	경성	안동 구시가 前裏寶街	숙박 겸 잡화중매인	학교 교사, 잡화중개인	1,500원	일본어를 잘함
金宅俊	42	평북 의주	안동 구시가 흥융가	숙박 겸 잡화중매인	잡화상	3천 원	중국어. 신용있음
黃明元	43	경기 시흥	안동 3번통 8정목 2번지	하숙업	잡화 행상	약 500원	신망 보통

* 출전 : 『滿洲ノ部』권2, 「安東朝鮮人組合成立ニ關スル件」(1913. 11. 22, 機密公제102호).

만주지역 친일단체

다소 길게 중요 부분만 인용하였는데 앞서도 언급하였듯이 안동조선인
조합은 출발점부터 일본영사관의 영향을 직접적으로 받고 있었다. 총칙
제1조의 '본 조합은 영사의 명령 감독 하에 그 관내에 거주하는 조선인 상
호간의 친목을 독려하고', 제9조 '조합은 총회에서 평의원 후보자 10명을
선거하여 영사의 지명을 받는다'와 같이 영사의 직접 통제 하에 놓여 있
다. 이는 다른 지역 조선인민회의 설립과 동일한 모습을 보이고 있다.[190]
1913년 설립 당시 주요 구성원은 〈표 2〉와 같다.

　대부분 평북 출신이며 그 가운데 의주가 많다. 이는 압록강 대안이라는
지역적 인접성이 반영된 결과이다. 이들은 자금 회전이 빠른 직업에 종사
하고 있으며 특히 운송·숙박업 종사자가 많다. 연령은 20대에서 50대까
지 고르게 분포되어 있는데, 실질적으로 활동이 가장 활발한 연령대이다.
재산정도는 이주민 상황을 고려할 때 그 규모가 작지 않다.[191] 또한 이주
한인의 관계를 고려하여 대부분 신용이 높거나 한인사회에 영향력이 있
는 자들로 구성되어 있다. 설립 당시 조합원은 108호였으며 1916년에는
두 배인 216호로 증가하였다.[192] 안동조선인조합의 감독 및 사무는 설립
초기보다 더욱 확대되었다. 먼저 안동현 곡물중개소, 조선특산물 위탁판
매소, 생우生牛 중개소, 부미負米 행상行商, 노동조勞動組, 안동보통학교 기숙
사 운영에 관한 업무를 담당하였다. 이와 같이 안동조선인조합의 업무는

---

189 『滿洲ノ部』 권2, 「安東朝鮮人組合創立二關スル件」(1913. 11. 19) ; 『滿洲二於ケ
　　ル移住鮮人ノ狀況』, 安東朝鮮人 組合本部, 1916, 28쪽.
190 이에 대해서는 김태국, 앞의 글 참조.
191 1910년대 만주지역 이주자의 평균 자산은 100원 정도였다.
192 『滿洲二於ケル移住鮮人ノ狀況』, 安東朝鮮人 組合本部, 1916, 31쪽.

<표 3> 안동조선인조합의 재정상황

수입	1913년	1915년	1916년
세금(조합원에서 징수)	148.230	123.700	150.000
납부금(위탁판매업 중개소행상)	346.550	305.415	310.000
보조금(민단에서 보조)	183.000	180.000	180.000
기부금	–	5.000	–
전년도 잔고	710	20.110	270.000
계	678.740	634.225	910.000
지출			
급여비(서기·소사)	293.070	243.400	240.000
보조비(기숙사·기숙생)	184.900	28.050	168.000
회의비	6.000	–	25.000
물품구입비	44.210	43.490	75.000
구조비·교제비·기타	126.275	48.710	40.000
적립금	15.285	270.575	362.000
계	678.750	634.225	910.000

* 출전 : 安東朝鮮人 組合本部, 『滿洲二於ケル移住鮮人ノ狀況』, 1916, 32~33쪽.

일제의 비호 아래 다양한 분야까지 확대될 수 있었다. 이 조합의 회계업
무를 정리하면 〈표 3〉과 같다.[193]

〈표 3〉에서 알 수 있듯이 조선인조합은 민단의 보조금과 조합비로 운
영되었다. 특히 민단에서 보조금 비중은 조합비를 훨씬 상회하고 있었다.

---

193 안동조선인조합의 회계의 특징은 먼저 기부금이 적다는 점이다. 이에 대해서는 다
양한 추적이 가능하다. 또한 수입은 1916년에 급증한다. 특히 다른 면에서는 큰 변
화가 없으나 이월액이 많기 때문에 1916년의 수입이 크게 설정되어 있다(安東朝鮮
人 組合本部, 『滿洲二於ケル移住鮮人ノ狀況』, 1916, 32쪽).

만주지역 친일단체

따라서 민단의 상위 기관인 안동일본영사관의 영향력이 클 수밖에 없었다. 이러한 배경 속에서 안동조선인조합은 영사관의 부속기관으로 민단과 함께 각종 안건을 처리하였다. 이를테면 1914년부터 1916년까지 3년간 영사관에서 허가 및 훈령으로 시달된 것이 24건이며 조합에서 영사관에 보고하거나 품신한 것이 75건이 되었다.[194] 그 밖의 각 지부와 관련된 업무도 120건으로 지부 운영에 치중하고 있음을 알 수 있다.[195] 한편 조합 지부에서는 민적民籍·지적地籍 조사, 농업 개량과 부업 장려, 안동보통학교 취학권유,[196] 야하권유, 한인과 중국인간 분쟁 문제 해결 등의 업무를 추진하였다.[197]

안동조선인회와 안동금융회의 설립과 활동

안동조선인회

제1차 세계대전이 막바지로 치닫고 있었던 1917년부터 일제는 한인사회에 대한 통제방법으로 조선인 민회 설치를 본격적으로 논의하기 시작하였다.[198] 일제가 만주지역에 대한 실효적 지배를 공고히 하고 이주한인을

---

194 『滿洲二於ケル移住鮮人ノ狀況』(1916), 33쪽.
195 『滿洲二於ケル移住鮮人ノ狀況』(1916), 33~34쪽.
196 안동영사관에서는 이주한인자제를 안동보통학교로 유치하기 위한 방책을 강구하였으며, 그 수단으로 안동조합회원 자녀를 보통학교에 입학시키고자 하였다.
197 『滿洲二於ケル移住鮮人ノ狀況』(1916), 36쪽.
198 김태국, 앞의 글, 123쪽.

효율적으로 이용·통제하기 위해 설치하였던 민회는 만주 전역에서 빠르게 한인 회원의 입회를 적극 유도했다. 3·1운동 영향으로 북간도뿐만 아니라 남만주지역의 독립운동은 치열한 양상을 보였다. 특히 독립군자금 모집 및 친일파 처단과 같은 독립군들의 활동은 일제로서는 한인통제정책의 전반적인 재검토를 촉구할 만큼 활발하였다.[199]

1920년 11월 안동조선인조합은 일본영사관의 지시에 따라 안동조선인회로 명칭을 바꾸고 한인에 대한 '일본 신민' 작업을 진행하였다.[200] 새롭게 단장된 안동조선인회의 임원은 〈표 4〉와 같다.

안동조선인회의 임원은 평안북도 출신자가 가장 많았고 또한 1922년 설치될 안동금융회와 관계된 인물들도 다수 포함되어 있다. 또한 1920년 흥경현에 설립된 만주보민회滿洲保民會 관계자도 포함되는 등 안동조선인회와 일제의 영향 아래 설립된 단체 간의 연결 상황을 알 수 있다. 본부 임원은 안동 시내 거주자가 많기 때문에 자금회전이 빠른 직업에 종사하고 있지만 지부장급 임원은 대부분 농업에 종사하였다.[201] 특히 회장의 직업이 농업이라는 것은 안동조선인회의 특성상 회원의 대부분이 농민이라는 측면이 강하게 반영된 결과라고 할 수 있다.

---

199 『朝鮮人二對スル施政關係雜件 – 朝鮮人民會』(日本外交史料館文書), 「朝鮮人民會 補助費其他二關スル件」(1921. 11. 29).

200 위와 같음.

201 1921년 조사에 의하면 안동 시내 거주 조선인의 직업 가운데 가장 비율이 높은 것은 노동(90호)이며, 그 다음 傭人(87호), 숙박업(56호), 백미상(50호), 곡물상(43), 중개업(30호), 직공(30호), 무역상(20호) 순이다(『朝鮮人二對スル施政關係雜件 – 朝鮮人民會』(日本外交史料館文書), 「朝鮮人民會補助費其他二關スル件」(1921. 11. 29).

<표 4> 1920년 조선인회 임원

이름	나이	본적	직명	직업	비고
李泰鉉	52	경성	회장	농업	
張驥植	29	평북 용천	평의원	중매업	안동금융회 회장
張熙鳳	30	평북 용천	평의원	은행업	안동금융회 이사
金國彦	34	평북 철산	평의원	중매업	
白孝俊	28	평북 의주	평의원	회사원	
李尙根	22	평북 철산	평의원	중매업	
宋義根	41	강원도 인제	평의원	제화업	안동금융회 감사
朴奉燁	41	평북 의주	평의원	기자	
金 昶	43	경기도 인천	고문	兩替業	안동금융회 상무이사
林倫基	30	경기도 파주	서기	무	
鄭京敏	21	평북 의주	서기견습	무	
張淸一	59	평북 용천	지부장	농업	
趙尙栗	38	평북 의주	지부장	농업	
全甲國	38	평북 의주	관전총지부장	농업	
李完求	56	평북 의주	집안총지부장	농업	보민회 집안지부장
李淸浦	66	평남 대동	장백총지부장	농업	

* 출전 : 『朝鮮人ニ對スル施政關係雜件－朝鮮人民會』(日本外交史料館文書), 「朝鮮人民會補
助費其他ニ關スル件」(1921. 11. 29).

안동조선인회의 운영자금은 기부금에 의존하고 있었다. 하지만 기부금
자체가 강제성을 띠고 있는 것이 아니기 때문에 자금운용의 불안정성은
항상 노출되게 마련이었다. 당시 안동조선인회에서는 호별 등급을 4등급
으로 나누어 기부금을 거두어 들였다. 1등급은 6원에 20호, 2등급은 3원
에 14호, 3등급은 2원 40전에 40호, 4등급은 1원에 169호였다.

3·1운동 이후 기부금 납부가 더욱 저조한 상태에 빠지게 되자 안동조
선인회에서도 다른 민회 설립 지역과 마찬가지로 이주한인에 대한 농업

<표 5> 안동조선인회 세출입 상황 [단위 : 엔(円)]

연도	세입	세출	보조금
1922	19,397	19,397	3,500
1923	21,360	21,327	3,500
1924	16,796.990	14,994.290	7,100
1925	16,401	16,401	7,100

* 출전 : 『朝鮮人二對スル施政關係雜件 - 朝鮮人民會』(日本外交史料館文書), 「大正十一, 十二, 十三, 十四年度朝鮮人民會補助二關スル件」.

* 비고 : 보조금에서 지부(4)의 보조금 각 4,080원을 제외하였다.

경영 보조금[202] 3,500원을 조선총독부에서 지급받았다.[203] 1921년 안동일본영사관에서는 조선총독부의 보조금으로 이주한인에 대한 교육과 무료진료를 실시한다고 선전하였다.[204] 조선총독부 보조금은 1921년 안동조선인회 총지출액 5,102원의 약 69%를 차지하고 있을 만큼 절대적이었다. 1922년에는 3,500원의 보조금이 지급되었다. 1922년부터 1925년까지 안동조선인회의 세입출 상황을 정리하면 <표 5>와 같다.

---

202 만주지역에서 대규모 농업경영이 소규모 경영에 비하여 그 생산성이 크지 않다. 따라서 일제로서는 소규모 농업에 종사하고 있는 이주한인에 대한 불안전성을 일소시킨다는 명목으로 한인에 대한 농업자금 대출을 추진하였다(平野蕃, 『滿洲の農業經營』, 中央公論社, 1941, 54~55쪽).

203 조선총독부의 이주한인 정책은 정책주체의 헤게모니 다툼이라는 미시적 측면과 선만일체화라는 거시적 측면이 복합적으로 내재되어 있다. 1921년 5월 16일 原敬 주재로 열린 동방회의에서 '재외조선인 보호취체에 관한 구체적인 방안'으로서 외무성과 조선총독부 사이에 역할 분담이 결정되었다(김태국, 앞의 글, 137쪽).

204 『朝鮮人二對スル施政關係雜件 - 朝鮮人民會』(日本外交史料館文書), 「朝鮮人民會補助費其他二關スル件」(1921. 11. 29). 조선총독부에서 보조한 3,500円에 대한 내역은 안동조선인회 보조 1,280円, 각 지부 보조 2,220엔이다. 이 가운데 의료비 보조 1,750원, 의원 수리비로 500원이 보조되었다.

만주지역 친일단체

1924년 9월 안동영사 니시자와西澤義徵는 외무대신에게 안동조선인회 보조금 교부에 대하여 품신하였다. 아울러 조선인민회에 대해서는 교부금의 엄격한 사용을 명하였고 이를 위반할 때는 보조금을 정지시킨다고 하였다.[205] 즉 경제적인 압력을 통하여 영사관의 영향력을 강화함으로써 한인사회에 대한 지배력을 더욱 공고히 하였다.

한편 안동조선인회의 업무가 미치지 못하였던 만철부속지에도 조선인회 지회업무를 담당하는 공제회共濟會가 설립되는 등 외연을 확대하였다.[206] 공제회는 만철부속지를 무대로 한인 노동자의 취직을 알선하거나 영사에게 협조를 구하여 노동자 권익 사업을 전개하였다.[207] 이와 유사한 단체인 조선인회 노동보호부勞動保護部는 1922년 안동영사관 부영사의 양해를 얻어 이주한인 노동자들의 권익보호와 친목도모를 목적으로 설립되었다.[208] 회원은 300여 명이다. 이처럼 안동조선인회가 그 외연을 확장할 수 있었던 중요한 요인은 저리자금 대출에 있었다. 일제가 표방하고 있었던 한인의 이주 장려·궁민 구제·각종 편의 제공은 자금력의 동원 없이는 어려운 사업이었다. 따라서 일제는 안동 시내에 조선인회 본부를 두고

---

205 『朝鮮人ニ對スル施政關係雜件 – 朝鮮人民會』(日本外交史料館文書), 「大正十三年度朝鮮人民會補助ニ關スル件」(1925. 9. 10, 普通제271호).

206 『朝鮮人ニ對スル施政關係雜件 – 朝鮮人民會』(日本外交史料館文書), 「共濟會總會」(1922. 6. 7, 關機高收제7377호 – 1).

207 共濟會 주도로 학생 45명의 安東朝鮮人共濟會 夜學校가 설립되었다. 교장에는 李東爽이 임명되었다(『동아일보』 1929. 1. 16).

208 『朝鮮人ニ對スル施政關係雜件 – 朝鮮人民會』(日本外交史料館文書), 「朝鮮人會勞動保護部設立」(1922. 6. 8, 關機高收제7375호 – 1). 당시 부영사로는 김우영이 부임하였기 때문에 실명이 명확하게 나오지 않았지만 그 일 가능성이 크다.
『동아일보』 1929년 1월 6일 「滿洲 安東縣에서 勞動共濟會 설립」.

선전의 '원심력'을 이용하여 시외 농촌지역으로 그 지부를 설치·확장하였다.

조선인회는 경제적인 사업뿐만 아니라 교육사업에도 적극 투자한다는 방침을 세웠다. 안동현과 임강현에 보조서당을 설치하여 교사를 파견하고 운영유지비를 지급하였다.[209] 또한 1926년에는 유치원 설립 운영비를 설정하여 '친일적 유아교육'을 실시하고자 하였으며[210] 그 해 9월 학생 50명의 배달유치원倍達幼稚園의 설립으로 구체화되었다.[211]

조선인회에서는 회원의 결속력과 유대를 강화하기 위하여 일본영사관과 임원간의 정기적인 회의를 개최하였다. 특히 모범 임원을 표창하여 '친일 경쟁'을 가속화시켰다. 1925년 10월 안동영사관에서는 조선인회장·지부장·평의원 선행자에 대한 표창을 실시함으로써 경제적인 측면에서뿐만 아니라 정신적인 측면에서 그들을 '신민'으로 인정하는 작업을 전개하였다.[212] 이처럼 안동조선인회는 일제의 한인정책 창구로서 역할을 '충실'하게 담당하였다.

---

209 『朝鮮人二對スル施政關係雜件 – 朝鮮人民會』(日本外交史料館文書), 「大正十二年度鮮人民會補助二關スル件」(1923. 11. 29, 機密제32호).

210 『朝鮮人二對スル施政關係雜件 – 朝鮮人民會』(日本外交史料館文書), 「大正十四年度朝鮮人民會補助二關スル件」(1926. 9. 10). 일제의 유치원 설립은 식민지 동화정책과 매우 밀접한 관련이 있다. 이에 대해서는 김형목, 「1910년대 동화정책과 사립 경성유치원」, 『한국민족운동사연구』 28, 2001 참조.

211 『동아일보』 1929. 1. 16. 원장에는 李昌郁이 임명되었다.

212 『朝鮮人二對スル施政關係雜件 – 朝鮮人民會』(日本外交史料館文書), 「朝鮮人會評議員支部長會議竝善行者表彰二關スル件」(1925. 10. 27).

안동금융회

1920년 일제는 항일독립운동의 근거지를 파괴한다는 목적으로 '간도출병'을 단행하였다. 서간도지역은 관동군주둔 16사단의 일부가 흥경(오늘날 신빈현)·통화·환인·관전 방면에서 시위 행군을 하여 군사적인 위압감을 심어주었다.[213] 특히 압록강 중하류 지역의 한인촌은 일제의 밀정이 활동하기에 부적합한 상태였기 때문에 일제로서는 보다 안정적으로 한인사회를 장악할 방법을 강구하게 되었다. 그 대안의 하나가 각 지역에 대한 재정적 지원을 목적으로 한 금융회(조합)의 설립이었다.

남만주에 이주한 한인 대부분은 자금압박을 받고 있었다. 이는 남만주에만 국한된 현상이 아니라 동만·북만에 걸쳐 나타난 공통적인 현상이었다. 따라서 한인은 이주와 정착에 필요한 자금을 융통하는데 있어 매우 불리한 처지에 놓여 있었다. 안동시외에 거주하고 있는 이주한인의 약 90%는 농업에 종사하는 상황이었다. 이들은 대부분 이주자금이 영세하여 정착을 위해서는 주로 중국인 지주에게서 차금할 수밖에 없었다. 문제는 이 자금이 거의 고리대였다는데 있었다. 즉 월 5~6분分의 고율의 이자는 한인들의 자금악순환을 가속화시켰으며, 이로 인한 한인의 곤궁상태는 심하였다.[214] 이러한 가운데 한인들의 농업자금을 유통하기 위한 명목으로 일제가 설립한 것이 안동금융회이다.[215]

---

213 金正明, 『朝鮮獨立運動』 5, 13쪽.
214 金三民, 『在滿朝鮮人の窮狀と其の解決策』, 新大陸社, 1931, 77~78쪽.
215 일제가 한반도에서 금융조합을 설립하여 각 지역의 돈줄을 장악하고자 하였다는 것은 주지의 사실이다. 특히 식민지 초기에는 금융조합의 성격이 관주도적인 면을 보지하고 있었는데 이는 식민지 농정을 어떻게 전개하는 것과 밀접하게 연관되어

일제는 안동현 이주 한인의 경제적 구제와 저리 자금융통을 명목으로 식민지 조선에서 실시되고 있었던 금융조합과 유사한 금융기관 설립을 추진하였다. 안동금융회는 안동의 지역적 특성을 고려하여 설립되었다. 이는 남만주지역에서 일제가 이주 한인에 대한 경제적 긴박을 더욱 강화하는 직접적인 계기였다. 1922년 2월 장기식張驥植 외 8명은 안동영사관에 금융조합 설립을 신청하였고 이에 영사관에서는 2월 23일 금융조합 설립을 인가하였다.[216] 이에 따라 안동금융회는 1922년 3월 6일부터 업무를 개시하기에 이르렀다.

안동금융회의 설립 당시 자금은 회원출자금 4,380원, 특별출자금 1만 4천 원, 동아권업공사차입금 2만 원, 만주은행 윤활계약 1만 원, 일반예금 1천 원이었다.[217] 이렇듯 이주한인을 이용하기 위해 야심차게 설립된 안동금융회는 총 5만 원이라는 '금융'기관에 걸맞지 않는 자본금을 지닌 채 출발하였다.[218] 따라서 외부 금융기관에서 차관이 지속적인 관심사가 되었다. 1922년 설립 당시부터 다음해까지 자금 차관문제가 임원회의 주

있다. 다시 말해 금융조합의 설치는 기존 농업금융에 대한 전반적인 수술을 의미하지만 실질적인 수혜자가 누구였는가에 대한 설정은 금융조합의 식민성을 그대로 노출시키고 있는 것이다. 이와 함께 안동금융회 역시 이러한 측면이 상당히 강하게 내포되어 있었다.

216 『朝鮮人ニ對スル施政關係雜件(産業施設 - 金融)』 권 6, 「安東金融會ヘ資金貸付ニ關スル件」(1922. 11. 29).

217 『雜件 - 産業金融 6』, 「安東市街ヲ中心スル朝鮮人經濟金融狀況ニ關スル件」(1925. 11. 18, 機密제326호).

218 예컨대 민회 금융부도 육군성 출자금 10만 원으로 출발하였지만 만성적인 자금 부족에 시달렸다. 마찬가지로 안동금융회 역시 다른 금융기관의 출자를 바라지 않을 수 없었다.

요 사항이었다.

1922년 2월 28일 평의원회를 개최하고 임원회에서 의정된 업무 집행에 관한 사항을 의결하였다. 4월 25일 평의원회를 개최하고 임원회에서 의결된 농업자금 대부 및 업무집행에 관한 사항을 의결하였다. 9월 28일 임원회를 개최하고 봉천동아권업주식회사奉天東亞勸業株式會社로부터 융통자금 2만 원 차입 계약에 관한 사항을 의결하였고, 11월 30일에는 임원회를 개최하고 만주상업은행으로부터 융통자금 1만원 차입 계약에 관한 사항을 의결하였다. 1923년 2월 26일에는 조선생명보험주식회사 대리점 계약을 체결했다. 2월 28일 임원회를 개최하고 동아권업주식회사 차입금 만기 상환 및 동 회사에 대하여 다시 차입금 교섭의 건을 의결하였다.[219]

안동금융회는 총 회원 가입 가구수 4,210구에 대하여 출자액을 1구에 대하여 1원 4,210원으로 결정했다. 하지만 그 운용자금이 상당히 부족하기 때문에 금융회 임원은 연대책임을 지고, 동아권업주식회사에 2만 원의 자금을 신청하였다. 동아권업주식회사에서는 자금 대출과 함께 감독권을 요구하였고 안동영사관에서 이를 확약하였다.[220] 특히 안동금융회에서는 매월 운용자금에 대하여 보고해야 하며 또 자금이 방만하게 운용될 때 이를 회수할 수 있는 권한을 동아권업주식회사에서 가지고 있었다. 이처럼

---

219 『雜件 – 産業金融 권6』, 「安東金融會第一期營業報告書(1923)」.
220 『施政關係雜件 – 産業施設(金融) 6』, 「安東金融會」.

안동금융회는 설립 초기부터 행정적으로 안동영사관의 영향과 자금 면에서 동아권업주식회사의 영향 하에 놓이게 되었다. 다시 말해 안동금융회는 태생적으로 그 구성원의 성격상 한인단체로서 외형적 성격을 유지하였지만 실질적으로는 일제의 영향 하에서 모든 업무를 처리해야 하였다. 안동금융회의 회장은 장기식, 상무이사 김창金昶, 이사 강한조姜漢朝·장희봉張熙鳳·변희보邊熙寶, 감사 박광朴洸·송의근宋義根·조천호趙天浩 등의 임원이 있었다. 안동금융회의 규약은 총 3장과 부칙을 포함한 39조로 구성되어 있다. 총칙을 보면 안동금융회의 일본 의존적 성격을 알 수 있다.

제1장 총칙
제1조 본회는 안동금융회라고 한다.
제2조 본회는 회원의 금융을 완화하고 그 경제적 발달을 꾀하기 위해 업무를 영위함을 목적으로 한다.
첫째, 회원에 대하여 그 경제 발달에 필요한 자금을 대부한다.
둘째, 회원을 위해 예금업무를 한다.
셋째, 회원을 위해 산업상 필요한 재료의 대부 또는 공동구입을 위해 또는 회원의 위탁에 따라 그 생산물의 판매를 담당한다.
제3조 본회의 구역은 재 안동영사관의 관내로 한다.
제4조 본회의 사무소는 이를 중국 안동현 안동에 둔다. 단 필요하다고 인정될 경우 본회 구역 내 각지에 지부를 설치한다.
제5조 회원은 본회의 구역 내에 주소를 가진 조선인으로 제한한다.[221]

〈표 6〉 1922~1925년도 예대금 상황

연도	예금		잔금	대출		잔금
	입금	출금		대출	회수	
1922	72,536	71,353	1,182	384,674	359,543	25,131
1923	155,695	148,108	8,768	1,137,062	1,080,722	81,471
1924	1,013,832	1,006,458	16,142	1,516,580	1,495,058	103,993
1925	874,045	873,811	16,376	755,235	792,297	65,931
1926				1,177,000	1,175,000	101,000

* 출전 : 『施政關係雜件 – 産業施設(金融) 6』, 「第一期營業報告書(1923)」. 尾池禹一郎, 『滿蒙の米作と移住鮮農問題』, 東洋協會, 1927.

안동금융회는 창립 당시 지방 농민에 대하여 그 취지를 알리지 못해 회원은 안동 시내에 거주하는 자는 약 70명에 불과하였다. 따라서 융통 범위도 시내 일부 상인의 단기자금에 지나지 않았다. 하지만 안동영사관의 적극적인 홍보와 선전을 통하여 입회를 희망하는 자가 증가하였고 이에 금융회에서는 1호당 30원의 농업자금을 시험적으로 대출하였다. 1922년 회원의 분포상태를 보면 안동시내 95명, 육도구 7명, 삼도구 20명, 접리수接梨樹 40명, 혼수포渾水泡 19명, 기타 4명으로 합계 185명에 달하며, 지방 회원수는 약 50%를 차지하고 있었다.[222] 안동금융회의 영업상황은 〈표 6〉과 같다.[223]

---

221 『施政關係雜件 – 産業施設(金融) 6』, 「安東金融會規約」.

222 1925년 11월 현재 안동시가 관내 철도 연선 및 하류 방면 등에 거주하는 조선인은 2,212호 인구 11,168명이다. 구체적으로 안동시가 호수 1359, 인구 6239, 철도부속지 19호 85명, 하류지역 834호 4844명이다.

223 『施政關係雜件 – 産業施設(金融) 6』, 「第一期營業報告書(1923)」.

안동금융회의 1923년 영업실적은 농업자금에 초점을 맞추었으나 실제 집행은 상업자금 융통이 많았다.[224] 일본영사관에서는 자금 융통을 내세워 자금 사정이 열악한 이주한인의 안동금융회 가입을 유도하려고 하였다.[225] 실질적으로 이주한 농민들 생활은 유일한 생계수단인 쌀값에 거의 전적으로 의존하고 있는 실정이다. 안동금융회는 그 업무 영역을 농촌으로 확대하여 이주한인의 대다수가 농촌에 거주하고 있으며 실효적으로 이들을 통제하기 위해서는 농업자금 대출에 그 사업의 초점을 맞출 수밖에 없었다. 농민의 대부분은 수확의 일부로 생계를 유지하며 대부분 열악한 경제상태에 처해 있었다. 원인은 농업자금의 고리, 중국관헌의 몰이해한 상조 압박과 거주 박해, 관개시설과 수리시설의 결함 등 1년간 노동으로 할 수 있는 수확은 오히려 원리금을 상환하기에도 불충분하였다. 이러한 상황 속에서 안동금융회는 비교적 저리로서 농민에게 대부함으로써 농민의 부담을 경감시켜 줄 수 있다고 선전하였다.

일제는 안동금융회를 설립하면서 이주한인들의 경제개선 및 이주정착에 필요한 자금을 제공하는데 그 목적이 있다고 선전했다. 하지만 실질적으로 일제가 목적으로 한 점은 제한적 자금을 통하여 한인의 경제력을 장악하고 이를 바탕으로 친일파를 양성하는데 있었다. 일본안동영사관의 내부문건에는 다음과 같이 안동금융회의 역할에 대하여 논하고 있다.

---

224 『施政關係雜件 – 産業施設(金融) 6』, 「第一期營業報告書」(1923).
225 『施政關係雜件 – 産業施設(金融) 6』, 「安東金融會營業報告ニ關スル件」(1923. 5. 10).

종래 조선인에 대한 보호 시설의 설치를 바라면 직업적 친일자(밑줄 필자)만을 양성하는 것을 혐오한다. 예컨대 보민회와 같이 막대한 경비를 투여한 결과 보민회의 간부들은 일시 금전을 위해 일본 관헌에 종사하였다. 원래 확실한 것은 주의 이상 하에 종사하는 것이다. 때문에 창설할 때도 금전을 목적으로 하고 해산할 때도 금전을 목적으로 하여 당국자로서 그들의 심정을 의심하면 일반 조선인들은 그들의 동포를 파는 것과 같아 일선 두 민족의 융화를 꾀할 수 없다. 따라서 절대적 친일자(밑줄 필자)를 만드는 것이 목적이다.[226]

이렇듯 일제가 안동금융회를 통해서 얻을 수 있는 것은 남만주지역에서 일본의 세력확장에 필요한 능동적 동조자였다. 하지만 일제가 주창했던 '시혜와 보호'는 1920년대 남만주 한인사회를 통제·이용하기 위한 구호에 불과하였다. 왜냐하면 1920년대의 이주 한인사회의 모습이 일제가 선전했던 것처럼 1930년대에 향상된 생활실태로 나타난 것은 아니기 때문이다. 따라서 일제의 '시혜와 보호'는 이주한인에 대한 왜곡된 '짝사랑'에 불과할 뿐이었다.

남만주지역에서 일제가 설립하였던 한인단체는 '만주개발'의 첨병으로 또는 독립운동단체의 대립각으로 역할을 담당하였다. 당시 이주한인은 일제에게 만주지역 농업 경영에 필수적인 존재로 인식되었다. 하지만 이들을 이용하는 방법은 인식의 차원을 넘어섰다. 예컨대 이주 농민을 잠재

---

226 『雜件 – 産業金融 6』, 「安東市街ヲ中心スル朝鮮人經濟金融狀況ニ關スル件」 (1925. 11. 18, 機密제326호).

적인 저항집단으로 바라보는 시각과 농업경영의 첨병으로 인식하던 당시 분위기는 한인에 대한 중국인의 인식을 고착화시키기에 충분하였다. 안동조선인조합(회) 역시 이러한 인식의 틀에서 자유로울 수는 없다.

안동금융회는 안동 시내 소상인에게는 상업자금을 공급하고 시외지역의 소작농에게는 농업자금을 공급하였다. 일제는 이렇듯 소규모 금융기관을 각 지방에 설치하여 이주한인들의 생활안정을 꾀하고 이를 통해 자국의 경제적 영향력을 확대하고자 하였다. 그 선전수단으로서 안동금융회는 저리자금 대출로 이주민의 경제적 지위를 향상시키고 나아가 한인에게 '제국 보호'를 각인시켜 충량한 '신민'으로 거듭 나게 한다는 슬로건을 내세웠다.

이처럼 일제가 그들의 요구에 맞게 한인단체를 세움으로써 나타난 영향은 어떠한가. 이를 정리하여 결론에 대신하고자 한다.

첫째, 이주한인사회에 대한 분열과 통제의 이중주일 것이다. 남만주지역은 일찍이 의병을 비롯한 독립군들이 활동하였으며 유하·장백 등에서는 한인단체가 설립되어 이를 중심으로 한인사회가 형성되었다. 하지만 일제는 한인사회의 결속력을 파괴하기 위한 방법으로 자신들의 물리력으로는 그 성과를 거둘 수 없다고 판단하여 영사관 부설 한인단체를 설립하여 이를 조종함으로써 한인간의 갈등과 불신을 조장하였다. 예컨대 민회원에 대한 일제의 포상과 우대는 이주한인에게는 또 다른 유혹이기도 하였다.

둘째, 중·일 간의 알력 속에서 또 다른 곳으로의 이주가 불가피하게 되었다. 물론 본문에서는 거의 언급하지 않았지만 남만주지역 특히 안동과 압록강 상류지역인 장백·집안·관전 등지에 이주한 한인들은 일제의 이른바 '이주한인 보호' 정책에 대한 중국측의 강한 반발에 따라 2차 이주를 단행하지 않을 수 없었다. 교통로를 따라서 철령지역 또는 영구지역 등으로의 2차 한인 이주는 또 다른 고행의 연속이었다. 이렇듯 일제가 추진 설립했던 한인단체는 시혜의 현장이 아닌 고통의 현장으로 바뀌고 있다고 해도 과언은 아닐 것이다. 1920년대 후반 30년대 각종 기행문에서 보고된 만주지역 이주한인의 비참함을 조선인회와 연결하여 설명하는 것은 무리가 아니다.

셋째, 무분별한 친일분자의 양산이다. 안동조선인회나 안동금융회는 직업적 친일자를 만들기 위한 그 기초작업이었다. 다만 금전으로 인격을 매수한다는 오해를 불식시키기 위하여 이주한인의 경제적 상황을 이용하였다. 선별적 친일화 작업은 1920년대까지 일제의 입장에서는 매우 유용한 정책이라고 할 수 있었다. 하지만 여기에 포함된 안동조선인회 및 금융회원들은 독립군들의 격렬한 저항[227] 속에서 이주생활을 영위하였고 친일의 오욕을 짊어진 채 역사의 평가를 받기에 이른 것이다.[228]

요컨대 안동지역의 친일한인단체는 대륙의 관문이라는 지역적 특성과 일제에 의해 일찍부터 관심의 대상이었던 압록강 하류지역의 거점 도시라는 경제적 특성이 복합된 형태로 설립되었다. 여기에는 이주한인을 이용·통제·활용해야 한다는 정치적 의도가 녹아있기 때문에 이들 단체는 당시 남만주에서 일제가 가장 효율적으로 이주한인사회를 끌어들이기 위해 설립되었다.

---

227 1922년 1월까지 안동영사관 관할 지역에서 독립군에게 살해된 조선인 임원은 48명이다(『朝鮮人二對スル施政關係雜件 – 朝鮮人民會』(日本外交史料館文書), 「不逞鮮人二依ル被害者二關スル件」(1922. 1. 9, 機密제1호)).

228 『不逞團關係雜件』滿洲 卷6, 「排日鮮人等桓仁縣朝鮮人組合員對暴行脅迫件」.

2/

북간도지역
친일단체

간도협조회

간도협조회間島協助會는 일제가 만주국을 설립하면서 표방한 '치안유지'를 위해 조직된 상징적 단체의 하나였다. 간도협조회는 1934년 9월 북간도 지역 친일 한인들로 조직되었으며, 무장단체이기도 하다. 일제는 만주국 성립 이후 한인에 대한 '부드러운 통제'를 하기 위해 한인 경찰을 전면에 내세우면서 아울러 한인들로 구성된 준 경찰기관을 조직하였다. 즉 김동한을 회장으로 한 간도협조회(원 선민협조협회)는 일본헌병대의 밀정과 친일한인이 주요 구성원이다. 이 단체는 연길헌병대의 지시를 받고 움직였으며 무장을 하고 항일독립운동 단체의 파괴를 목적으로 활동하였다.

만주국은 건국과 함께 치안유지의 중요성을 치안숙정이라는 사업으로 표출하였다. 간도협조회 역시 이러한 임무에 적합한 단체였으며 특히 한인을 전면에 내세워 이주한인을 통제하고 감시하였다. 본 장에서는 만주국 설립 이후 전개된 치안숙정이라는 틀에서 일제가 간도협조회라는 친일단체를 조직한 목적을 연계해서 고찰하고 나아가 친일한인들의 행적을 추적하고자 한다. 또한 조직을 구성하는데 절대적인 권한을 가졌던 관동

군과 만주국군 등 만주국 전체의 치안유지 속에서 간도지역의 특수성을
도출하고 간도협조회의 독립운동세력 탄압 실태를 규명하고자 한다.

지금까지 만주지역 일제의 경찰기구와 한인경찰에 대해서는 개별논문
에서 일부분으로 다룬 연구가 대부분이다. 특히 경찰기구와 한인경찰의
상관성과 연동성 문제에 대해서는 거의 연구되지 못하고 있는 실정이다.
이를 위하여 선행연구에 대한 깊은 검토가 필요하다. 손춘일은 '간도조선
인 친일단체 간도협조회에 관한 연구'를 통하여 간도협조회의 본부와 지
부 상황을 간략하게 언급하였다.[1] 윤휘탁의 만주국시기 일제의 특수공작
실태라는 글을 통하여 간도협조회의 실체에 대하여 언급하였다.[2] 하지만
이들 연구에서는 자료적 제한으로 간도협조회의 전체적인 실체를 밝히는
데 미흡한 면이 없지 않다.

이러한 가운데 이홍석은 일제강점기 만주지역 일제 경찰기구와 한인문
제를 회유와 통제라는 측면에서 다루었다.[3] 이 연구는 일제가 한인을 통
하여 한인을 통제한다는 이한제한 정책을 경찰기구에 적용하여 이를 통
하여 만주지역 한인에 대한 일제의 감시와 통제의 특징을 규명하였다. 하
지만 이들 연구는 무엇보다도 만주지역 일제의 경찰기구 전반을 다루기
보다는 한인문제를 다루면서 그에 부수적인 일제 경찰기구를 다루었기
때문에 본질적으로 한인경찰문제를 천착하는데 한계가 따를 수밖에 없

1　손춘일, 「간도조선인 친일단체 간도협조회에 관한 연구」, 『정신문화연구』 20, 한
　　국정신문화연구원, 2002.
2　윤휘탁, 『만주국 연구』, 일조각, 1995.
3　이홍석, 「만주지역에서 일제의 '이한제한' 통치방식 연구」, 『한국민족운동사연구』
　　42, 2005.

만주지역 친일단체

다. 본 연구에서는 선행연구의 단점을 극복하고 만주지역 간도협조회의 활동을 항일무장세력의 탄압, 한인통제라는 점과 연결하여 살펴보고자 한다.

이 글에서 다룰 간도협조회는 정규 경찰기구로서 기능보다는 특수경찰 임무를 수행하였다고 보는 것이 타당하다. 즉 구성원의 상당수는 일제의 밀정과 친일한인들로 구성되어 있었기 때문에 이들을 통한 이주한인 통제와 탄압은 일상적인 경찰 업무의 범위를 뛰어 넘고 있었다. 이렇듯 간도협조회는 만주국 당시 이주한인들뿐만 아니라 항일독립운동세력에 대한 통제와 감시의 기능을 담당하였다. 만주국 시기 성립되었던 한인 경찰력의 확충은 일제로서는 보다 안정적으로 이주 한인사회를 통제할 수 있고 또한 항일독립운동세력도 탄압할 수 있는 이중 효과를 목적으로 추진했다. 간도협조회의 활동과 성격을 규명함으로써 일제강점기 만주지역에서 일제가 한인을 어떻게 감시하고 통제하였는지 그리고 후과는 어떠하였는지를 밝히고자 한다.

간도협조회 설립 배경

'만주사변'은 만주지역의 정치·경제 구조를 변화시켰다. 이에 따라 이주 한인은 새로운 형태의 정치 권력과 그에 따른 통치세력권 하에 놓이게 되었다. 문제는 이렇게 새로 짠 구도 속에서 일제가 펼친 정책과 그 영향으로 이주 한인사회가 불안정하게 되었다는데 있다.[4] 일제도 이에 대해서는 나름대로 우려하고 있었다. 따라서 일제는 오족협화를 정신적인 구심점으로 내세워 국가 건립의 유연성을 확보하는 한편 이주 한인문제의 정책적 해결을 시도하였다. 이러한 과정에서 조선총독부·일본외무성·관동군의 헤게모니 싸움이 표면화되었다.

만주국은 각기 다른 민족의 융합과 협동을 국가건국의 최우선으로 과제로 설정하였고, 이에 따라 만주사변 등으로 피해를 입은 이주한인에 대한 정책을 구체적으로 실현하기에 이른다. 여기에서 일본 정부와 관동군·조선총독부의 한인 피난민에 대한 본격적인 대책마련이 시급한 문제로 대두되었다. 그 중 조선총독부의 입김이 강하게 작용되어 나타난 대표적인 정책이 안전농촌의 설립이었다. '만주사변'으로 인하여 정치 지형이 바뀌면서 이주한인들의 피해가 곳곳에서 발생하였다.[5] 일제가 만주사변을 일으키면서 봉천북대영奉天北大營 주둔군이 각지로 흩어졌고[6] 이로 인해 이주 한인마을에도 그 영향이 나타났다. 즉 관동군에게 패한 중국군은 한인마을에 들어가 약탈·방화·강간 등의 만행을 자행하였다. '치안'의 혼란은 더욱 가중되었으며 한인들은 수확기의 농작물을 그대로 둔 채 피난

---

4 표면적으로 구제사업을 내세웠던 것도 한인사회의 안정화라는 측면과 이를 통해 일본인 이민세력을 부식시킨다는 것을 연동해서 고려했던 것이다. 특히 협화회를 통한 농촌행정지배도 이러한 맥락에서 이해될 수 있다(淺田喬二·小林英夫, 『日本帝國主義の滿洲支配』, 時潮社, 1986, 278~288쪽).

5 손춘일, 『해방전 동북조선족 토지관계사 연구(하)』, 길림인민출판사, 2001, 296쪽.

6 孫邦, 『9.18事變資料匯編』, 吉林文史出版社, 1991, 276~281쪽. '만주사변' 당시 북대영 군사대 대장을 맡고 있었던 李樹桂는 일본군이 침입 상황과 중국군의 퇴각 상황을 상세하게 기록하였다. "18일 10시 20분 유조구 방면에서 큰 꽝음이 발생하였으며 일본군이 바로 북대영을 침습하자 이에 북대영은 저항한번 제대로 못하고 동대영으로 퇴각하였고 이 과정에서 많은 사상자가 발생하였다"라고 하여 일본군에 의한 중국군의 일방적인 퇴각 사실을 알 수 있다.

만주국 황제 부의의 야스쿠니신사 참배

을 떠나야만 하는 처지에 놓였다. 이들은 봉천·무순·본계·해룡·안동·
영구·장춘·하얼빈 지역으로 이동하였으며, 1932년 1월 초에 이미 그 수
가 19,300여 명에 이르렀다.[7] 상황이 이렇게 되자 만주 각지의 피난 이주
한인문제는 일제로서도 시급히 해결해야 할 당면과제로 대두하게 되었
다. 이에 조선총독부는 '만주사변'으로 발생한 많은 이주한인 피난민에 대
하여 외무성과 합동으로 직접적인 구제방안을 강구하기에 이르렀다.[8] 이

---

7   民族問題硏究所 編, 『日帝下戰時體制期政策史料叢書』 1, 韓國學術情報株式會社,
     2000, 473쪽. 林元根은 제1차 조선공산당 사건 이후 만주지역 답사를 통해 이주한
     인의 실상과 일제의 대륙침략정책을 알렸다. 1932년말 그는 심양(봉천)의 피난 이
     주한인에 대하여 '5전짜리 인생'이라고 묘사하였다(林元根, 「滿洲國과 朝鮮人將
     來」, 『三千里』 5권 1호, 1933, 56쪽).

렇듯 '만주사변'으로 한인문제는 만주국의 치안문제와 연관되어 다루어졌다.

만주국은 건립한 이후 무엇보다도 '치안유지'에 중점을 두었다. 정상적인 국가형태를 유지하기 위해서 일제는 관동군으로 하여금 항일세력을 탄압하는 한편 만주국군을 창설하여 '공비'를 토벌한다는 명목으로 한인사회를 통제하고자 하였다.[9] 일제는 강압적인 인상을 불식시키고 안정적으로 한인사회를 통제하기 위해서는 집단적으로 한인을 관리할 필요가 있다고 판단하고, 안전농촌을 그 대안으로 삼았다.[10] 그러나 만주국 건국 이후에도 치안 상황은 여전히 불안정했다. 봉계군벌 마점산馬占山 등이 조직한 의용군, 구국군의 활동과[11] 중국 공산당 만주성위 산하 기관들의 조직적인 항일투쟁이 확산되자, 만주국 입장에서는 공권력 확립과 그들이 건국이념으로 내세웠던 '오족협화'를 실현하기 위해 가장 시급히 해결해야 할 과제로 치안안정이 표면화된 것이다. 또한 일제는 잠재적 저항집단으로 여겨졌던 이주한인에 대한 근본적인 대책이 마련되어야 한다고 인식하였다.[12]

---

8   朝鮮總督府,『施政三十年史』, 398쪽. 만주사변 직후 일제는 여비와 주거비용 등을 합해 가구당 100원 정도의 구제비를 책정하였다(民族問題硏究所 編,『日帝下戰時體制期政策史料叢書』1, 473~475쪽).

9   『滿洲國軍』, 蘭星會, 1970, 402~404쪽.

10 民族問題硏究所 編,『日帝下戰時體制期政策史料叢書』1, 251, 556쪽.

11 봉계군벌의 역사는 1912년 북양정부 임시대총통 원세개가 장작림을 육군 제27사단장에 임명하면서 시작되었다. 그 후 부침을 거듭하면서 1928년까지 지속되고 이후 장학량에 의해서 운영되었다(胡玉海,『奉系軍史』, 遼海出版社, 1~2쪽).

12 民族問題硏究所 編,『日帝下戰時體制期政策史料叢書』1, 556~557쪽.

만주지역 친일단체

'안전한 지대'로 이동하던 이주한인에 대한 처리문제로 골몰하던 일제는 '독립군의 보급창고'라고 할 수 있는 한인사회를 직접적으로 통제·감시 관리하기 위해서 안전농촌을 설립했다.[13] 만주로의 이주 초기부터 끈끈한 관계를 맺고 있었던 독립군과 한인사회는 공생관계를 유지하고 있었다. 물자보급과 인적자원 지원 과정에서 크고 작은 파열음도 발생하였지만 그 유기적 관계는 지속되었다. 일제로서는 항일부대와 한인사회의 연결고리를 차단하기 위해 이를 직접 통제할 수 있는 시스템을 가동해야만 하였으며,[14] 이를 통해 독립군 세력의 약화와 한인사회의 통제를 꾀하고자 하였다.[15] 더 나아가 '집단부락'의 설치는 일제의 또 다른 전략이었다. '집단부락'은 주로 연변지역에 설치하였고, 식량증산이라는 효과와 통제라는 측면을 동시에 담보하고 있었다.

만주국 건립 이후 지속적으로 전개하였던 치안숙정은 그만큼 반만항일 세력이 강하게 존속하였음을 의미한다. 항일유격대의 발전과 유격근거지의 창설은 만주국의 존립 자체를 위협할 수 있는 중요한 요소였다. 1932년 10월 연길현 군사위원회에서는 유격대를 조직하여 연변 각 촌락에 배치하는데 유격대의 특성을 고려하여 1개소에 3인 이내로 인원을 제한하

---

13 『滿蒙各地ニ於ケル鮮人ノ農業關係雜件』 6, 「三源浦農場ニ關スル件」(국사편찬위원회 소장자료, 1935. 7. 31, 機密제399호).

14 朝鮮總督府, 『施政三十年史』, 914쪽.

15 왕청현 나자구의 경우 1934년 지속적으로 독립군들에게 이주한인들의 물품이 징발되었기 때문에 한인들의 생활이 궁핍하여 만주국 건국 이념과도 위배되기 때문에 이를 시정하기 위해서 안전농촌 건설이 시급한 실정이었다(『滿蒙各地ニ於ケル鮮人ノ農業關係雜件』 6, 「羅子溝農村問題調査資料進達ノ件」(1935. 3. 28, 普通제161호)).

였다.[16] 이 유격대는 무장투쟁과 함께 대민공작도 아울러 실행하여 농민들로부터 유리되는 현상을 막았다. 1933년부터 반일역량을 강화한 항일무장세력은 동북인민혁명군으로 재탄생되었으며, 만주 각지에서 일어난 항일의용군 등과 연합작전을 추진하였다.[17] 중공동만특위의 각 현위와 당조직은 지하공작원을 파견하여 파괴된 항일투쟁 세력을 회복하는 사업을 전개하였다.[18] 이러한 과정에서 한중 양국 민중투쟁의 결속력이 더욱 다져지기도 하였다.[19] 항일투쟁의 격화로 일제는 치안유지 및 만주국 운영 자체의 위험성을 인식하여 조직적인 항일근거지 파괴공작을 펼쳤다.

일제의 항일세력 탄압 정책에 대항하여 1933년 1월 만주성위에서는 만주문제에 대하여 근본적인 전략 수정안을 내놓았다. 동만특위는 농민 대중투쟁을 확대하며 이를 기초로 혁명대중 조직을 농민위원회 내에 조직해야 한다고 하였다. 특히 적위대와 유격대를 기초로 인민혁명군을 조직하여 항일투쟁에 힘을 집중해야 한다고 강조했다.[20] 1933년 동장영董長榮은 만주사변(9·18) 이후 전개된 반일운동의 고조 속에서 참가계급에 대한 오류를 범했다고 지적하였다. 따라서 항일투쟁의 방략은 민중의 무장을 통한 민족혁명전선을 구축하는데 있었다.[21]

동만특위는 식민지 조선의 국경지방에서 무장공작 준비를 위해 유격대

---

16 姜德相, 『現代史資料』 30, 175쪽.
17 장세윤, 『중국동북지역 민족운동과 한국현대사』, 명지사, 2005, 279쪽.
18 최성춘, 『연변인민항일투쟁사』, 민족출판사, 1999, 197쪽.
19 中共延邊州委黨史研究室 編, 『東滿地區革命歷史文獻匯編』(上), 145쪽.
20 中共延邊州委黨史研究室 編, 『東滿地區革命歷史文獻匯編』(下), 1120~1130쪽.
21 中共延邊州委黨史研究室 編, 위의 책, 86~97쪽.

및 적위대원 가운데 조선내 무장공작대를 편성하여 훈춘·양수천자源水泉子 방면에서 국경지대로 파견하였다. 이에 따라 공청도 선전과 학습활동 등에만 국한하지 않고 무장활동으로 전환하지 않을 수 없었다. 앞서 언급하였듯이 만주성위에서는 군중투쟁의 기초 위에서 유격대를 창건하고 유격구를 개척할 것을 요구했다. 이미 1931년 12월 중순 중공 중앙에서 항일유격대를 창건하기로 결정하자 동만특위에서는 옹성라즈에서 동만 각 현당, 단 열성자회의를 소집하고 항일유격대를 창건하여 항일유격전쟁의 임무를 명확하게 제기하였다.[22] 1932년 2월 20일 만주성위는 동만특위의 사업에 대한 지시에서 유격전쟁을 발동하는 것은 동만의 주요임무라고 제기하였으며, 동만특위는 유격전쟁과 군중투쟁 가운데서 진정한 유격대 조직을 건립하고 발전시켜야 한다고 강조하였다. 1934년 9월 연길현 대황구大荒溝에서 청년의용군은 동북인민혁명군 제2군 제2독립사와 연합하여 일제의 토벌전에 맞섰다. 이 과정에서 청년의용군 20명이 체포되기도 하였다.[23]

이와 같이 청년의용군과 같이 유격대를 조직하여 항일투쟁을 전개하였던 것은 만주국 성립 이후 일제의 지속적이며 대규모의 군인·경찰 합동 단속이 심해졌기 때문이다. 특히 소조직 활동은 유격대에서는 가장 중요한 보존책이었다. 유격대와 일만군경의 적대적 관계는 양립할 수 없는 상태였기 때문에 양자의 충돌은 격렬하였다. 1934년 도문과 석건평 경찰서의 보고에 의하면 공산당 관계자의 대부분이 검거되거나 귀순하여 1933

---

22 中共延邊州委黨史研究室 編, 위의 책, 76~77쪽.
23 『在支滿本邦』 34 - 2, 「領事館警察署勤務規程第22條報告」(1935. 1. 15).

년 늦가을 무렵부터 단체 또는 부대의 움직임은 포착되지 않는다고 하였다. 일제의 적극적이고 무자비한 검거작전이 진행되면서 화룡현 치안유지회에서는 소정의 방침을 통과시켜 1934년 3월말부터 청하·월신 양사의 자위단을 해산하였을 정도로 치안유지에 자신감을 보였다.[24] 이는 그만큼 유격대활동이 위축되었다는 것을 반증한다. 특히 석건평 경찰서의 보고에 의하면 공산당원 가운데 귀순신고를 한 자는 2명으로서 관내 공산주의 귀순취급자는 72명에 이른다고 하였다. 하지만 명월구의 상황은 조금 달랐다. 1934년 12월 보고에 의하면 유격대의 항일기세가 높다고 하였다.[25]

한편 중공당 연길현위 소속 유격대 약 200명은 1934년 12월 삼도구 지방에서 이른바 인민혁명정부를 조직하여 각지 세포와 연락하여 일만 군경의 토벌을 피해 소부대를 편성하여 군자금을 모집하거나 경찰분서를 습격하는 활동을 전개하였다.[26] 이에 따라 관내의 치안상황이 극도로 악화되었다고 판단하여 주둔 군경이 항일 유격대를 검거하는 작전에 들어갔다. 따라서 일제는 1932년부터 일만日滿 군경 합동으로 항일유격대와 근거지 파괴공작을 펼쳤다.

간도지역에 대한 만주국 건국 주체의 가장 큰 고심은 항일투쟁세력에 대한 통제와 일반인에 대한 만주국 국체의 선전에 있었다. 이것은 만주국의 치안과 직결되며 치안은 국가의 존립 자체를 결정하는 중요한 인자였

---

24 『管內狀況』, 「昭和九年」 참조.
25 『在支滿本邦』 34, 「明月溝警察分署報告」.
26 中共延邊州委黨史研究室 編, 『東滿地區革命歷史文獻匯編』(上), 328쪽.

다. 따라서 만주국은 행정조직, 즉 간도성을 새롭게 설치하고 간도지역의 '치안문제'를 일신할 새로운 돌파구가 필요하였다.[27] 간도협조회의 탄생은 이러한 배경 아래 진행되었다.

조직구성과 활동

간도협조회는 1934년 9월 6일 관동군헌병사령부 연길헌병대장 가토加藤白次郎 중좌와 연길독립수비대장 다카모리鷹森 중좌 등이 김동한과 연결하여 친일파의 양산과 항일무장세력 와해를 목적으로 연길에 설립되었다.[28] 간도협조회는 대동아공영권을 목적으로 동아시아 여러 민족의 대동단결을 슬로건으로 내세웠으며[29] 모든 외래사상을 배격하고 아시아주의 정신을 배양하여 만주국의 발전을 도모하기 위함이라고 천명하였다. 간도협조회는 이른바 조선인협조협회라고 하며 1934년 9월 성립되었다.[30] 그해 4월 연변헌병대장 가토와 연길독립수비대 대장 다카모리는 일만 군경의 강력한 탄압에도 지속적으로 전개되는 반만항일세력의 기세를 내부에서부터 와해시킬 목적으로 간도협조회 설립을 주도하였다.[31]

간도협조회는 선언을 통해 그동안 북간도지역에서 벌어진 '반만항일운

---

27 『新京日日新聞』1934. 9. 30, 「조선인 자료운동 – 간도협조회의 발전(一)」.

28 권립·김춘선, 「간도협조회」, 『연변문사자료』3, 172쪽.

29 협화회의 설립목적과 유사하며, 이는 간도협조회가 해산되고 자연스럽게 협화회로 흡수되는 과정을 알 수 있는 중요한 잣대이다.

30 中央檔案館, 『僞滿憲兵統治』, 中華書局, 1993, 183~196쪽.

연길에 주둔하고 있는 일본군 보병 677단

동'이 만주국 오족협화에 큰 방해가 되고 있었다는 점을 강조하였다. 간
도협조회 선언의 개요를 정리하면 다음과 같다.

현재 동북아의 각종 정책은 지극히 첨예화 되었으며 우리 아시아민족
이 크게 위협받고 있음을 통감한다. 이를 반드시 인식하고 현재 동아민
족은 공동이익과 행복을 보호하고 협력하는데 부족하다. 따라서 우리는
아시아 민족의 선구 일본을 맹주로 만들기 위해 동아시아 민족은 대동
단결하고 영구히 번영할 기초를 공고히 하며 이로써 휘황찬란한 동아시
아를 건설해야 한다. 우리들은 기회균등을 통해 각 민족의 협화를 구호
로 협소한 민족관념을 버려야 한다.[32] 실재하지 않는 공산주의를 부수고

31 권립·김춘선, 「간도협조회」, 『연변문사자료』 3, 172쪽.
32 일제가 이한제한을 기조로 한인에 대한 감시와 탄압체제를 구축하였다. 협화는 그
    것을 실현한 하나의 이념이자 실행 단체였다.

동북아 민족의 발전을 다지고 임무를 완성해야 한다.[33]

이처럼 간도협조회는 대외에 알리는 선언을 통해 항일투쟁의 예봉을 꺾고 나아가 만주국의 '치안유지'를 공고히 하고자 하였다. 또한 간도협조회는 협소한 민족주의를 버리고 일본을 중심으로 한 아시아 민족의 단결을 주요 강령으로 내세웠다.[34] 간도협조회의 구성원은 대부분 친일분자였다. 이들은 또한 대부분 항일투쟁 경력이 있다는 점이 특이하다. 주요성원은 대부분 한간漢奸과 반도叛徒이며 그들은 일본헌병대의 주구와 밀정들로서 주로 연변지구에서 활약하였다. 본부는 일본헌병대 내에 두었고 헌병대와 독립수비대의 직접 지휘를 받으면서 활동했다. 간도협조회는 회원들의 단결과 조직의 공고화를 위해 다음과 같은 규약을 만들었다.

제1조　본회는 간도협조회 본부라고 한다.
제2조　본회는 본회의 강령과 목적을 실현한다.
제3조　본회는 간도 연길현 본부에 둔다.

33　中央檔案館, 『僞滿憲兵統治』, 中華書局, 1993, 184쪽.
34　中央檔案館, 위의 책, 184쪽. 강령을 구체적으로 보면 다음과 같다. 협소한 민족주의를 버리고 동아시아 민족의 대동단결을 기대한다. 강철같은 조직을 견고히 하고 공산주의를 배격한다. 日滿합작, 복리증진. 또한 행동강령으로 일만일체의 사상을 선전하고 배양한다. 공산당 및 반일 반만군을 해체한다. 공산당 및 반일 반만군 진영에 정의분자를 이식한다. 일반군중에 정의분자를 이식한다. 공산당 및 반만군의 지하활동을 궤멸시킨다. 조선인 불량분자에 대하여 조선인의 역량을 통하여 철저히 근절시켜 일만합작을 완성한다. 협조회의 목적은 공산당을 복멸시키는 것이다 (『新京日日新聞』 1934년 12월 1일 「조선인 자료운동 – 간도협조회의 발전(二)」).

제4조 본회는 본회의 목적을 실현할 수 있는 단체와 합작하여 일을 추진한다.

제5조 본회 회원은 반드시 본회 강령·장정을 준수하고 일체 결의에 복종한다.

제6조 회원은 반드시 2명 이상의 보증이 필요하며 본회의 비준을 통과한 자로 한다.

제7조 본회 조직 기구 및 그 직원은 다음과 같다.

고문 약간인

회장 1인

부회장 1인

서무부 1인

재무부 1인

조직부 약간인

선전부 약간인

교양부 약간인

산업부 약간인

제8조 고문은 대회 자문을 접수한다.

제9조 본회 회장대표는 본회 모든 업무를 통괄한다.

제10조 부회장은 회장을 보좌하며 회장 유사시에 이를 대리한다.

제11조 서무는 회장 및 부회장을 보좌하며 회의 업무를 총괄하며, 회장과 부회장 유고시 이를 대리한다.

제12조 재무부·조직부·선전부·교양부·산업부 등은 각기 업무를 분담하여 집무한다.

제13조 본회는 회장이 필요로 할 때 소집할 수 있다.

제14조 분회는 지방인 10인 이상일 때 조직할 수 있다.

제15조 분회는 본회의 장정을 준용한다.

제16조 본회 재정은 회비로 하며 사업의 순리를 위해 보조금과 잡비로 유지한다.[35]

위의 규정을 보면 간도협조회는 일반 조직과 크게 다르지 않다. 즉 만주지역에 설치된 민회의 경우 각 일본영사관의 관리·감독을 규정에 명시하고 있으나 간도협조회는 외관상 그러한 성격이 전혀 드러나지 않는다. 이는 간도협조회가 비정치조직이라는 것을 이주한인들에게 주지시켜 조직 확대를 도모하기 위함이었다.[36]

간도협조회는 크게 본부와 지부로 조직되어 있으며, 산하단체로 본부 특별공작대와 협조의용자위단이 있다. 본부는 연길에 두었으며 회장은 김동한이 맡았다. 부회장에는 손지환, 서무부장 김길준·김영수, 재무부장 태리훈, 선전부장 권영천·김영수·안용정, 조직부장 허기락, 정보계 주임 한백순, 귀순계 주임 김하성, 번역계 주임 김영수, 노동소개소 주임 김인배, 특별공작대 대장 김송렬, 부대장 김하성, 부대장 유중희, 의용자

---

35 中央檔案館, 『僞滿憲兵統治』, 中華書局, 1993, 191~192쪽.

36 간도협조회는 성립한 지 불과 1개월 밖에 되지 않았지만 이미 회원수가 1067명에 달하였다. 11월 1일 각지 회원수는 다음과 같다. 연길본부 124명, 팔도구 지부 515명, 조양천 지부 205명, 명월구 지부 77명, 백초구 지부 50명, 동불사 지부(아직 지부가 성립되지 않고 준비단계에 있다) 94명 총 1067명이다. 이밖에 연일 가입하고자 하는 자가 40여 명에 달하였다(『新京日日新聞』 1934년 9월 30일 「조선인 자료운동 – 간도협조회의 발전(一)」).

〈표 1〉 간도협조회 지부 현황(1936. 4)

	주요구성원	설립시기	관할지역	회원수	비고
연길현 지부	허기락, 김동렬, 강태범, 고정균	1934.	연길, 용정, 개산 툰, 도문, 양수천자	4,002	1936년 8월 도문 구회가 지부로 승격
왕청현 지부	채근, 김형준, 최승엽, 이봉남	1934. 10	대두천구, 나자구, 하마탕	1,202	
명월구 지부	전남규, 조병권, 김진무, 한주식	1934. 10. 20	도안, 중평류, 태 평구	1,819	
안도현 지부	한백순, 강현묵, 최영혁	1936. 1. 15	양강구, 대전자	137	
돈화현 지부		1935. 12. 14	액목, 교하	70	

위단 단장 원치상·이응범, 지도관 김동훈 등이다. 지부는 연길현지부·왕
청현지부·명월구지부·안동현지부·돈화현지부이며, 그 밑에 구회를 설
치하였다. 각 지부의 조직현황은 〈표 1〉과 같다.

각 지부에서는 회원 5명으로 구성된 반을 조직하여 1인의 책임자를 두
고 운영하였다. 지역적으로 총 반장을 두어 각 마을의 상황 특히 항일무
장투쟁 세력의 활동 상황에 대한 조사보고와 함께 회원 및 마을 주민에
대한 감시를 견고히 하였다. 이러한 사전 정보를 획득한 후 간도특설대는
항일근거지를 공격하여 항일무장세력을 무력화하는데 앞장섰다.[37] 후술
하겠지만 그 중심에 특별공작대가 있었다.

다음으로 간도협조회의 주요 구성원과 각 지부의 인적구성과 활동상황
은 〈표 2〉와 같다.

---

37 『新京日日新聞』, 1934년 12월 2일 「조선인 자료운동 – 간도협조회의 발전(3)」).

〈표 2〉 간도협조회 지부 현황(1936. 4)

이름 (민족)	직위	본적	출생 년도	주요 경력	비고
박두영	고문		1900	일본포병대좌, 민생단 조직, 협화회 간도성지방사무국 대리국장	반민특위 처벌대상
장원준	고문	함북 경성	1880	고려공산당 참가, 연길귀순공작반 참가	1947년 연길현 감옥에서 옥사
최윤주	고문	황해도 황주	1887	중추원 참의, 민생단 발기조직 대표, 연길헌병대 정보원	1943년 서울로 이동
김동한	회장	함남 단천	1893	1916년 러시아 보병 소위, 공산당 가입, 오패부와 결탁, 항일연군 토벌 선봉	1937년 항일련군에 의해 총살당함
손지환	부회장 겸 연길지부장	경성	1910	조선일보 기자, 경성일보사 의정부 지국장, 동만공작원, 오장급 대우	행방불명
김길준	서무부장	함북 명천	1899	명천군 상운남면 협의원, 동만특위 대리 서기 진흥장 체포, 오장급 대우	50~70원 수당. 1946년 북한으로 감
태리근 (태지훈)	재무부장	함북 명천	1903	서무부장 김길준의 자형. 1936년 협화회 동변도특별공작부 재무부장	광복 후 북한으로 감
권영천	선전부장		1911	공산당원. 1933년 연길헌병대 밀정	1943년 8월 아편중독으로 사망
김영수	선전부장	함북 회령	1907	신경일보 기자, 항일연군 토벌에 앞장 섬	헌병 상등병 대우, 1946년 연길 별동대에게 처결됨
안용정	대리 선전 부장	함남 정평	1902	주북보통학교 교장, 김동환의 친척, 55원의 수당	행방불명
김송렬	조직부장 겸 특별공 작대 대장	함북 성진	1902	1923년 만주공산청년회 동만지구 간부, 협조회 성립에 참가, 항일연군에 대한 유인, 투항사업 전개. 1936년 훈로갑 공로, 65원 수당	헌병 상등병 대우, 1946년 길주에서 총살
허기락 [岩村 基洛]	교양부장	함북 길주	1903	1926년 조선공산당 가입. 동만청년총동맹 집행위원. 항일연군 대상 투항작업. 훈로갑 공로, 50원 수당	헌병 상등병 대우. 1945년 한국으로 감
김우근	산업부장	함남 단천	1900	용정 동흥중학 출신, 1936년 협화회 동변도특별공작부 요하지부 조사과장	1947년 8월 연길에서 총살

이름 (민족)	직위	본적	출생 년도	주요 경력	비고
김인배	노동소개 소 주임	경북 예천	1899	예천 구매조합 전무이사, 1936년 3월 협조회 돈화지부장, 60원 수당	행방불명
한백순	정보계 주임		1906	1943년 아편중독으로 사망	민생단 사건 연루. 특별공 작대 대원. 공산당원과 혁 명군중 체포
유충희	특별공장 대 부대장	함북 성진	1904	1924년 길림 제4사범학교 졸업, 만주공청 빈강성 영고탑 지부 책임 자, 1934년 간도총영사관 경찰서 에 투항. 특별공작대 소속으로 항 일연군 조직 와해에 앞장 섬. 훈로 을 공로, 55원 수당	1937년 연길에서 자살
김하성	특별공작 대 부대장	함북 명천	1908	1936년 도문지부 대리지부장. 55 원 수당	광복 전 북한으로 감
김동렬	공작원	함북 회령		1930년 농민협회 가입, 공청단 연 길현 해란구위 선전부장. 1933년 일제에 체포된 후 변절, 항일 기층 조직 파괴 임무. 동만특위 관계자 체포. 훈로을 공로 40원 수당, 헌 병 일등병 대우	1945년 북한으로 가서 평양토건노동조합 근무, 1947년 연길로 압송, 1948 년 연길 군중공판대회에서 사형
허기열 (허철신)	공작원	함북 길주	1907	본부 특별공작대 반장, 선전강연, 항일의용군 병사 체포	1946년 해방군에 혼입. 1948년 체포 노동개조 받음.
한영휘 (천지삼, 김명수)	공작원	함북 성진	1904	고려공산청년회 가입, 1934년 변 절 협조회 참가, 전전활동 전개, 항 일연군 살해	1937년 북한으로 가서 조 선생명보험주식회사 출장 원 역임
허진성	공작원	함북 길주	1912	농민협회와 반일동맹 가입, 1934 년 간도협조회 특별공작대원, 본부 공작원 역임, 항일연군 습격 체포, 1936년 협화회 동변도특별공작부 환인지부 공작원	1946년 봄부터 함북 길주 에 거주
박용찬	공작원	연길	1907	화요파 계열로 1930년 중국공산당 에 가입, 서대문 형무소 출소 후 협 조회 참가, 1936년 본부 돈화특별 공작반 정보계 및 경리 담당	1946년 11월 군중대회에 서 총살

만주지역 친일단체

이름 (민족)	직위	본적	출생 년도	주요 경력	비고
최영혁	공작원	황해 연안	1908	중공연길현위 간부, 항일연군 파괴 공작, 1936년 7월 훈로병 공로로 매달 40원 수당, 헌병 일등병 대우	광복 후 흑룡강성에서 사망
강현묵 (강경팔)	공작원	함북 부령	1908	1932년 노도구 농민협회 책임자이 며 공산당원, 1934년 9월 연길현 공서 경무국 경사. 1936년 훈로를 공로로 매달 30원 수당, 헌병 일등 병 대우	1946년 토지개혁 당시 관 제노동을 당하였고, 1947 년 군중대회에서 총살
이영일	공작원	연길	1904	항일투쟁 중 부상과 협조회의 도움을 받음. 1936년 항일연군 파괴활동	
이경빈	공작원	함북 길주	1905	독립군사학교 졸업. 본부 의용자위 단 제2분단장, 본부 공작원, 공작 대분반장	1939년 사망
김남길	공작원	함북 명천	1910	공산당원. 1931년 조선일보 연길 지국 기자, 협조회 가입 후 본부공 작원, 돈화현 지부 공작원 등 역임, 항일투사 체포. 훈로을 공로로 매 달 27원 수당, 헌병 일등병 대우	1946년 북한으로 도망감
이동화	공작원	연길현 조양천	1911	연길현 조양천 농민협회 책임자. 1931년 일본 경찰에 체포되어 서 대문감옥으로 압송. 1934년 협조 회에 참여. 1936년 돈화특별공작 반에 참가. 25원의 수당을 받음	1943년 함경도 무산으로 감
이 원	공작원	왕청현	1902	1927년 대흥구 용수동학교 교원, 조선공산당 가입. 1930년 1월 일 본 경찰에 체포되어 서대문 감옥에 투옥됨. 1934년 10월 협조회 참가 하여 선전강연과 항일투사 체포	1936년 사망
강면홍	공작원	함남 단천	1898	1934년 협조회 가입, 귀순계 공작 원. 1936년 노도구 구회 구회장. 협조회 본부 선전부장. 매달 45원 수당	해방 후 북한으로 감
강항윤	공작원			1934년 협조회 가입, 선전공작 진 행, 항일연군 체포활동	행방불명

이름 (민족)	직위	본적	출생 년도	주요 경력	비고
함연호	공작원			1934년 협조회 가입, 본부 선전부 원. 선전공작. 항일연군 체포활동. 협화회 동변도특별공작부 환인지 부장	행방불명
허동환 (허흥선)	공작원	함북 길주	1901	조선공산당원. 1934년 협조회 본 부 산업부원. 일본토벌대와 함께 선전활동 전개.	1947년 의란구 조선중학 교 교장 재직 중 병으로 사망
김철림	공작원	화룡현	1910	서대문 감옥에서 나온 후 1934년 협조회 참가하여 본부 서무부원. 협화회 동변도특별공작부 파견	1946년 북한으로 감
박영준 (박은파)	공작원	함북	1913	1931년 공청단 연길현위 비서. 일 본영사분관에 투항. 협조회 서무부 원. 매달 32원 수당	1948년 북한으로 감
김길현	공작원	함남 단천	1900	1931년 함남 도청 산업과 직원. 1935년 협조회 본부 노동소개소 소원과 조직 부원. 인민혁명군 양 식운반대 파괴. 매달 37원 수당	1946년 북한으로 감
박두남 (강재선)	훈춘주재 공작원	함북	1904	1933년 중공만주성위에서 파견한 상무위원 반경유를 살해하고 일제 에 투항. 1934년 훈춘정의단 부단 장. 1939년 관동군참모부 제2과 이해천특무조직에 참가, 간도지방 부장을 담임	광복 후 한국으로 감
남성류	공작원	연길현 조양천	1911	1934년 협조회에 참가. 1936년 본 부특별공작반 참가.	광복 후 목단강에서 돌아 오는 도중 기차전복 사건 으로 사망
염선우	공작원	함남 단천	1899	1934년 협조회에 참가. 본부 서무 로 재직하면서 매달 30원의 수당. 1938년 이후 일본 가목사헌병대 특무로 활동	1946년 북한으로 감
태한규	공작원		1910	용정 용신중학교 출신, 1936년 6월 협화회 동변도특별공작부 서 무, 1937년 1월 협화회 3강성특별 공작부 벌리지부 서무	1945년 광복 후 북한으 로 감
함두섭	공작원			1934년 11월 선전활동	행방불명

이름 (민족)	직위	본적	출생 년도	주요 경력	비고
손광겸	공작원		1910	1936년 협조회에 참가 본부 공작원 활동. 20원 수당	행방불명
안성도	공작원		1912	1934년부터 협조회 공작원으로 참여. 선전활동. 일본수비대 번역	해방 후 북한으로 감
정석구	공작원			협조회 제2특별공작대 제3반에 편입.	1936년 항일연군에 체포되어 총살
이상묵	공작원	함북 길주	1905	1932년 중국공산당 가입, 중공연길현위 선전부장, 민생단 사건 이후 간도협조회에 투항. 공작원, 일본 연길헌병대 밀정	1938년 아편중독으로 사망
한성림	공작원	함북 경성	1913	1936년 연길헌병분대장이 지휘한 협조회 특별공작반에서 특무활동	1941년 병으로 사망
원기범	공작원		1911	1936년 연길헌병분대장이 지휘한 협조회 특별공작반에서 특무활동	행방불명
최동륜 (치도수)	공작원		1909	중공평강구위 당원. 1930년 일경에 피체, 서대문 감옥으로 압송. 1935년 이후 협조회 본부 공작원	1942년 안도현에서 병사
최영부	공작원	황해 연백	1914	공청단 현위 책임자, 1936년 협조회 부원	1947년 처형됨
남해원	공작원		1911	항일련군 2군 1사 1단 2련 련장, 1936년 일제에 투항 협조회 본부 공작원	행방불명
엄창수	공작원	연길현	1914	농민협회 회원, 1933년 동불사 경찰에 투항, 협조회원	광복 후 북한으로 감. 1953년 연길 용정 정착. 1956년 병사
김성남	급사 (통신원)	함북 명천	1910	1927년 은진중학교 졸업, 조선공산당 가입, 1929년 일경에 체포되고 투옥, 1934년 협조회 참가, 1936년 협화회 동변도특별 공작부 공작원	1940년 북한으로 감
김근석	반장	연길현 조양천	1917	1931년 소선대에 참가, 공청단 가입. 1934년 조양천협조회 가입. 귀순공작	1949년 북한으로 감

* 『20세기 중국조선족력사 자료집』 (1), 18~78쪽.

간도협조회 주요인물의 특징은 다음과 같다.

첫째, 대부분 항일운동의 전력을 가지고 있는 자들이다. 회장인 김동한을 비롯하여 본부와 지부의 책임자들은 연변지역에서 공산주의운동에 투신하였던 사람들이다. 만주국 입장에서 이들에 대한 공작은 한인들의 항일투쟁의 예봉을 꺾고 나아가 그 연동작용을 통해 만주 전체 반만항일투쟁의 의지도 꺾고자 함이었다. 둘째, 이들은 1936년 12월 간도협조회가 해산된 이후에도 대부분 지속적으로 만주국 특무활동을 전개하였다. 셋째, 해방 이후 상당수는 총살당하거나 또는 한반도로 역이주하였다.

간도협조회는 설립목적에서도 드러났듯이 항일무장세력에 대한 '분쇄'였다. 따라서 연길헌병대에서 직접 지휘하는 무장단체를 두었다. 대표적으로 본부특별공작대와 협조의용자위단을 들 수 있다. 본부 특별공작대는 간도협조회의 특별행동대이다.[38] 이 단체는 네 가지 특별임무를 띠고 활동하였다. 첫째, 이주 한인사회에 진정한 친일분자를 파견하여 친일사상을 선전·배양하는 것. 둘째, 동만특위 각 현위의 정보를 수집하고 지도자를 체포하거나 암살하여 항일세력을 약화시키는 것. 셋째, 항일근거지에 들어가 한인들을 이간시켜 반만항일세력을 와해시키는 것. 넷째, 일본 통치구의 군중들과 항일근거지와 연계를 차단하는 것 등이었다.

간도협조회 특별공작대의 현황을 정리하면 〈표 3〉과 같다.

---

38 『연변문사자료』 3, 173쪽. 간도협조회 특별공작대의 선언은 간도협조회의 그것과 크게 다르지 않다. "백인의 침략정책과 소련의 원동에 대한 침략은 이미 만회할 수 없는 지경에 이르렀다. 목전 아시아 민족은 이것이 자기에 대한 크나큰 위협이라는 것을 깊이 느끼고 있으며 현재 아시아 민족은 대동단결하여 공동 합작하여 공동의 이익과 행복을 수호하기 위해 왔음을 인식하고 있다"(『연변문사자료』 3, 14쪽).

〈표 3〉 간도협조회 특별공작대

	책임자	주요 구성원	비고
본부(대)	김송렬	허기열, 최영혁, 장진성, 윤정일, 방두천, 최도권, 강현묵	
안도현(반)	김송렬	한백순, 정성충, 문관오, 강현묵, 최영혁, 허진성, 김중식	정보계, 수색계, 지부설치계
돈화현(대)	이경빈	허기열, 박용찬, 이동화, 이영일, 한영휘, 허일, 이한원	
나자구(반)	한일	김형준, 김성기, 김동렬, 김형준	서무계, 채무계, 정보계
돈화현(반)	김송렬	박용찬, 이경빈, 한영휘, 허기열, 김남길	정보계
제1특별(대)	김송렬	박용찬, 원정환, 장병활, 한원석, 허기열	의란구, 백초구, 하마탕 방면
제2특별(대)	유중희	김동렬, 강현묵, 이상묵, 이한원, 허일, 주기준	백초구, 하마탕

* (대), (반)은 공작대와 공작반을 가리킨다.
** 『20세기 중국조선족력사 자료집』(1), 9~14쪽, 『新京日日新聞』, 1934. 9. 30. 「조선인 자료 운동 – 간도협조회의 발전(一)」).

〈표 3〉에서 알 수 있듯이 간도협조회 특별공작대의 핵심인물은 김송렬이다. 김송렬은 만주항일투쟁에서 공산청년회 간부로 활동하였지만 변절하여 간도협조회에 참가한 후 만주국에서는 그 공로를 인정하여 훈장을 수여할 정도였다. 1936년 간도협조회가 해산된 후 간도특설대의 연길공작반장으로 활동하면서 항일세력 탄압의 전면에 나섰다.[39] 김송렬이 이끄는 본부특별공작대를 위시하여 7개의 특별공작대(반)가 활동하였다. 특히 특별공작대의 핵심 구성원들은 엄선되어 선발된 자들로서 서로 유기적인 협조체제를 구축하고 있었다.

---

39 「반민특위」, 김창영 피의자신문조서(제4회).

협조의용자위단은 간도협조회의 핵심 조직이다. 자위단의 경우 엄격하게 선발된 협조회원들로 구성되었다.[40] 이 조직은 1934년 10월 20일 각 지역 협조회원들 가운데 가장 '친일적인' 회원 90여 명으로 구성되었다. 자위단 본부는 연길현에 설치하였으며, 단장에는 원치상과 이응범이 맡았으며 지도관은 김동훈이었다.[41] 단부에는 서기국·선전조직연락부·정보부·훈련부가 있었으며, 그 아래 2개 분단과 8개반이 설치되었다. 자위단은 군복을 착용하였고, 단장과 지도관은 대위 직함을 가지고 있었으며, 군과 경찰의 경계에 있었다. 이들은 모두 고정적으로 월급을 받았다. 회원의 정예분자로 조직된 협조의용단은 간단한 군사훈련을 실시하였으며 유사시에 바로 적극적인 행동을 할 수 있도록 훈련되었다.

자위단의 임무는 일만군경과 협조회 본부 특별공작대와 연합하여 항일유격대와 그 근거지를 '토벌'하는 것이었다. 자위단의 조직을 정리하면 다음과 같다.[42]

본부의용자위단 조직계통

단장 : 원치상, 이응범

지도관 : 김동훈

서기장 : 이응범, 최만형, 이동수

서기 : 김렬

40　中央檔案館, 『偽滿憲兵統治』, 中華書局, 1993, 184쪽.

41　『연변문사자료』 3, 174쪽.

42　『20세기 중국조선족력사 자료집』(1), 16~18쪽 ; 中央檔案館, 『偽滿憲兵統治』, 中華書局, 1993, 184쪽.

제1분단장 : 정순섭, 허태봉

제2분단장 : 이경빈

이러한 조직을 갖춘 간도협조회는 신축적으로 조직을 운영하였다. 특히 구회의 경우 긴급할 때 등을 제외하고는 구회를 조직하지 않았다. 간도협조회는 대민공작을 통하여 1936년 해산될 때까지 7,700여 명의 회원을 보유하였다.[43]

간도협조회는 긴밀한 연락망을 최우선으로 하였다. 특히 각 지역에서 발생하는 모든 정황에 대하여 각 지역 책임자에게 보고하였다. 이를 회원의 최소의무로 규정하였다.[44] 연변지역에 대한 간도협조회의 자체 '공작계획'은 크게 두 가지로 나눌 수 있다. 첫째, 평지공작으로, 이는 동만특위의 주요 활동지역인 농촌지역에 정보원을 보내어 이들로 하여금 동만특위의 토대를 와해시킨다는 전략이었다. 둘째, 오지공작인데 이것의 선행조건은 무장대의 편제였다. 즉 일정 기간 치안 유지를 위해 돈화·안도 등 산간 지역에 무장한 간도협조회원을 파견하여 그들로 하여금 특별공작의 임무를 부여하였다. 이 과정에서 선발된 인원은 '투철한 사상관'을

---

43 中央檔案館, 『僞滿憲兵統治』, 中華書局, 1993, 196쪽.

44 협조회는 귀순자의 감독통제에 대한 주의 업무를 개시하고, 재차 공비와의 연락 행위를 방지한다. 회원 여러 명을 단위로 거주지를 설립하고 그들 가운데 공비와 내통하는 자는 즉시 거주지 내 회원 모두의 책임으로 한다. 이후 일정기간 경과 후 다시 이러한 조직은 세밀한 계통으로 다시 만들어 진다. 현재 반과 총반, 구회, 지부 조직이 있다. 그 분포는 현재 안도와 혼춘을 제외하고 대부분 간도 일대에 분포되어 있으며, 도시·부락·산촌·노동군중의 집회 장소인 광산·공장·목재장·철도 연선 등에 있다(1935년 8월 18일 발행한 본회정황 개황 보고서).

지닌 자들로 간부급만 30명 정도였다.[45]

간도협조회는 연변 각 지구에서 활동하는 항일유격대의 근거지를 정탐하고 그 대원들에 대한 파괴공작을 펼쳤다. 이를 위해 각 지역에 밀정을 보내거나 또는 당시 민생단을 이용하였다.[46] 1935년 1월 백초구로 파견된 허기열·허진성 등은 백초구 분회장 한일과 함께 항일연군 식량책임자 한영호를 '민생단원'으로 몰았으며, 이때 제2군 독립사 책임자 주진과 박춘 등이 민생단원으로 몰렸으며, 동만특위 조직부장인 이상묵 역시 민생단원으로 몰리자 일본으로 변절하는 결과를 낳고 말았다.[47] 또한 1935년 3월 강현묵과 이동화는 백초구 분회장 황시준과 함께 김동한 명의의 편지를 동만특위 왕청현 서기였던 송일에게 보냈으며, 중공에서는 일제의 계략에 말려들어 송일을 총살시켰다.[48] 이렇듯 일제는 민생단을 교묘히 이용하여 항일근거지를 무력화하였다.[49] 또 시내지역의 경우에는 무장대를 움직이는 것이 용이하지 않기 때문에 정보활동에 치중하였다. 1934년 12월 연길시내에서 활동 중인 공산당원을 검거한 사건도 바로 간도협조회의 밀고에 의해서 일어났다.[50]

45 滿洲國軍事顧問部, 『國內治安對策の硏究』, 1937, 150쪽.
46 『연변문사자료』 3, 176쪽.
47 이상묵은 동만특위 조직부장까지 지내면서 항일투쟁을 선도하였으나 민생단원으로 몰리면서 일제에 투항하고 만다. 간도협조회 공작원으로 활동하다가 1938년 아편중독으로 사망하였다.
48 『연변문사자료』 3, 179쪽.
49 이에 대해서는 김성호의 『민생단 연구』 참조.
50 『조선중앙일보』 1934년 12월 9일 「간도공당원 31명 잠행공작 중 피체」.

다음으로 선전활동과 '귀순공작'을 들 수 있다.[51] 간도협조회는 조직 구성에서 선전부를 둘 만큼 대민선전의 중요성을 인식하였다. 특히 이주한인 대부분이 농민이었기 때문에 농민들에 대한 선전은 항일무장세력의 근간을 흔들 수 있다고 판단했다. 간도협조회 부회장 손지환은『조선일보』와『경성일보』기자로 활동한 전력을 바탕으로 1934년 10월 명월구에서 항일의용군과 면담을 통해 그들을 전향시켰으며, 그해 11월 20일 이른바「귀순권유에 관한」전단을 살포하였다.[52] 뿐만 아니라 농민들에게 안정적인 직업 소개 등을 선전하면서 강온양면정책을 펼쳤다.[53] 선전부장 권영천은 1934년 10월경 조직부장 김송렬과 함께 조양천·동불사·노도구·명월구·팔도구·이도구·삼도구 등지에서 '전향' 전단을 뿌렸다.[54] 뿐만 아니라 그는 이 과정에서 60여 명을 체포하고 귀순시켰다.[55] 또한 정보계 주임 한백순은 1934년 9월 27일 도문으로 가서 이틀 동안 간도협조회의 설립목적과 취지를 이주한인들에게 선전하였으며, 이에 필요한 전단도 살포하였다.[56]

선전활동은 간도협조회가 해산되기까지 지속되었다. 선전활동은 단순

51　滿洲國軍事顧問部,『國內治安對策の硏究』, 1937, 152쪽.
52　『20세기 중국조선족력사 자료집』(1), 21쪽. 당시 손지환은 가장 많은 10만여 장의 전단을 살포하였고, 항일역량을 약화시키기 위해 노동소개소를 만들어 전향자 1,000여 명에게 직업을 안내해 주거나 집단농장을 운영하기도 하였다.
53　『新京日日新聞』1934년 12월 4일「조선인 자료운동 – 간도협조회의 발전(四)」.
54　『20세기 중국조선족력사 자료집』(1), 23쪽.
55　권영천은 선전부장으로 있으면서 주로 우회적으로 항일유격대 및 그 근거지 파괴 공작에 종사하였다.
56　『20세기 중국조선족력사 자료집』(1), 28쪽.

히 간도협조회의 목적을 주지시키는 것뿐만 아니라 항일유격대 근거지를 파괴하고 나아가 보다 많은 회원을 확보하는데 있었다. 즉 선전과 회원확보는 한묶음으로 진행되었다. 1935년 2월 본부특별대 반장인 허기열은 특별공작대장 김송렬과 함께 돈화현 각지에서 이주한인 70여 명을 집합시켜 선전강연을 하였고, 같은 달 공작원 3명과 함께 삼도구 등지에서 선전강연과 함께 전단 200여 장을 뿌렸다.[57]

1920년대 고려공산청년회 활동을 전개하다가 변절한 한영휘는 1934년 10월 이원·안성도와 함께 대석하자 등에서 선전활동을 전개하였고, 11월에는 김송렬과 함께 나자구 등에서 선전 강연과 함께 전단도 살포하였다.[58] 박용찬은 1936년 3월 이홍범과 함께 돈화현에서 선전활동을 통해 회원 10명을 확보하기도 했으며, 같은 달 김현묵은 김남길과 함께 삼도황구 등지에서 이주한인에게 간도협조회의 설립 취지를 선전하여 80여 명의 회원을 모집하기도 하였다.[59] 최창혁은 1936년 1월 돈화현에서 선전활동과 함께 독립군 부대 근황에 대한 정탐활동을 하였으며, 나아가 돈화현에서 항일연군 마영구를 비롯한 50여 명을 전향시켰다.[60] 1936년 12월 김남길은 항일의용군 부대 23명을 전향시켰다.[61]

이와 같이 선전활동을 통해 간도협조회는 두 가지 목적을 달성하였던 것이다. 첫째, 항일유격대 근거지의 연약화이다. 연변 각지의 무차별

---

57 『20세기 중국조선족력사 자료집』(1), 33쪽.
58 『20세기 중국조선족력사 자료집』(1), 34쪽.
59 『20세기 중국조선족력사 자료집』(1), 39쪽.
60 『20세기 중국조선족력사 자료집』(1), 37쪽.
61 『20세기 중국조선족력사 자료집』(1), 41쪽.

만주지역 친일단체

적 선전과 전단살포는 현지 한인들에게 새로운 정치경험으로 작용하였으며, 만주국 성립과 함께 진행되었던 강온양면정책의 실험대이기도 하였다. 따라서 '생존문제'와 직결된 부분에서 이는 항일유격대의 근거지가 위축될 수 있는 결과를 낳게 하였다. 둘째, 항일세력에 대한 이주한인들의 격리가 어느 정도 효과를 보았다고 할 수 있다.[62] 이와 같이 간도협조회의 선전과 '귀순공작'은 회원 상호간에도 끊임없이 이루어졌다.[63]

마지막으로 간도협조회는 민회나 그밖의 친일단체와는 달리 직접 무장세력을 키워 이들을 통해 항일유격대를 '토벌'하였다. 항일유격대와 전면에 나섰던 것은 본부특별공작대였다. 조직부장 겸 본부특별대장 김송

---

62 『新京日日新聞』1936. 3. 1, 「間島協助會の力强い歩み」. ① 경영농장 : 귀순자 및 무산회원을 지도하기 위해 1935년 1월 간도성공서에서 당시 공비의 둔전영을 비준 받아 본회 농장으로 바꾸었다(경영비 1만 원. 이것이 자금의 출처다). 4월 말까지 천입한 호수는 124호. ② 설염방 등 : 귀순자의 실업을 방지하기 위해 설치. 당시 개산툰을 경영하며 백초구 광산 등 수용인원 180명 공산당의 반만항일운동에 대하여 아시아민족의 대동단결이란 구호로서 노동소개소로서, 산업부(일찍이 소비조합 설립을 건의서 제출) 등 경제활동에서 제1선 군중으로서 반공산당운동을 하게 하였다. 간도협조회 제1회 보고대회에서 '귀순전향'한 자들에 대한 처우 개선으로 다음과 같이 주장하였다. "현재 사회제도에 대하여 불평한 공산당은 농민 및 공인 계층을 선동하고 이들을 통해 자신들의 전위대를 만들며, 자본주의제도를 파괴하는 것을 유일한 전술로 여긴다. 이러한 전략전술의 파괴를 위하여 이즈음 간도협조회는 주의를 기울여야 하며, 먼저 노동자의 통제 및 귀순자의 직업소개에 적극적인 노력을 통해 그들의 생활안정을 도모한다. 그들에 대한 정신상의 지도 훈련을 진행하며 이로써 그들의 근본상의 약점을 극복하고 공산당 선전을 받지 못하게 한다. 따라서 노동소개소가 필요한 것이다."

63 「昭和11年4月中間島及接壤地方治安情況報告」(독립기념관 소장자료, 1936년 6월 22일). 동만특위 조직부장이었던 이상묵도 간도협조회의 선전과 '귀순공작'에 의해 전향하여 친일의 길로 들어선 대표적인 예이다.

렬은 그 중심에 있었다.[64] 또 회장 김동한 역시 강온양면책을 동시에 사용하였다. 그의 이력에 나타나듯이 전형적인 군인답게 연길헌병대와 연합하여 무력으로 항일무장세력들의 근거지를 '토벌'하였다. 특히 1935년 10월 왕청현 삼도하자와 태평구 등지에서 동만특위 왕청현위 산하 4개 지부를 파괴하고 당원 100여 명을 체포하였다.[65]

특별공작대 부대장 유충희는 1934년 12월 노도구 부근의 항일유격대 근거지를 파괴하라는 본부의 명령을 받고 소태평구 계수동 5촌이 연길현 노도구 구위의 소재지임을 간파하고 이를 파괴하면서 책임자 김용수 등 13명의 당원을 체포하였다.[66] 1935년 8월 연길현 동불사 대흥동에서 중공당원 이채옥 등 3명을 체포하였고, 그 해 10월 특별공작대를 이끌고 왕청현위 산하의 4개 지부를 파괴하고 당원 100여 명을 체포했다.

1936년 5월부터 7월까지 유충희는 항일연군과 세 차례의 교전을 통하여 수십 명의 항일투사를 체포하고 그 과정에서 4명을 살해하기도 하였다. 또한 특별공작대 김동렬은 1935년 9월 김송렬과 함께 양수천자에서 항일연군의 소금 운반대를 습격하였고, 1936년 1월 삼도하자에서 공청단 단원 최성준 등 3명을 체포하였다.[67] 또 같은 달 29일 공청단 왕청현 위원 겸 공청단 왕청현 제4구 책임자 박길송, 단원 윤덕형·박만복·윤병란, 공

---

64 『20세기 중국조선족력사 자료집』(1), 25쪽.
65 『20세기 중국조선족력사 자료집』(1), 20쪽. 김동한은 특이하게 김영수와 함께 화북지방으로 가서 항일투쟁 세력 파괴활동에 참여하기도 하였다. 그는 이러한 활동을 일제로부터 높이 평가 받아 1936년 공로패를 수여받고 매달 120원의 수당을 받았다.
66 『20세기 중국조선족력사 자료집』(1), 28~29쪽.
67 『20세기 중국조선족력사 자료집』(1), 30~31쪽.

만주지역 친일단체

청단 왕청현 제4구 석두하자 지부 책임자 황림춘, 공청단 왕청현 제4구 선전부 책임자 오창민, 회원 김성녀를 체포하고 권총 두자루, 탄알 다섯 발과 많은 문건을 탈취하였다.[68]

허기열은 1936년 3월 돈화현에서 협조회 정보원 최인송을 처단한 조진성 등 5명을 체포하여 일본 헌병대에 신병을 인도했다. 한영휘는 김송렬과 함께 같은 해 7월 일만군경과 합동으로 항일연군 제2군 2단을 습격하여 항일투사 25명을 살해하였다.[69] 1930년대 이전까지 항일운동에 참여했던 박용찬은 1936년 23월 김송렬과 함께 항일연군 노광화와 양수전을 체포하였고, 3월에는 아동단 분단장 조을록과 단원 조을손을 체포하였다.[70] 김현묵은 1935년 3월 왕청현에서 항일투사 1명을 살해하고, 1936년 3월에는 김남길과 함께 돈화현에서 항일구국군 제2군 1독립사 전사 이공발을 체포하였다.[71] 이영일은 1936년 1월 이경빈과 함께 돈화현에서 항일근거지를 습격하여 1명을 살해하였고, 이경빈도 같은 해 3월 돈화현에서 구국군 3명을 살해하였다.[72]

68 『20세기 중국조선족력사 자료집』(1), 32쪽.
69 『20세기 중국조선족력사 자료집』(1), 34쪽.
70 『20세기 중국조선족력사 자료집』(1), 34쪽.
71 『20세기 중국조선족력사 자료집』(1), 38쪽.
72 『20세기 중국조선족력사 자료집』(1), 39쪽.

해산

1934년 간도협조회가 성립된 후 만주국의 입장에서는 회유와 탄압이라는 강온양면책을 사용하였다. 이러한 정책은 어느 정도 효과를 거두었다. 특히 반민생단 사건으로 천여 명의 항일전력이 자체 분쟁으로 크게 손실되었으며, 외부적 요인인 일제의 강력한 탄압까지 겹쳐 항일근거지 상당수가 파괴되는 결과가 초래되었다. 항일무장세력으로서는 기층 조직의 와해가 상당히 심각한 수준에 이르렀다고 판단했다. 특히 간도협조회와 연길헌병대를 비롯한 각 경찰 및 특무기관의 협조로 연변지역 항일근거지가 빠르게 파괴되고 있었다. 또한 1934년 9월부터 11월 8일에 이르는 사이 팔도구에서도 항일유격대가 대규모로 검거되었다. 항일무장투쟁에 큰 차질을 빚게 되었다.

당시 검거된 인물은 인민혁명군 제2군 제1독립사 제3영 소속 교양부장 이용학李龍鶴, 동 제3영 소속 군사부장 겸 사무지도원 이근춘李根春 및 적색공인회 선전부 책임 김봉희金奉禧 이하 372명이다. 이렇듯 일제는 검거와 귀순이라는 연동작용을 통해 항일세력을 약화시켰다. 1934년 자수한 자가 153명에 이를 정도였다. 그 가운데 청년단원(11명)과 유격대원(1명)도 있었으나 그 수는 적은 편이었다. 특히 1933년과 1934년을 비교해보면 일제 탄압으로 유격대 활동이 줄어들었음을 알 수 있다. 유격대원이 실질적으로 행동한 회수를 보면 1933년에는 25회이지만 그 다음해는 14회로 11차례나 감소하였다. 참가 인원은 1933년 22명에서 1934년에는 48명으로 무려 174명이나 감소하였다.[73]

간도협조회는 선전활동과 무장탄압을 병행하였다. 연변지역에서 항일유격대의 역량 약화를 우려하여 동만특위는 만주성위의 지시에 따라 1935년 봄과 여름 사이 주력부대를 돈화·액목·교하 지방으로 이전하였으며, 다른 부대는 남만으로 이동시켜 양정우의 제1군과 회합하게 하였다.[74] 또한 1936년 3월 인민혁명군 제2군은 동북항일연군 제2군으로 재편되어 남·북만으로 이동하여 새로운 항일유격 근거지를 개척했다.[75] 연변지역 항일근거지의 파괴와 항일무장세력의 근거지 이동은 간도협조회의 활동 범위를 축소시켰다.[76]

한편 간도협조회의 활동무대를 동만지역에서 확대하여 남만지역까지 영역을 넓혔다. 하지만 이 과정에서 조직도 다른 단체와의 연합 쪽으로 그 방향을 잡았다. 1936년 6월 간도협조회는 일본관동군의 지시에 따라 협조회 동변도특별공작부를 조직하여 통화지구에서 활동하고 있던 항일연군 제2군 파괴활동을 벌였다.[77] 이러한 과정을 거쳐 간도협조회는 1936년 12월 27일 협화회와 합병하게 되었으며, 회장 김동한은 협화회 간도특

---

73 2년간 간도지역 공산주의운동의 실체를 숫자로 비교해 보았다. 당시 운동의 결과는 일제관헌의 압도적 승리였다. 정확하게 집계된 것은 아닐지라도 회수와 인원수가 현저하게 줄어들었다는 것을 알 수 있다. 일제는 경찰력을 증가하여 항일운동에 대한 탄압뿐만 아니라 일반민에 대한 적극적인 대민업무까지 담당하였다. 12월 17일에서 20일에 걸쳐 대랍자 분서와 협동으로 39명을 검거하였다. 검거제일주의에 기초하여 1934년 검거한 공비총수는 168명으로 일제의 취조를 받고 귀순한 자가 남자 90명, 여자 10명이다.

74 『연변문사자료』 3, 182쪽.

75 장세윤, 앞의 책, 278~281쪽.

76 中央檔案館, 『僞滿憲兵統治』, 中華書局, 1993.

77 中央檔案館, 『僞滿憲兵統治』, 中華書局, 1993, 195쪽.

별공작부 소속으로 계속 친일활동을 하게 된 것이다.[78] 또한 본부특별공작대 대장 김송렬 등은 협화회 3강성특별공작부에 편입되어 1938년까지 활동하였다. 따라서 간도협조회는 다른 조직으로 흡수되면서 해산되었지만 그 주요 활동 인원은 또 다른 조직을 통하여 계속해서 항일세력을 탄압하는 길을 걷게 되었다.

간도협조회는 1934년부터 1936년까지 연변지역의 항일무장세력과 항일유격대의 근거지를 와해시킬 목적으로 탄생한 친일단체이다. 일제는 만주국 성립 이전부터 만주지역에 경찰력을 확충하는데 주안점을 두었다. 무엇보다도 정보력과 무장력을 겸비한 경찰력의 확보가 '치안유지'의 관건이었다. 특히 대한제국을 강점한 이후 조선총독부 경찰력을 만주에 이식하는데 전념하였다. 이는 당시 만주지역에 대해서 영사관 부속 경찰력만으로는 지배력을 행사할 수 없었다는 점이 인정되었고 구체적으로 조선총독부 경찰력을 증원하게 된 것이다. 이렇듯 일제는 한반도뿐만 아니라 대륙에까지 그들의 첨병역할을 충실히 수행하는 경찰들을 파견함으로써 한층 안정적으로 정보를 수집하고 치안유지를 모색하고자 하였다. 이러한 바탕에서 조직된 간도협조회는 항일유격대 근거지에 대한 철저한 파괴를 목표로 활동하였다. 이를 정리하면 다음과 같다.

간도협조회는 선전활동을 통해 심리전을 전개하였다. 이와 함께 '귀순공작'도 병행했다. 이는 정규 경찰력만으로는 항일유격근거지를 파괴시킬 수 없다고 판단한 기조에서 나온 것이었다. 특히 선전활동은 단순히 간도협조회의 목적을 주지시키는 것뿐만 아니라 항일유격대 근거지를 파

---

78 『20세기 중국조선족력사 자료집』(1), 21쪽.

만주지역 친일단체

괴하고 보다 많은 회원을 확보하는데 있었다.

또한 간도협조회는 민회나 그밖에 친일단체와는 달리 직접 무장하고 이를 통해 항일유격대를 '토벌'하였다. 항일유격대와 전면전을 감행하였던 것은 특별공작대였으며, 중심에는 김송렬이 있었다. 이처럼 간도협조회는 연변지역을 근거로 확고하게 자리 잡았던 항일유격대의 근거지를 통째로 흔들어 놓았으며, 이로 인하여 항일유격대는 그 근거지를 이동하지 않을 수 없었다. 항일유격대의 근거지 이동과 함께 그 기능을 상실한 간도협조회는 1936년 12월 만주국협화회로 흡수되었다.

요컨대 간도협조회는 항일무장세력 근거지인 간도지역의 특수성으로 탄생된 전투경찰기구이자, 사찰경찰 성격을 띤 단체였다. '귀순공작'을 통해 온건한 이미지를 각인시켜 주려고 하였으며, 한편으로 특별공작대를 파견하여 무자비한 탄압도 서슴지 않았다. 이러한 활동의 이면은 간도협조회를 통하여 '민족협화'를 구현하려는데 있다고 볼 수 있다. 간도협조회 선언에서도 보았듯이 간도협조회는 편협한 민족주의를 극복하고 '만주국의 대이상'이라고 선전한 '오족협화'의 실현을 위해 장애가 되는 항일무장세력에 대한 탄압을 정당화하려고 하였다. 역설적으로 항일무장세력의 존재가 만주국 통치 및 운영에 큰 걸림돌로 작용하였음을 보여준다.

간도특설대

간도특설대는 만주지역 항일무장세력을 탄압한 전문 무장조직이었다. 이 단체는 1938년 9월 간도성장 이범익의 건의에 의해 조직되었다. 간도특설대의 설치 목적은 만주지역에서 치열하게 전개된 항일독립운동 단체에 대한 탄압과 일제의 식민통치를 더욱 공고히 하려는데 있다. 이 단체는 1945년 8월 해방되기까지 수많은 애국지사를 살해하거나 체포한 사건이 100여 회에 달할 정도로 무자비한 탄압의 대명사가 되었다. 이른바 '소탕작전'을 펼쳐 한인사회의 항일분위기를 미연에 봉쇄하는 효과를 목적으로 활동하였다. 본 장에서는 만주국 군사부 소속 길림제2군관구 사령관의 직접 통제를 받았던 간도특설대의 실체를 만주국군과 연결하여 그들의 친일행적을 추적하고자 한다. 특히 해방 이후 한국군의 수뇌부로 활동했던 인물들이 거쳐 갔던 간도특설대의 활동을 통해 만주국에서 자행된 항일단체에 대한 '탄압상'을 밝혀보고자 한다.

중일전쟁기 만주국의 치안은 두 가지 측면에서 중요시 되었다. 만주국이 건국된 이후에도 치안문제는 항일독립군의 탄압과 연결되어 있었다.

1938년 간도성장 이범익은 독립운동의 책원지인 간도지역에 대한 '체계적인 정보활동과 항일세력 탄압'을 위해 군 중심의 간도특설대를 조직하였다. 본 연구에서는 『외무성경찰사』와 함께 중국 당안자료를 통해서 간도특설대 등의 실체를 규명하려고 한다. 특히 중국 당안자료는 만주국 당시 단체들의 조직·구성원, 활동 등을 엿볼 수 있는 자료이기 때문에 본 연구를 수행하는데 필수적인 자료이다. 뿐만 아니라 해방 이후 작성된 간도특설대원들의 구술내용도 포함하여 연구를 진행하였다.

주지하듯 간도특설대는 항일세력을 탄압하기 위해 조직된 정규무장 단체이다. 기존 연구에서는 만주국과 대한민국 초기 군 수뇌부와 연결고리이기도 한 간도특설대에 대해서는 거의 다루지 않았다.[79] 따라서 본 연구에서 간도특설대의 설치배경과 조직체계 및 활동을 통하여 간도특설의 성격을 규명하고자 하였다. 특히 간도특설대는 중일전쟁 이후 군대로서 활동한 한인부대였다는 점에서 그리고 제2차 세계대전의 소용돌이 속에서 한인들은 어떠한 존재였는지를 간도특설대를 통하여 살펴보고자 한다.

---

79 간도특설대는 간도성특설대로 출발하였으며, 각 부대의 부대장의 명칭에 근거하여 부르기도 하였다. 간도특설대에 대한 연구로는 손춘일의 연구가 선구적이며, 조건도 만선일보를 주된 자료로 분석하여 간도특설대를 규명했다.

간도특설대의 설립 배경

1937년 7월 일본의 중국 침략이 본격화 되면서 만주국의 치안숙정도 그 강도가 점점 강해졌다.[80] 이에 따라 동북항일연군을 비롯한 만주지역 항일단체들의 독립운동 모습도 바뀌어갔다. 이들은 전면전보다는 유격전을 택하거나 때에 따라 변칙적인 공격으로 만주국군 등과 투쟁하였다. 동북항일연군에 대한 만주국군의 대응은 아주 '유연하게' 진행되었다. 그 이면에는 만주국군이 지닌 독특한 성격이 있다.

만주국군은 국가의 독자성을 세계에 알리기 위한 상징적 존재였다. 일제가 1931년 9월 18일 이른바 유조구사건을 일으켜 만주 전체를 혼란의 구렁텅이로 몰아넣으면서 한편으로는 그 출구를 조그맣게 만들어 선택적 개방을 허용하였다. 갑작스런 일제의 만주침공은 동아시아에서 경계의 끈을 놓지 않았던 열강들의 의혹을 사기에 충분하였다. 당시 국제연맹은 리튼을 조사단장으로 하여 만주침략에 대한 실사를 실시하였다.[81] 이러한 국제사회의 움직임은 만주국의 독립성을 담보로 할 때 완화될 수 있었다. 그 상징적 존재가 바로 만주국군의 창설이었다. 만주국군은 초기 혼성여단·보병단·보병영으로 구성되었다. 군정부에서는 만주국군 정비를 위해 국군정비 방침을 3기로 나누어 설정하였다.[82] 제1기는 사병의 동요를 방

---

80 만주국은 1937년 1월 1일 치외법권을 철폐하고 만철 부속지 행정권에 대하여 일본으로 이양하는 작업을 실시하였다. 만주국은 현재 법권처례 및 행정권 이양에 따라 법치국으로서 즉 독립성을 완성하였는데 이것은 건국 다음으로 중대한 국가적 의의를 가진다.

81 『20세기 중국조선족력사 자료집』(1), 167쪽.

지하고 국군의 안정을 도모한다. 둘째 비
적 토벌을 할 수 있는 군대로 만든다. 셋째
확실한 국군으로 만든다. 이와 같은 정책
하에 만주국군은 대내외적 존재를 과시하
였다.[83]

만주국 황제 부의

만주국 측이 과거 군벌체제와 잔존하던
저항세력을 비적이라 부르는 것은 그렇게
틀린 것은 아니었다. 관동군이 창설한 괴
뢰군인 만주국군의 근간이 바로 이러한 비
적출신 군벌장군들과 그 휘하의 군인들이
었다는 것은 좀 역설적이다.[84] 이른바 '비적' 진압을 위해 일본은 여러 종
류의 인력을 동원했는데 한때 10만 명을 상회한 만주국군을 포함하여 진
압에 동원된 여러 종류의 병력의 기강을 잡는 것은 쉽지 않은 국가적 사업
이었다.

만주국군은 두 가지 측면에서 중요시 되었다. 하나는 국가적 신인도이
며, 다른 하나는 군대 본연의 임무이다.[85] 후자의 경우 만주국 초기에는

---

82 『滿洲國軍』, 50쪽.

83 만주국군의 정비 핵심은 『滿洲國軍』, 50~51쪽 참조.

84 한석정, 『만주국 건국의 재해석』, 80~84쪽.

85 만주국군은 국군으로 불리며 건국의 효과에도 기여하였다. 일제는 조선과 타이완
    의 많은 청년들을 제2차 세계대전에 동원했지만, 이들에게는 독자적인 군대 이름
    을 허용하지 않았다. 따라서 이들은 일본제국 육해군의 일원으로 참전했다. 독립국
    으로 보이기 위한 방법은 그럴듯한 규모의 국군을 갖는 일이다. 건국의 효과는 단
    순히 국군을 소유한다는 사실에 그치는 것이 아니라 무력이 주는 시각적 이미지에

'치안유지'를 위해 경찰과 함께 동원되었다. 만주국 건국 이후 끊임없이 전개된 저항세력의 활동은 군대의 임무를 잠시 내적 문제의 '해결'에 치중하게 만들었다. 기존 군벌들의 저항도 있었지만, 항일무장세력의 저항은 만주국 정부의 존립자체를 위협하는 요인으로 작용하였기 때문에 군대를 통한 탄압을 펼치게 되었다. 만주국 초기 항일무장세력에 대한 탄압이 강하다는 것은 그만큼 만주국 건국의 정당성이 상실되었음을 반증한다. 이를 간도지역의 예를 통해 살펴보겠다.

동북항일연군은 만주국의 가혹한 탄압 속에서 전투 및 선전활동에 주력하였다. 특히 군수열차를 급습하거나 헌병대를 공격함으로써 일제 침략의 상징물에 대한 파괴를 그 목표로 하고 있음을 알 수 있다.[86] 또한 동북항일연군은 군수물자를 전투를 통해서 해결하는 경우가 많았다. 1930년대 말 일제가 군사적·경제적 봉쇄를 강력하게 시행하고 있었기 때문에 재정문제가 가장 곤란하였는데 동북항일연군에서는 이를 직접 해결하기 위해 전투를 치렀다.[87]

뿐만 아니라 동북항일연군은 국내진공작전을 펼쳐 평안북도 일대에서 크고 작은 전투를 전개하였다. 예컨대 이홍광은 1935년 2월 일제의 만주침략에서 군사적 요충지의 하나였던 평안북도 후창군 동흥읍을 기습하여 커다란 전과를 거두었다. 또한 동북항일연군 제2군 제4사와 제6사가 함경북도 무산과 갑산으로 진출하여 국내 진공에 박차를 가하였다.[88] 이렇

서도 나올 수 있다(한석정, 위의 책, 69쪽).

86 김우종 주필, 『동북지역 조선인 항일력사사료집』 9권, 73쪽.

87 김우종 주필, 위의 책, 71쪽.

88 황민호, 『일제하 만주지역 한인사회의 동향과 민족운동』, 신서원, 2005, 150쪽.

만주지역 친일단체

듯 동북항일연군이 직접 전투를 전개할 수밖에 없었던 것은 만주국의 지속적인 '치안숙정'과 이를 통한 항일세력에 대한 탄압 때문이었다.[89] 유격대를 모태로 성장했던 동북항일연군은 지역민에 대한 동조세력 확보가 항일운동을 전개하는데 필수요소였다. 따라서 이들은 노래책·삐라 등을 통하여 대군중 선전활동을 전개하였다.[90] 간도특설대의 탄생을 알리는 신호탄이 만주 전역에서 쏟아져 나왔다.

간도특설대의 설립목적은 백두산을 중심으로 전개된 항일무장세력에 대한 탄압과 만주국의 치안을 유지하는데 있었다. 나아가 이를 바탕으로 열하성 및 하북성 일대의 항일무장세력을 진압하는 것이 간도특설대의 목적이라 할 수 있다.[91] 넓은 범위에서 간도특설대는 1938년 육군특별지원병 제도가 한반도에서 실시된 것과 무관하지 않다. 한편으로 좁은 의미에서는 항일무장세력을 탄압하는데 있다고 할 수 있다.

간도특설대 조직 체계

1938년 9월 간도성 성장 이범익의 건의에 의해 설립된 간도특설대는

---

89 1940년부터 이듬해까지 관동군은 병력을 40만에서 거의 두 배인 76만 명까지 증가하여 항일연군에 대한 압박을 강화하였다. 그 결과 1940년을 전후하여 남만과 동만지방 항일연군은 거의 쇠퇴하였다(장세윤, 『중국동북지역 민족운동과 한국현대사』, 명지사, 2005, 495쪽).

90 김우종 주필, 앞의 책, 96쪽.

91 간도특설대가 행동반경을 놓인 것은 한인들로 구성된 특수부대를 전면에 내세워 일본인에 대한 악감정을 대신 한인으로 돌리고자 하는 의도였음을 알 수 있다.

간도특설대가 설립된 안도현 명월구 전경

1938년부터 1940년 3월까지는 소메카와染川 부대라고 하였으며, 1940년 3월부터 1942년까지는 소노베園部 부대, 1942년부터 1943년 5월까지는 사사키佐佐木 부대, 1943년 5월부터 1944년 7월까지는 시바타柴田 부대, 1944년 7월부터 1945년 해방 때까지는 후지이藤井 부대라고 하였다. 이처럼 간도특설대는 지휘관의 이름에 의해 별칭으로 통용되었다.[92]

1938년 9월 15일 간도특설대는 안도현치안대·혼춘국경감시대·연길현청년훈련소·봉천만군군관학교 및 기타 만주국군 부대에서 선발된 위관급 이상의 일본인 군관 7명, 조선인 위관 9명, 조선인 하사관 9명으로 안도현 명월구에서 그 준비작업에 착수하였다.[93] 준비 과정에서 만주국군

---

92 『20세기 중국조선족력사 자료집』(1), 167쪽.

만주지역 친일단체

<표 1> 간도협조회 특별공작대

기수	모집일	모집인원	비고
1기	1938. 12	200여 명	
2기	1940. 3	100여 명	
3기	1941. 6. 1	80명	
4기	1942. 3. 1	80명	
5기	1943. 4. 1	70명	
6기	1944. 3. 1	80명	
7기	1945. 4. 1	80명	

* 『20세기 중국조선족력사 자료집』(1), 168쪽.

은 간도특설대의 건립 의의를 북간도 전역에 선전하였으며, 한인청년들이 자발적으로 지원하는 것을 추동하기 위해 전력을 기울였다. 간도특설대 본부를 안도현 명월구에 설치한 것은 그곳이 집단부락의 설치구역이라는 점과 또 항일무장투쟁세력 즉 동북항일연군의 근거지이기 때문이라고 판단된다.

간도특설대는 설립 초기 만주국 국무원 치안부 소속의 길림 제2군관구사령부의 직접 지휘를 받았으며 1939년부터는 목단강제6군관구사령부 지휘를 받았다. 1938년 12월 15일 200명의 청년들이 모인 가운데 1기병 입대식이 거행되었다. 해방 때까지 7기병까지 모집하였으며, 총 인원은 약 690명 정도였다. 1938년부터 1945년까지 모집된 기별 인원을 정리하면 〈표 1〉과 같다.

---

93 위와 같음. 이 날이 간도특설대의 공식적인 창립일이다.

간도특설대는 일제가 패망하기까지 존속하였다. 1기와 2기를 기점으로 인원수는 약 80명으로 고정되었다. 사상적으로 핵심적 인원을 선발하여 이들로 하여금 항일무장세력을 탄압하고 또 이주한인에 대한 적절한 통제책을 실현하기 위해서는 간도특설대가 가장 적합하였다. 1기부터 7기 생들이 모두 활동한 것이 아니라 일부는 퇴역하거나 일신상의 이유로 전직한 자들이 많이 발생하여 해방 때 간도특설대의 인원은 약 300명 정도였다.[94]

간도특설대는 부관실·의무실·군수실로 구성되었고, 보병과 기박機迫 두 개 연대를 설치하였으며, 보병연대 아래 세계의 내무관과 기박연대 아래 두 개의 내무반을 설치하였다. 다만 이것은 고정적인 편대라기 보대는 임시적인 편대에 가까웠다. 예컨대 항일무장세력과 전투를 치르기 위해 각 내무반을 여러 개로 분할하여 조직의 융통성을 가미하였다. 1940년 12월 보병·기박·신병 세계 연대를 조정하였으며, 영營의 편제로 구성되었다. 이후 간도특설대가 열하로 가기 전까지 큰 변화가 없었다.[95] 간도특설대는 1944년 열하로 간후 본부에 부관처를 설치하여 군수·군기·통신 등의 일을 총괄하게 하였으며, 전문적인 정보 관리를 두었다. 이를 시기별로 정리하면 〈표 2〉와 같다.

간도특설대는 엄격한 훈련을 통해 구성원들을 만주국 각 기관의 교관으로 파견하였다.[96] 또한 하사관 가운데 훈련성적이 우수한 자는 만군군관

---

94 『20세기 중국조선족력사 자료집』(1), 168쪽.
95 간도특설대는 열하성으로 활동영역을 넓히면서 정보반 등 새로운 조직구조를 갖추게 된다.
96 만주협화회 청년훈련소의 조교로 파견되기도 하였다.

만주지역 친일단체

〈표 2〉 간도성특설부대조직표(1938년 9월∼1939년 초)

학교에 파견되어 교육과정을 이수한 후 다시 소위 직함을 들고 간도특설
대에서 활동하였다.[97] 간도특설대의 위관급 및 하사관 이상 인물을 정리하
면 〈표 3〉과 같다.

약 130여 명의 간부들은 대부분 간도지역에 그 토대를 두고 있었다. 외
부지역에서 온 사람들이 확인되지 않은 상태에서 이들 대부분의 주소가
간도에 집중되었던 것은 어쩌면 당연한 현상이었다. 연령대는 1910년대

---

97 『20세기 중국조선족력사 자료집』(1), 168∼169쪽.

<표 3> 간도특설대 위관급 및 하사관 이상 명단

이름	직위	생년 월일	주소	주요 활동	비고
洪淸波 (洪沼淸源)	특설대 제1련장	1910		봉천만주군관학교, 만군 상위, 경6위 훈장	1945년 남한
姜在浩 (本鄕公康)	특설대 제2련장	1905		만군 상위, 경6위 훈장	1945년 남한
金洪俊 (金澤洪一)	특설대 기박연장	1910		봉천만주군관학교. 만군 상위, 경6위 훈장	1945년 북한
崔在範 (芳澤滿)	특설대 제1연 패장	1918		군관훈련소, 만군 중위, 경위 훈장	1945년 북한
吳文剛 (北原文剛)	특설대 제1연 패장	1908		만주군관학교, 만군 상 위, 경6위 훈장	북한
李淸甲	특설대 제1연 패장			만주군관학교, 만군 소위	
崔在恒	특설대 제1연 패장	1912		만주군관학교, 만군 중 위, 경6위 훈장	
申奉均 (宇田川義人)	특설대 제1연 패장	1911		만주군관학교, 만군 상 위, 경6위 훈장	해방 후 남한
崔南根 (松山)	특설대 제1연 패장	1911		만주군관학교, 만군 중 위, 경6위 훈장	
朴鳳朝	특설대 제1연 패장			만군 수위	
崔忠羲 (松山忠羲)	특설대 제2연 패장	1918		심양훈련학교 교도대, 만 군 중위	길림헌병학교
宋錫夏 (武原弘庄)	특설대 기박연 연장			만군 상위. 경6위 훈장	
朴鳳祚 (大和成吉)	특설대 중위	1906		군관학교. 훈춘국경감시대	해방 후 북한
石錫峰 (伊原)	본부 부관	1911		군관학교. 만군 중위	
崔在範 (島宮英治)	본부 문서	1922		만군 수위. 주8위 훈장	해방 후 북한
洪淸波 (洪沼淸源)	특설대 정보반 주임	1911		훈춘감시대 반장. 만군 소위	해방 후 북한

이름	직위	생년월일	주소	주요 활동	비고
金錫範 (金山照)	특설대 정보반 주임	1911		만군 상위. 경7위 훈장	해방 후 북한
金在植 (金本)	본부 문서	1916		만군 준위. 제대 후 일본군 군속	
許樹屛	본부 문서	1911		만군 준위. 북안성경찰서 경정	
朴東春	본부 軍機	1916		만군 수위. 주8위 훈장	해방 후 북한
李鶴汝 (松崗鶴汝)	본부 군의	1918		만주국 8위 훈장	
方得官 (春日龍治)	내무반 반장	1915		훈춘국경감시대 少士	해방 후 북한
李元衡 (三道正義)	본부 부관	1908		훈춘국경감시대 패장. 만군 중위. 경6위 훈장. 간도산업공사	
崔炳革 (高山炳革)	제1련 소위반장	1919	왕청현 하마탕	일본수비대 통역	
李東俊 (若松秀勇)	보병1련 소위반장	1922	왕청현 백초구	특설대 1기생. 주국8위 훈장	
劉仁煥	보병1련 소위 무선전대장	1921		특설대 1기생	천보산 탄광공인
朴春植 (海野春樹)	보병1련 후보 소위 반장	1922	연길현	특설대 1기생	해방 후 북한
李龍星 (松島龍星)	후보 소위반장	1922	황해도	특설대 1기생. 주8위 훈장	해방 후 북한
尹秀鉉	보병1련 소위	1919	연길현	특설대 1기생	해방 후 남한
太溶範	보병1련 소위	1921	연길현	특설대 1기생	해방 후 남한
方太旭	기박련 소위		연길현	특설대 1기생. 경8위 훈장	훈춘 거주
金龍憲 (金井龍雄)	보병2련 소위반장	1920	개산툰	특설대 1기생. 주8위 훈장	왕청현 석현제지공장
孫炳日	보병1련 소위	1921	안도현	특설대 1기생	
李集龍 (大橋集龍)	기박려 소위패장	1921	왕청현	특설대 1기생. 주8위 훈장	해방 후 남한. 다시 연길

이름	직위	생년월일	주소	주요 활동	비고
李逢春 (國本富作)	기박련 소위반장		왕청현	특설대 1기생. 주8위 훈장	해방 후 연길에서 체포
具東旭 (綾洲秀信)	기박련 상위패장	1921	왕청현	특설대 1기생. 주8위 훈장	해방 후 북한
金致班 (鶴)-松宮 國雄	보병1련 소위패장	1922	안도현	특설대 1기생. 주8위 훈장	해방 후 북한
李德振 (吉田盛政)	보병2련 소위패장	1921	왕청현	특설대 1기생. 주8위 훈장	해방 후 북한
李龍昊	소위패장		안도현	특설대 1기생	
金憲三 (金田)	보병1련 반장	1923			
羅萬峰	少師 軍需	.		주8위 훈장	
韓英守 (淸原義南)	보병1련 패장	1921		특설대 1기생	해방 후 연길 거주
太長萬 (太原長萬)	보병1련 중사반장	1918		특설대 1기생. 주8위 훈장	돈화현 상국 부업 생산대 관리원
宋泰熙 (平原義男)	보병1련 2패 반장	1920	안도현	특설대 1기생. 주8위 훈장	해방 후 살해당함
金南益 (野村明男)	보병1련 중사반장	1919		특설대 1기생. 훈춘국경 감시대. 주8위 훈장	해방 후 두도구에서 사망
李東俊 (高松東俊)	보병 1련 중사반장	1922		특설대 1기생. 주8위 훈장	
金利奎 (豊田哲郞)	보병1련 중사반장	1916	화룡현	특설대 1기생. 주8위 훈장. 일본 수비대 통역	중국에서 근무
李枝友 (慶川枝友)	보병1련 수사반장	1915	화룡현	특설대 1기생. 주8위 훈장. 일본군대 통역	
嚴敬善 (江原淸光)	소사	1921		특설대 1기생. 연길시공서 사무원. 연길시징병특별훈련소 교관	해방 후 북한
李炳徽 (國本炳徽)	보병2련 중사반장	1919		특설대 1기생. 주8위 훈장. 화룡현 전농합작사 근무	연길현 거주

이름	직위	생년월일	주소	주요 활동	비고
崔敦鶴 (松山)	보병1련 소사	1920	연길현	특설대 1기생. 주8위 훈장. 도문 두림회사 경비	
朴敏善 (新川斌雄)	보병1련 수사반장	1920	화룡현	특설대 1기생. 주8위 훈장. 징병특별훈련소 교과	해방 후 북한
南升範	보병1련 중사반장	1916	연길현	특설대 1기생. 주8위 훈장. 일본군통역	해방 후 북한
石金龍 (石川薫慶)	보병1련 중사반장	1920	연길현	특설대 1기생. 일본군통역	사망
朴淳烈 (村井)	보병1련 소사	1919	안도현	특설대 1기생. 주8위 훈장. 연길현 공서경방과 경위	해방 후 북한
金東奎	보병1련 소사	1920	연길현	특설대 1기생. 주8위 훈장. 연길현 공서경방과 경위	
韓珠玉 (淸水)	보병1련 중사반장	1918		특설대 1기생. 주8위 훈장. 인결현 용정청녕훈련소 보도원	
李日林 (廣川淸正)	본부 상사문서	1918	함북	특설대 1기생. 주8위 훈장	
李英勤	본부 의무실 중사 간호원	1920	왕청현	특설대 1기생. 제대 후 간도성공서 보건과	연길현립병원 외과 의사
金京律 (上田光男)	보병1련 상사반장	1917	연길현	특설대 1기생. 주8위 훈장. 연길현 노도구 중학 교원	화룡현 거주
金榮翼 (金光榮翼)	기박련 상사	1919	훈춘현	특설대 1기생. 주8위 훈장. 목단강 만군사령부 근무	
郁相昌 (吉田吉男)	기박련 상사	1916		특설대 1기생. 주8위 훈장. 목단강제6군관구사령부 근무	해방 후 북한
金秀烈 (金澤正博)	기박련 중사반장	1919	왕청현	특설대 1기생. 주8위 훈장	왕청현 거주
崔明柱	본부 중사	1918	연길현	특설대 1기생. 북안성군 인후원회 근무	

이름	직위	생년 월일	주소	주요 활동	비고
金永錫	보병1련 소사			특설대 1기생	
廉鳳生 (山本)	보병2련 중사반장	1920	연길현	특설대 1기생. 목단강 군 제6군관구 군악대	해방 후 북한
李泰珍 (李園馥)	기박련 중사반장	1919	왕청현	특설대 1기생. 주8위 훈장	백초구 위생소 회계
金萬用 (金原東肇)	보병2련 상사반장	1922	왕청현	특설대 1기생. 주8위 훈장	해방 후 북한
朴春權	보병2련 중사반장	1919	연길현	특설대 1기생. 주8위 훈장	해방 후 남한
玄鶴春 (平山鶴春)	기박련 소사	1916	왕청현	특설대 1기생. 3급 무공 훈장	해방 후 북한
姜武錫	기박련 소사	1916	훈춘현	특설대 1기생. 주8위 훈 장. 안도현 대사하 전투 에서 사망	
李在洙 (豊野次郎)	기박련 소사	1920	연길현	특설대 1기생. 주8위 훈장	천보산 동연광 공인
嚴萬峰 (富原萬峰)	기박련 소사반장	1918	왕청현	특설대 1기생. 주8위 훈장	
金星煥	보병1련 소사	1916	훈춘현	특설대 1기생	해방 후 북한
南成萬	기박련 소사	1922	연길현	특설대 1기생	해방 후 자살
金青松	보병1련 중사반장	1920	화룡현	특설대 1기생	
金東浩 (金江富岩)	보병2련1패2반 중사 반장. 정보반장	1920	연길현	특설대 1기생. 주8위 훈 장. 전우회 참가	연길시중의 진료소
金泰旭	상사위생원	1920	연길현	특설대 1기생	연변위생방역참
金泰玉	본부 중사군수		연길현	특설대 1기생. 주8위 훈장	
金東順	본부 중사군수		연길현	특설대 1기생	
金壽永	보병2련 소사		연길현	특설대 1기생	해방 후 북한
李秉燦	보병1련3패 소사반장		연길현	특설대 1기생	연길현전업국
李載德	소사		화룡현	특설대 1기생. 주8위 훈장	
李時有	소사			특설대 1기생	
李正鱗	상사		화룡현	특설대 1기생	해방 후 북한
李時云	중사		화룡현	특설대 1기생	

이름	직위	생년월일	주소	주요 활동	비고
崔炳學	기박련 상사		왕청현	특설대 1기생	
朴春範	중사반장	1920	연길현	특설대 1기생. 주8위 훈장	
韓國振	기박련 중사반장	1918	훈춘현	특설대 1기생	
차천균	보병1련 중사반장	1916	화룡현	청년훈련소. 특설대 1기. 퇴역 후 도문특무대 근무	
姜在德	소사반장		훈춘현	특설대 1기생	
姜世權	중사		연길현	특설대 1기생. 퇴역 후 헌병	
許子龍	기박련 중사반장		연길현	특설대 1기생	한국전쟁시 사망
서경우	무선전 상사반장		연길현	특설대 1기생	
玄鶴洙	기박련 중사반장		왕청현	특설대 1기생. 무공훈장	
吳顯相	보병1련 중사반장		연길현	특설대 1기생. 경7위 훈장. 대사하 전투시 사망	
元永熙 (永原滿喜)	기박련 중사반장	1917	연길현	특설대 1기생. 주8위 훈장	
楊在奎 (楊井在奎)	보병2련 중사반장	1916	연길현	특설대 1기생. 주8위 훈장. 퇴역후 특무기관 근무	해방 후 북한
金永春	본부 소사			특설대 1기생	
安應綠 (安田富治)	기박련 중사간호	1919	훈춘현	특설대 2기생	해방 후 훈춘 거주
金錫鎭	중사위생원	1923	화룡현	특설대 2기생	해방 후 화룡 현 위생소
李春善	소사반장		용정	특설대 2기생	
李基漢				특설대 2기생	
李在洙	중사군기	1919	연길현	특설대 2기생	해방 후 연길 거주
李東柱	소사반장		화룡현	특설대 2기생	해방 후 화룡 거주
林龍哲	소사군악		왕청현	특설대 2기생	해방 후 심양 거주
崔靑松	소사군수		화룡현	특설대 2기생	
南博	기박련 중사반장		훈춘현	특설대 2기생. 안동에서 사망	

이름	직위	생년월일	주소	주요 활동	비고
黃四星	보병1련 소사	1920	연길	특설대 2기생. 목단강제6 군관구악대 근무	
文龍萬	보병1련1패3련 상사 반장	1922	화룡현	특설대 3기생. 주8위 훈장	해방 후 화룡현 거주
石範盆	보병1련 소사 척탄통 반장	1923	화룡현	특설대 3기생	
安三龍	보병2련 중사	1923	화룡현	특설대 3기생	해방 후 화룡현 거주
洪性泰	대본부 중사군수	1923	안도현	특설대 3기생	해방 후 북한
崔洪俊	보병1련1패1반 중사 반장	1922	연길현	특설대 3기생	해방 후 북한
金章攝	보병1련1패1반 소사 반장	1923	연길현	특설대 3기생	해방 후 청해성 거주
金賢植	소사반장		연길현	특설대 3기생	
金明漢	기박련 중사군악	1919	연길현	특설대 3기생	해방 후 연길 거주
金秉球	보병2련 소사		안도현	특설대 3기생	
金鳳鎭	보병1련 소사		왕청현	특설대 3기생	
李東旭	보병2련 상사반장		훈춘현	특설대 3기생	
崔南龍	대본부 중사군수	1923	연길현	특설대 3기생	
安英彦 (安田英彦)	보병1련2패4반 중사 반장	1924	연길현	특설대 3기생	해방 후 중공군에 입대
任○植 (石川貞吉)	보병2련1패 중사반장	1922	용정	특설대 3기생	해방 후 북한
魏東佰 (長田玉將)	보병1련1패 중사반장		왕청현	특설대 3기생	해방 후 열하성에 서 자살
尹在權 (八道孔明)	보병2련 소사	1920	연길현	특설대 3기생. 퇴직 후 헌병 근무	
林仁盆	정보반 상사			특설대 3기생	
姜五範	보병1련 소사	1923	연길현	특설대 3기생	해방 후 북한
金龍煥	보병1련1패2반 중사 반장	1922	연길시	특설대 4기생	해방 후 길림교통 청 근무
李文和	보병2련 소사	1924		특설대 4기생	

이름	직위	생년월일	주소	주요 활동	비고
朴燦玉	기박련 소사반장	1920	연길시	특설대 4기생	해방 후 연길 거주
李武平	보병2련 중사반장	1925	안도현	특설대 4기생	
朴基和	기박련 소사반장	1923	연길현	특설대 4기생	해방 후 북한
朴東俊	보병2련 소사	1925	화룡현	특설대 5기생	해방 후 북한
朴贊烈	보병1련 중사반장		연길현	특설대 5기생	
方學洙	보병1련 소사	1924	연길현	특설대 5기생	
林英振	보병1련1패1반 소사반장	1923	안도현	특설대 5기생	
許權鍾	보병1련 소사 위생원	1923	화룡현	특설대 5기생	
柳炳哲	보병1련1패 소사반장	1924	도문	특설대 5기생	
金權浩	보병1련1패2반 중사반장	1923	훈춘현	특설대 3기생	해방 후 훈춘 거주
金東瑾 (金森昭雄)	보병2련1패4반 중사반장	1923	연길	특설대 3기생	해방 후 유기도형 7년

* 『20세기 중국조선족력사 자료집』(1), 210~234쪽.

에서 20년대 초반 출생이 주류를 이루고 있으며, 자발적인 입대 이후 보다 새롭고 성공적인 노선을 추구하였다. 예컨대 1기생인 태용범, 손병일, 윤수현은 만군군관학교에 합격하여 앞날을 보장받았다.[98] 해방 이후 행적은 한반도로 재이주하거나 심사 이후 현지 거주로 크게 구분된다.[99] 북한으로 간 경우 생사 확인이 어렵기 때문에 활동상을 파악하기 곤란하지만

---

98 『滿鮮日報』 1940년 1월 12일자, 「조선인특설부대의 손, 윤 양군군관후보에 합격」.
99 신현준(신봉균)의 경우 해방 후와 해방전의 이름이 다른 경우도 보인다. 윤수현은 육군병참학교 교장을 역임하였으며, 송석하, 백선엽 등도 한국군에서 주요 요직에 임명되었다.

한국의 경우 상당수는 국군 창립에 참여하여 한국군의 '중추적'인 역할을 수행하였다.

간도특설대의 활동

간도특설대의 활동은 만주국의 삼광정책(三光)을 충실하게 수행하는데 초점을 맞추었다. 특히 항일무장세력에 대한 무자비한 탄압은 간도특설대 활동의 '백미'라고 할 수 있다. 이러한 활동을 전개하기 위해 치중했던 부분은 정보분야의 확충이었다. 정보역량의 강화만이 항일무장세력을 적절하게 감시·탄압할 수 있다는 믿음 때문이었다. 정보역량은 자체적으로 이루어진 것도 있겠지만 관동군 및 만주국군 이라는 상급기관의 보조를 통해서 가능하였다. 간도특설대의 활동은 가혹한 탄압을 통한 적당한 회유로 정리할 수 있다. 이는 크게 지역과 시기로 구분할 수 있는데 편의상 지역적으로 구분하였다. 특히 1944년 이래 열하성과 하북성에 치중된 활동은 간도특설대의 활동이 단순히 간도지역에만 국한된 것이 아님을 알 수 있다.

간도특설대는 창립부터 1943년 말까지 간도지역을 중심으로 활동하였다. 이때 주된 활동은 구성원의 능력배양과 작전능력의 제고에 있었다. 이를 바탕으로 동북항일연군을 비롯한 항일무장세력을 탄압하였다.[100] 이 과정에서 간도특설대는 변복대便服隊를 조직하여 농민으로 변장하고 각

---

100 『20세기 중국조선족력사 자료집』(1), 170쪽.

마을에 파견하여 직접 정보를 수집하는 한편 민심의 동향도 파악하였다. 1939년 7월 1일 간도특설대는 천보산 부근에서 항일연군을 추격하여 두 차례 교전을 벌였으며, 항일연군의 피해가 컸다. 간도특설대의 활동은 후에도 살펴보겠지만, 무자비한 탄압과 보복으로 일관하였다. 특히 여성들에 대한 테러 행위가 잦았다.[101] 파악된 자료에 의하면 연변지역에서는 간도특설대의 탄압으로 8명이 희생되었으며 체포된 자가 한명이었다.[102]

1943년경 간도지역의 치안상황은 만주국 정부가 우려할 만한 상황은 아니었다. 그만큼 만주국의 치안숙정은 치밀하고 잔혹하게 진행되었다. 간도특설대의 활동 역시 이에 초점을 맞추어 설명하는 것이 바람직하다. 1943년경 관동군의 보고에 의하면 간도지역의 민심동향은 중일전쟁 이후 통제정책에 대한 불만이 곳곳에서 감지된다는데 있다.[103] 특히 이 시기 대부분의 항일연군세력이 소련으로 들어가 활동한 상태에서 간도지역의 항일무장세력은 점차 그 활기를 잃어가고 있었다. 하지만 총동원체제하에서 한인뿐만 아니라 만주인들 역시 불만을 품고 있었다. 또한 각종 유언비어가 유포되어 민심을 혼란시키고 있다고 판단한 결과 연길헌병대에서는 이에 강력하게 대응하였다.[104] 이에 따라 관동군헌병 당국은 시국결의대회를 개최하여 민심의 동요를 안정시키며, 국가에 대한 충성을 강요

---

101 『20세기 중국조선족력사 자료집』(1), 172쪽.
102 『20세기 중국조선족력사 자료집』(1), 171쪽.
103 吉林省檔案館 編, 『日本關東軍憲兵隊報告集』 제1집 3, 19~26쪽.
104 혼춘현에서 선만계 공인간에 우정 저금을 근래 국방헌금으로 몰수한다는 유언비어를 유포하였으며, 이에 대하여 범인 5명을 검거하여 취조하기도 하였다(吉林省檔案館 編, 『日本關東軍憲兵隊報告集』 제1집 3, 29~30쪽).

하였다.[105]

한편 간도지역에서 '특수사업'을 전개하고 있던 간도특설대는 그 지역적 범위를 열하성과 하북성으로 확대하였다. 이는 간도지역에서의 항일연군의 활동이 점차 약화됨으로써 잘 훈련된 군인들인 간도특설대를 전장지역인 열하성과 하북성 일대로 파견하였던 것이다.

먼저 열하성에서의 활동을 살펴보자. 간도특설대는 1944년 초부터 가을까지 열하성 유수림자 일대에서 활동하였다.[106] 유수림자 주위 약 60리 이내의 촌락에 대하여 정보반의 정보를 바탕으로 항일근거지를 공격하였다. 1944년 2월 간도특설대 보병 2련 김송金松[107] 중위는 한 소대를 거느리고 이영자李營子에 와서 그곳 담당자인 패장 고준산에게 팔로군과 관계를 자백할 것을 강요하였으며, 이때 주란의朱蘭義가 연루되었다는 이유로 그를 살해하였다.[108] 뿐만 아니라 김송은 유수림자의 한인 김동근이 팔로군과 관련이 있다는 이유로 물고문으로 치사케 하였다. 또한 그해 3월 6일 김송 중위는 정보반의 장춘張春과 안삼룡安三龍 등을 파견하여 팔로군

---

105 1943년 연길현 특무기관 도문연락소장은 총동원체제 하에서 이주한인에 대한 조직적 통제를 위해 간도성결전황민단 기성회를 설립하였다. 일본인 유력자와 한인 유력자는 일본인 대표 森常太郎과 한인 대표 최윤주를 중심으로 본격적인 기성운동에 들어갔다. 여기에 협화회 간부 10여 명도 동참하였다(吉林省檔案關 編, 『日本關東軍憲兵隊報告集』 제1집 3, 12~13쪽). 최윤주는 1887년생으로 중추원 참의를 지냈으며, 민생단 발기대표와 일본헌병대 정보원 활동도 하였다. 대표적인 친일 행각을 펼친 그는 1943년 한반도로 귀환하였다.
106 『20세기 중국조선족력사 자료집』(1), 173쪽.
107 金松將明으로 1918년생이며 심양훈련학교 교도대 출신이다. 퇴역 후 길림헌병학교에서 근무하였다(『20세기 중국조선족력사 자료집』(1), 212쪽).
108 『20세기 중국조선족력사 자료집』(1), 175쪽.

만주지역 친일단체

의 정황을 정찰하게 하였다.

특히 이들은 직접 팔로군으로 변장하여 직접 마을로 가 정탐하였으며, 정보를 보고 받은 김송은 부대를 이끌고 직접 그 마을로 가 팔로군과 내통하였다는 구실을 내세워 손요종·손국동·조청산을 권총으로 살해했다. 이처럼 김송 중위의 만행은 여기서 끝나지 않았다. 같은 달 김송은 체포된 장풍의와 장풍양을 심문하여 팔로군을 숨겨준 유수림자 갑장집을 수색하여 팔로군 군복과 총을 압수하고 그 자리에서 칼로 갑장을 베어 살해하였다.[109] 일본간도특설대 보병2련 반장인 김동호[110]는 김진성과 김우성을 파견하여 정보를 수집하였으며, 1944년 6월 박봉학과 이풍근을 파견하여 팔로군의 존재 여부를 정탐하여 유수림자 서쪽 20리 마을을 수색한 끝에 팔로군 한 명을 전재학이 살해하였다.[111] 이처럼 간도특설대가 열하성 일대에서 살해한 사람은 22명이며, 체포된 사람도 14명에 이르렀다. 문제는 이러한 간도특설대의 활동이 알려지면서 이주한인에 대한 나쁜 이미지가 굳어진다는데 있었다.[112]

---

109 『20세기 중국조선족력사 자료집』(1), 178쪽.
110 김동호는 일명 金江富岩이다. 1920년생으로 특설대 1기생이며 보병 2련 1패 2반 중사반장과 정보반장을 겸직하였다. 간도특설대의 활동을 인정받아 만주국에서 주국7위와 주국 8위 훈장을 받았으며, 1944년 10월 퇴역 후 연길시 흥농합작사에서 일했으며, 1945년 4월에는 戰友會에도 참여하여 활동하였다. 해방 후 숙반 운동에 적극적으로 참여하고, 노역을 통하여 그 죄과를 씻었다고 한다(『20세기 중국조선족력사 자료집』(1) 226~227쪽).
111 『20세기 중국조선족력사 자료집』(1), 180쪽.
112 일제가 간도특설대를 전장 일선에 파견하여 가장 잔인하고 가혹하게 현지 주민과 팔로군을 살해하게 한 것은 마치 조선인 포로감시원이 동남아 전장에서 가장 일선에서 포로들을 다룬 것과 정황상 일치한다. 즉 중국인으로 하여금 일본인이 아닌

1944년 가을부터 1945년 1월까지 간도특설대는 하북성 밀운현 석갑진石匣鎭과 평곡현平谷縣 일대에서 활동했다.[113] 간도특설대는 석갑진에 주둔한 후 병력을 연을 단위로 편제하여 석갑진 주위 100여 리를 봉쇄하고 항일유격구를 습격하여 피난민을 추격하였다. 이 과정에서 만주국군과 연합작전도 펼쳤다.[114]

1944년 7월 간도특설대는 회유현 대수욕에 주둔하면서 만주국군이 팔로군 부대를 공격할 때 합동작전을 펼쳐 팔로군 지원마을로 의심되는 곳을 수색하여 팔로군 교통원 서복원徐復員 등 2명을 살해하였다. 같은 달 20일 석갑진 동남쪽 15리에서 간도특설대 2연 상등병 이풍근이 마을 주민 이회정을 총으로 쏘아 죽였으며, 진상춘을 구타한 후 우물에 처넣어 죽였다.[115] 뿐만 아니라 이들은 마을 사람 21명을 석갑진으로 압송한 20여 일 동안 감금했다.

간도특설대는 전시 상태의 군인들이었기 때문에 민간인에 대한 살상을 금해야 함에도 불구하고 민과 병을 가리지 않았다. 1944년 8월 1일 간도특설대는 석갑진에서 동북쪽에 위치한 동장화東庄禾를 토벌할 때 피난 가는 백성들을 향하여 사격을 하였으며, 임산부의 배를 칼로 찔러 살해하거나 마을 사람들을 한 곳에 모아놓고 집단 구타를 하기도 하였다. 그해 8월 5일에는 석갑진의 동남쪽에 위치한 동전각장東田各庄에서 군중들을 유

조선인이 가장 잔인한 부류임을 은연중에 알 수 있게끔 고도의 술책을 펼친 것은 아닌가 한다.

113 『20세기 중국조선족력사 자료집』(1), 182쪽.
114 『만주국군』 참조.
115 『20세기 중국조선족력사 자료집』(1), 185쪽.

항요劉恒堯 집에 모아놓고 팔로군의 행적 등에 대하여 탐문한 후 만족할 만한 성과를 거두지 못하자 마을 주민 유몽재를 총으로 살해하였다.[116] 8월 10일 간도특설대가 석갑진 동쪽의 송수욕松樹峪 일대를 공격하면서 군중을 붙잡은 후 심하게 구타하여 그 가운데 왕준신 등은 두 달 이상 치료를 필요로 하였다.[117] 8월 중순 간도특설대원 정호준鄭浩俊 · 이호일李浩日 · 이이순李利淳 등이 석갑진 서쪽 50리 떨어진 마을에서 노인을 취조하던 중 구타하여 살해했다. 특히 정호준은 그달 석갑진 부근 마을에서 40여 세의 군중을 구타·살해했다. 이처럼 항일운동과 아무런 연고가 없는 일반 군중까지 살해하는 만행을 거듭한 간도특설대는 공격한 마을에서 식량도 탈취하였다.[118]

이렇게 강력한 탄압으로 팔로군들의 '투항'도 이끌어냈다. 1944년 8월 15일 간도특설대는 석갑진 반성자半城子 일대에서 팔로군 공작원 주수길朱守吉을 체포하여 곧바로 투항시켰다. 1944년 8월 17일에는 석갑진 서북쪽 단산자團山子에서 팔로군 진백학을 붙잡아 취조 끝에 진백학은 투항하여 일본 특무로 근무하였다.[119]

간도특설대의 탄압상은 고문으로 특징지을 수 있다. 특히 팔로군과 연계 있는 사람에 대해서는 가혹한 고문이 뒤따랐다. 1944년 9월 김동근金東勤,[120] 김태복金泰福 등은 석갑진 서북에 위치한 마을에서 팔로군 한 명을 체

---

116 『20세기 중국조선족력사 자료집』(1), 186쪽.
117 『20세기 중국조선족력사 자료집』(1), 187쪽.
118 『20세기 중국조선족력사 자료집』(1).
119 『20세기 중국조선족력사 자료집』(1), 187~188쪽.
120 일명 金森昭雄이다. 1923년생으로 간도특설대 제3기생이다. 직무는 보병 2연 1패

포하여 고춧물로 고문을 한 후 다시 가죽띠로 구타하여 살해했다. 또 같은 달 김동근은 김길룡·이풍근과 함께 팔로군 관계자 2명을 총으로 여러 차례 찌르면서 고문한 후 살해하였다. 뿐만 아니라 아녀자에 대한 강간도 서슴지 않았다. 1944년 11월 간도특설대 중사 김헌삼金憲三은 오경수·최홍준과 함께 부녀자를 윤간하고, 그 남편을 살해하였다.[121] 이와 같이 간도특설대가 하북성 석갑현 일대에서 34건의 '토벌'을 단행하였으며, 군중 39명이 살해되고 체포된 자가 62명이었다. 미조사된 것까지 포함하면 훨씬 더 많은 숫자가 있을 것이다.

다음으로 하북성 사집진 일대에서 간도특설대가 탄압한 실태를 살펴보자. 1945년 1월부터 일제가 패망하기까지 간도특설대는 주로 하북성 사집진司集鎭에서 활동하였다. 간도특설대는 주로 민간인에 대한 구타·고문·살해를 자행했다. 1945년 1월 사집진 동남쪽에 위치한 장장張庄이란 마을을 포위하고 군중들을 고문하였으며, 2월에는 민간인을 향해 총을 쏘아 죽였다.[122]

1945년 4월 하집진 정남쪽 허각장許各庄에서도 민간을 구타하고 칼로 살해하였다. 4월 4일 사집진에서 북쪽으로 12리 떨어진 고사장庫司庄에서는 팔로군을 수사한다는 명목으로 마을 젊은이를 살해하였으며, 마을 사

4반으로 중사반장이다. 주로 열하성과 하북성 일대에서 활동하였고 해방 후에는 이러한 사실을 숨기고 중국 인민해방군에 들어갔지만 후에 이러한 사실이 드러나 징역 7년형에 처해졌다(『20세기 중국조선족력사 자료집』(1), 234쪽).

121 『20세기 중국조선족력사 자료집』(1), 193쪽.
122 『20세기 중국조선족력사 자료집』(1), 195쪽.

만주지역 친일단체

람들에 대한 고문도 자행하였다.[123] 1945년 4월 27일 사집진 동북쪽 동신장東新庄에서는 마을 사람들을 모아놓고 연설을 하였으며, 개인 소유 재산도 강탈하였고, 젊은 여인을 강간하는 등의 만행을 저질렀다.[124]

간도특설대의 활동 가운데 두드러진 점은 마을 전체를 소각하였다는데 있다. 1945년 3월 사집진의 북쪽에 위치한 전자촌甸子村 마을에서 팔로군과 교전하면서 그 옆 마을인 임륙장任六庄의 가옥 10여 채를 소각하였다. 같은 달 24일 첨정장甛井庄 일대를 공격하면서 간도특설대원 김남용金南龍이 희생당하자 마을 전체를 소각하는 만행도 저질렀다.[125] 1945년 4월 23일 간도특설대는 사집진에서 정남쪽에 위치한 영각장榮各庄에서 팔로군 정보원이 있었다는 이유로 마을 전체를 소각하여 그 가운데 64채가 전소되었다.[126] 사집진에서 간도특설대의 활동으로 103명이 살해되었으며, 62명이 체포되었다.[127]

간도특설대의 활동 가운데 빼놓을 수 없는 것이 정보반의 활동이다. 정보반은 1944년 초 열하성 유수림자에서 성립되었다. 그 목적은 팔로군·지하공작원과 각 지역 민병대의 활동과 군중 동향을 파악하여 특설대의 활동을 원활하게 하기 위한 정보 제공이었다.[128] 정보반은 각 연에서 13명의 '정예병'을 뽑아 조직되었으며, 투항한 자 가운데서도 충당하였다. 정

---

123 『20세기 중국조선족력사 자료집』(1), 201쪽.
124 『20세기 중국조선족력사 자료집』(1), 204쪽.
125 『20세기 중국조선족력사 자료집』(1), 198쪽.
126 『20세기 중국조선족력사 자료집』(1), 204쪽.
127 『20세기 중국조선족력사 자료집』(1), 194쪽.
128 『20세기 중국조선족력사 자료집』(1), 206쪽.

보반의 임무는 첫째, 정보수집, 둘째, 반공선전, 셋째, 체포된 항일연군에 대한 직접적인 심문과 살해였다. 정보반에서 가장 많은 활동은 한 사람은 홍청파洪淸波이다.

위와 같이 간도특설대는 7년 여간 활동하면서 항일무장세력에 대한 탄압과 민심동향 파악, 무자비한 '토벌' 등 이주한인들에 대한 나쁜 이미지를 강하게 심어준 존재였다. 1945년 8월 일제가 패망하기까지 간도특설대의 활동은 지속되었다. 패망 후 하북성에 주둔해 있던 간도특설대는 연장 김찬규[129]의 인솔 하에 심양으로 도망간 후 해산되었으며, 일부는 한반도로 일부는 중국에 거주하였다.

간도특설대는 1938년부터 1945년 해방 때까지 간도지역을 중심으로 활동한 친일무장단체이다. 간도특설대는 간도지역 독립군에 대한 탄압과 이주민에 대한 경계를 목적으로 설립되었다. 한인무장단체가 활동하던 1930년대 말 만주국은 총동원체제 하에서 한인 청년들을 징병제의 틀 속에서 재구성하고자 간도특설대를 설립했다. 이는 만주국 군대 조직의 특성상 한인들이 치외법권에서 벗어나 이제는 만주국의 성원이 되었지만 이들을 이용하여 군대를 만들기에 가장 적절한 지역적 안배가 고려되었다. 한인을 이용하여 한인을 감시하고 탄압하는 방식은 일제가 즐겨 사용했던 방식으로 간도특설대 역시 이 범주안에 있다. 하지만 간도특설대는 지역적으로 간도를 벗어나 직접 전투를 치른 무장단체라는 점에서 이전

---

129 일명 金澤俊南이라고 하며 1910년생으로 봉천만군군관학교를 졸업하였다. 간도특설대 제1연장으로 만군 상위이다. 경 6위 훈장을 받았으며 해방 후 한국으로 귀환하였다(『20세기 중국조선족력사 자료집』(1), 210쪽).

의 친일단체와는 구별된다. 차별성을 정리하면 다음과 같다.

첫째, 군대라는 특성을 들 수 있다. 간도특설대의 설립부터 군인들이 관여하였으며, 군관학교 및 각종 부대에서 위관급을 뽑아 지휘관으로 삼았다. 특히 간도특설대의 별칭을 담당 군인의 이름으로 불린만큼 군인들의 역할은 절대적이었다. 간도특설대는 1기부터 7기까지 배출하였는데 그 조직 역시 군대조직과 같았다. 또한 군대의 신속한 작전을 위해 둘 정도였다.

둘째, 지역적 범위를 벗어났다. 간도특설대는 1938년 설립 이후 약 5년간 간도지역에서 활동한 독립운동가를 색출하거나 항일무장단체를 탄압하는 활동을 전개하였다. 1944년부터는 치열하게 전투가 전개되었던 열하성으로 활동무대를 옮겼다. 열하성에서 전투능력을 인정받아 하북성으로 활동영역을 넓혔다. 따라서 간도특설대는 1944년 이후부터는 '간도특설대'라는 이름이 무색할 정도로 간도를 벗어나 산해관 지역으로 다시 활동무대를 넓혔다.

셋째, 대민 공작의 최전선에 있었다는 점이다. 간도특설대는 설립부터 대민활동에 주력하였다. 마을로 직접 가서 선전활동을 전개하거나 그것이 미진할 때는 그 마을을 '소탕'하는 잔인한 방법을 사용했다. 활동영역을 열하성과 하북성으로 옮기면서 그들의 대민활동은 정점에 달하였다. 특히 한인에 대한 나쁜 이미지를 심어주기에 충분한 활약(?)을 펼쳤다. 항일단체를 색출한다는 명목으로 마을 전체를 소각하거나 민간인을 학살한 예는 한인들로 하여금 일제가 간도특설대를 설립한 목적에도 부합하는 행동들이었다. 가장 악랄한 방법은 한인들이 쓴다는 것을 일반인에게 인식시키기에 충분하였다.

요컨대 간도특설대는 한인들로 구성된 무장단체였지만, 활동범위는 공간적·시간적 영역을 넘어 간도뿐만 아니라 만주지역과 열하성·하북성 일대에서도 가장 잔인하게 항일세력을 탄압한 세력의 대명사가 되었다. 이는 간도지역의 특수성—한인청년들이 가장 많이 거주하던 곳—을 이용하여 이들에 대한 보상 차원에서 간도특설대를 설립했음을 의미한다. 만주국에서 제시한 당근은 한인사회를 분열시켰으며, 이들의 활동은 해방 이후 한인사회를 또 한 번 흔들어 놓았다. 해방 공간 이들에 대한 처리 문제 등은 향후 좀 더 천착할 문제이다.

혼춘정의단

연변조선족자치주의 동남쪽에 위치한 혼춘琿春은 러시아와 북한의 접경
지역으로 오늘날에도 국경무역지대로서 기능을 발휘하고 있다.[130] 지금도
혼춘을 통해 블라디보스토크에서 한국의 속초를 오가는 배편으로 한국인
들이 왕래하고 있을 정도이다. 이러한 혼춘은 1860년 북경조약으로 연해
주가 러시아령으로 편입되면서 중국과 러시아의 국경지대가 되었다.[131]
특히 1880년대 청나라 정부에서 혼춘에 초간국을 세워 국경지역의 방비
및 무역 등을 관장하면서 중국인을 본격적으로 보호하기 시작하였다.

　혼춘지역은 1860~1870년대 함경도의 대가뭄으로 한인들이 대거 이주

---

130 혼춘의 1990년 현재 조선족 인구는 92,600명이다(심혜숙, 『중국 조선족 취락지명
　과 인구분포』, 연변대학출판사, 1992, 72쪽).
131 1860년 북경조약 이후 러시아는 지속적으로 군대를 주둔시켰으며, 1868 · 1875
　년 · 1878년 3차례에 걸쳐 군사적 침범을 자행하였다(김춘선, 「청조의 북간도 개
　척정책과 한인」, 『북간도지역 한인민족운동』, 독립기념관 한국독립운동사연구소,
　2008, 318쪽).

하면서 이른바 간혼間琿지역의 하나로 불렸으며, 특히 일제강점기에는 항일투쟁의 근거지이기도 하였다. 안중근의 경우 혼춘의 황병길과 소통하면서 항일독립운동의 의지를 보다 확고히 하였다. 연해주와 접경이라는 혼춘의 특성상 이러한 현상이 가능하였다. 1917년 러시아의 볼셰비키 혁명이 성공하면서 북간도지역에도 새로운 사조가 유입되었으며, 이는 또다른 형태의 항일독립운동을 가능케 하였다. 혼춘지역도 예외는 아니었다. 혼춘지역에서 항일독립운동의 열기가 거세질수록 일본 제국주의 입장에서는 러시아와 접경이라는 지역적 특성이 항상 고려의 대상이었으며, 이를 제거하기 위해 1920년 9월과 10월 두 차례의 '혼춘사건'을 조작하여 항일근거지를 탄압하고 항일무장세력을 거세하려 했다. 즉 한반도에 주둔하고 있는 조선군을 외국 영토에 임의로 투입하는 외교적 결례를 무릅쓴 이른바 '간도침공'을 자행하였다. 이 과정에서 한국독립운동사상 큰 전과의 하나였던 청산리전투에서 승전을 올릴 수 있었으며, 일제는 더욱 강력하게 간도지역 한인사회에 대한 탄압을 벌이게 되었다. 이로 말미암아 한인사회는 물론 항일독립운동세력도 한동안 위축될 수밖에 없었다.

1930년대 혼춘지역은 대황구를 비롯하여 가장 강력한 항일유격근거지였다. 1920년대 항일세력의 맥을 이어받은 동만특위는 혼춘지역에서 춘황투쟁 등을 전개하면서 만주국의 치안숙정 등에 대항하였다. 이렇듯 혼춘은 지역적인 특수성으로 인해 일제의 관심이 매우 컸던 곳이며, 중국의 중앙관청이 북간도에서 가장 먼저 설치되는 곳이었다. 본 장에서 대상으로 삼은 혼춘정의단은 만주국 설치 이후 혼춘지역의 특징을 엿볼 수 있는 상징적 단체이다. 지금까지 혼춘정의단에 대한 본격적인 연구는 없는 실정이다.[132] 이는 자료적 한계뿐만 아니라 그 동안 친일단체에 대한 본격적인 연구가 전반적으로 진행되지 못한 분위기에 편승한 결과이기도 하다. 따라서 본 연구에서는 혼춘정의단에 참여했던 인물들의 구술자료를 바탕으로 혼춘정의단의 성립배경·조직체계·활동·해산 등을 규명하려고 한다. 특히 혼춘정의단은 1933년에 설립된 혼춘상조회의 후신으로, 이른바 '귀순작업'을 통해서 항일무장세력을 무력화시키는데 주력하였다. 하지만 지금까지 이러한 활동은 구체적으로 규명되지 않았으며, 이후 간도협조회와 간도특설대 설립과 어떠한 연관이 있는 지도 명확하게 밝혀지지 않았다.[133]

이 글에서는 혼춘정의단의 명칭이 어떻게 명명되었는지를 추적해보고 나아가 주요인물을 분석함으로써 조직의 특징을 도출하고자 한다. 뿐만 아니라 혼춘정의단 성립과정에서 일제의 특무기관이 어떠한 역할을 하였는지, 그 활동은 구체적으로 어떠하였는지를 살펴보고자 한다. 특히 해산 이후 혼춘지역을 비롯한 간도지역에서 영향력의 실체를 규명하는 것을 이 글의 목적으로 삼고자 한다.

---

132 김철수, 「혼춘정의단」, 『연변문사자료』 3, 187~193쪽. 김철수의 글은 혼춘정의단을 개략적으로 설명하고 있을 뿐이다.
133 간도협조회, 간도특설대에 관한 연구는 다음과 같다.
   손춘일, 「간도조선인 친일단체 간도협조회에 관한 연구」, 『정신문화연구』 20, 한국정신문화연구원, 2002 ; 김주용, 「만주지역 間島協助會의 조직과 활동」, 『한국민족운동사연구』 55, 2008 ; 김주용, 「간도특설대의 활동과 성격」, 『한일관계사연구』 28, 2008.

혼춘정의단 설립 배경

혼춘지역은 청나라에서 북간도 일대에 처음으로 초간국을 세워 연길 등 그 밖의 지역을 관할하는 중심지역이었다. 혼춘은 수선·용지·덕혜·흥인·순의·숭례·경신·춘화 등 8개 향으로 이루어졌다.[134] 춘화·덕혜·숭례향은 오지로 산악이 험준하고 천연 밀림지대였고, 이에 반하여 경신을 비롯한 나머지 향은 평원지대로서 비옥한 편이었다. 특히 혼춘하 유역은 관개시설이 편리하기 때문에 수전경영이 가능하였으며, 1930년대 이후 점차 수전농업이 증가하는 추세였다.[135]

뿐만 아니라 지역적으로 러시아와 인접해 있어 독립운동가들은 이곳을 근거지로 연해주와 연계하여 독립운동을 펼쳐 나갔다. 그러한 면에서 북일학교는 독립운동가들이 인재를 양성하는 교육기관이자 독립운동의 '보급창고'였다. 북일학교는 양하구·김남극 등이 주도하여 1917년에 세운 민족교육기관이다.[136] 하지만 북일학교의 운영이 순탄한 것은 아니었다. 1919년 북일학교의 교장 양하구가 일본 외무성경찰에게 체포되어 서대문형무소에서 3년간 복역한 사실에서 북일학교의 상황을 능히 짐작할 수 있다.[137]

이러한 사회적 분위기 속에서 혼춘지역에서는 3·13운동을 기점으로

---

134 李澍田, 『珲春史志』, 吉林文史出版社, 1991, 45쪽.
135 『滿蒙各地ニ於ケル鮮人ノ農業關係雜件(8)』, 「在滿朝鮮人槪況 年次報告書 提出ノ件」(1936. 10. 30, 機密 제314호)
136 연변문사자료위원회 편, 『연변문사자료』, 5, 202쪽.
137 장석흥, 「북일학교」, 『명동학교 창립 100주년 기념학술회의 발표문』, 2008, 126쪽.

본격적인 독립운동단체가 탄생하
였다. 황병길 등이 주도한 대한국
민의회 혼춘지부가 1919년 4월
에 설립되었다. 이 단체에는 북
일학교 출신들이 간부로 활동하
였으며, 결사대를 조직하여 군자
금 모집 등의 활동도 전개하였다.
1920년 초 국민의회 혼춘지부는
혼춘한민회로 개명하였으며, 황
병길은 이 단체를 바탕으로 포수
단과 의사단을 합쳐 군무부를 설
립하였다.[138] 군무부의 활동은 북

혼춘 시내

간도지역에 국한된 것이 아니라 함경북도와 함경남도까지 그 영역을 넓
혔다. 주로 무장투쟁을 통한 독립운동의 방법을 견지했다.

　한편 1920년 혼춘은 한국사에서 매우 중요한 사건을 통해 그 이름을
각인시켰다. 이른바 '혼춘사건'[139]이 그것이다. 이 사건은 청산리대첩과
일제의 간도침공을 초래하였다. 1920년 중국 마적은 9월 12일과 10월
2일 두 차례에 걸쳐 혼춘을 습격했다. 왕사해王四海(일명 만순萬順)가 주동이

138 김동화, 『중국 조선족 독립운동사』, 느티나무, 1991, 76쪽.
139 『日本外交史事典』, 山川出版社, 1992에서도 외교적으로 매우 중요한 혼춘사건을
　　단독항목이 아닌 '간도출병' 항목에 포함하였으며, 이 사건을 마적단 가운데 '불령
　　선인' 100여 명 포함(212쪽)이라고 서술하였다. 1920년 일본 정부가 내세운 주장
　　을 이 사전에서도 여과 없이 게재하고 있음을 알 수 있다.

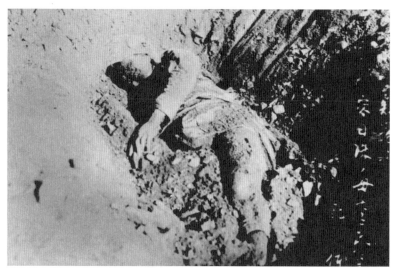

계관산에서 중국 마적에게 참살된 안일수의 모친

마적들이 사용한 무기

되어 일으킨 제1차 혼춘사건으로 혼
춘의 중국경찰서·육군병영·헌병대
병영·현공서·일본영사관 등의 건물
이 파괴되는 결과를 낳았다. 한인경
영 상점 15개소도 약탈당하는 피해
를 입었다.[140] 이렇게 마적들이 적극
적인 활동을 전개한 것은 일제측의
암묵적인 동조가 없이는 불가능한 것
이었다.

---

140 박창욱, 「혼춘사건과 '장강호' 마적단」, 『역사비평』 여름호, 2000, 254쪽.

만주지역 친일단체

혼춘사건은 일제가 사전에 조작한 것인데 1920년 10월 2일 혼춘영사분관 주임 추주秋洲는 '혼춘을 습격한 400여 명 가운데 이른바 '불령선인'이 100여 명이며 러시아인도 있다'고 혼춘이 아닌 경원慶源에서 전보를 쳤다.[141] 그런데 당시 경원은 혼춘과는 20km 정도 떨어진 곳이며, 혼춘을 습격한 마적들이 아직 철수하지 않은 상황에서 '불령선인' 운운하는 것은 마치 미리 각본을 짜놓고 그것에 억지로 끼워 맞추었다는 인상을 지울 수 없다. 특히 마적단이 혼춘일본영사관 등을 습격하고 돌아갈 때 일제는 군대를 동원해서 그들을 추격하지 않았으며, 오히려 항일단체나 독립운동가를 탄압하는데 주력하였다. 여기에는 일본군부 내의 북간도 및 연해주 지역 한인독립운동단체에 대한 탄압 계획이 세밀하게 추진되었음을 알 수 있다. 특히 일본 군부의 주요 보직이 변동되었는데, 제12사단장 오오이大井는 블라디보스토크 파견군 사령관으로 승진하였으며, 원 사령관이던 오바 지로大庭二郎 중장은 조선주둔군 사령관으로 자리를 옮겨 바로 '간도불령선인토벌계획'을 작성하여 이를 실행하였다.[142]

혼춘은 바로 '간도침공'의 작전센터였다. 일본영사관은 당시 독립운동단체와 한인사회의 동향을 감시했다. 이들은 일본군과 연결하여 독립운동가의 인적사항과 동향, 단체의 병력과 장비상황 등을 예의 주시하면서 정보수집에 적극적으로 가담하였다. 이를 위해 일제는 먼저 통신시설을 확충하는데 주력했다. 육군성에서는 조선총독부에 의뢰하여 경원慶源과 훈융訓戎 간 체신 전신주에 군용전신선을 첨설하였다. 이는 혼춘과 가까운

---

141 姜德相, 『現代史資料』 28, 132쪽.
142 박창욱, 앞의 글, 261쪽.

지역을 먼저 통신으로 연결하면서 원거리에 대한 정보를 가시적으로 확보하기 위함이었다.[143] 일제가 제19사단과 20사단뿐만 아니라 블라디보스토크 파견군 제11·13·14사단까지 동원하여 간도 및 남부 연해주지방의 항일단체를 탄압하고자 할 때 가장 시급히 해결해야할 문제가 통신이었다. 이렇듯 빠르게 통신선을 가설한 일제는 무자비한 탄압으로 간도 한인사회를 유린하였다.[144] 일제의 '간도침략'에 대응하여 한인사회는 간도국민회를 중심으로 항일무장투쟁을 전개했다.

1932년 이후 간도지역 항일무장투쟁은 동만특위가 중심이 되어 진행되었다.[145] 당시 동만특위는 민중의 무장을 통한 민족혁명전선을 구축하고 이를 통해 유격활동을 전개하려고 하였다. 이에 반해 일제는 항일세력에 대한 귀화 및 회유정책을 펼쳤으며 다른 한편으로는 저항운동을 철저하게 탄압하는 정책을 실시하였다.[146] 혼춘지역의 경우 1933년 동만특위 김성도가 혼춘현은 일제의 통치구가 아닌 우리들의 유격구라고 강조한 데서 알 수 있듯이 항일전을 준비하는데 매우 중요한 지역임을 알 수 있다. 이러한 가운데 1933년 9월 혼춘항일유격대 30여 명이 동녕현성 전투 후 적의 습격을 받아 양태성을 비롯한 13명의 대원들이 희생당하는 사건

---

143 김주용, 『일제의 간도 경제침략과 한인사회』, 선인, 2008, 72~73쪽.
144 간도침공으로 살해된 한인의 수는 3,500여 명이었으며, 이 가운데 항일독립운동가들도 다수 포함되었다. 북일학교 부교장 김남극도 이 과정에서 일본군에 의해 대황구에서 살해되었다(독립기념관 한국독립운동사연구소, 『국외독립운동사적지 실태조사보고서』7, 2007, 94쪽).
145 김주용, 「1930년대 만주지역 한인청년운동」, 『한국민족운동사연구』40, 2004, 55쪽.
146 김주용, 「1930년대 만주지역 한인청년운동」, 57쪽.

경신참변 때 희생당한 한인들을 추모하는 장암동 기념비

이 발생하기도 하였다.[147]

1934년 일제의 치안숙정이 더 거세지자 동만특위 역시 항일투쟁의 역량을 강화하기 위해 각 현에 청년의용군을 창설하였다. 청년의용군은 소년선봉대와 반일자위대원 가운데 청년을 선발하여 결성한 준 군사적 조직이었다.[148] 혼춘청년의용군은 결성 이후 인민혁명군에서 파견한 교관에게서 엄격한 군사훈련을 받았다. 이들의 활동은 적정을 정탐하고 친일파를 처단하는 등의 활동을 전개하였다.[149] 청년의용군은 동북인민혁명군

---

147 현재 대황구 13열사묘는 혼춘시에서 새롭게 단장하여 혼춘유격대 근거지로 성역화하였다(2007년 8월 30일 독립기념관 해외사적지실태조사시 확인).
148 김주용, 「1930년대 만주지역 한인청년운동」, 2004, 59쪽.
149 김동화, 『연변청년운동사』, 연변민족출판사, 1988, 179쪽.

제2군과 같이 무장항일세력과 연합하여 일본군의 탄압에 맞서기도 하였다. 1934년 대황구에서 동북인민혁명군 제2군 제2독립사와 연합한 청년의용군과 일본군이 격전을 치렀으나 불행하게도 청년의용군 20명이 체포되는 사건이 발행하였다.[150] 이후에도 청년의용군은 일본군과 크고 작은 전투를 여러 차례 치렀다.

만주국은 성립부터 치안유지를 위해 진력하였다. 이는 그만큼 항일무장투쟁세력의 활동이 활발하였음을 반증하는 것이기도 하다. 혼춘현은 러시아와 접경지역이기 때문에 항일투쟁에서 지역적 특징을 잘 이용할 수 있는 지역이다. 일제는 혼춘지역에 많은 친일단체를 설립하여 항일세력을 탄압하고 일반 이주한인과 연계를 차단하는데 주력하였다. 그러면서 '치안숙정' 등을 감행하여 한인을 보호하기 위함이라고 선전했다.[151]

1936년 혼춘현에는 '만주사변' 이후 피난갔던 원 거주 한인들이 귀향하여 토목공사와 사금채취 등에 종사하는 자가 증가하여 거주 한인은 총 호수 12,015호, 인구는 60,657명이었다. 1935년에 비하여 호수 707호 인구 7,945명이 증가하였다.[152] 이주한인의 직업은 혼춘·합달문·마적달·토문자·밀강 등 소도시에서 상공업·관공리·교원·자영업자 등을 제외하고 농민이 85%에 달할 정도로 농업이 압도적이었다. 이른바 지주계급은 적었으며 일부 자산가 등을 제외하면 대부분 소작인 또는 노동자 생

---

150 『在支滿本邦』 34-2, 「領事館警察署勤務規程第22條報告」(1935. 1. 15).
151 위와 같음.
152 『滿蒙各地ニ於ケル鮮人ノ農業關係雜件(8)』, 「在滿朝鮮人概況 年次報告書 提出ノ件」(1936. 10. 30, 機密 제314호)

활을 영위하고 있었다.[153] 일제로서는 농민에 대한 항일세력들의 침투를 차단하고 러시아 접경지역의 특수성 등을 감안하면서 한인으로 한인을 통제하기 위한 방법을 강구할 수밖에 없었다. 이러한 배경 하에 탄생된 것이 혼춘상조회이며, 이를 계승한 것이 혼춘정의단이었다.

혼춘정의단 조직체계

혼춘정의단[154]은 혼춘일본영사분관과 일본헌병대의 통제를 받으면서 항

---

153 위와 같음.

154 혼춘정의단의 단명은 일본제국주의의 우익단체 가운데 하나인 대일본정의단에서 유래한다고 할 수 있다. 대일본정의단은 1921년에 일본에서 설립된 반공산주의 단체로서, '만주사변' 이후 후쿠오카현 지사 小栗一雄은 내무대신, 조선총독부 경무국장 앞으로 대일본정의단 九州 본부의 만주 진출에 관한 서신을 발송하였다. 이 서신에는 대일본정의단의 만주진출 계획과 만주로 이주하기를 희망하는 자를 모집하는 내용이 있다(外務省外交史料館, 『本邦ニ於ケル反共産主義運動關係雜件』 14. 大日本正義団』(1932. 7. 21). 특히 대일본정의단은 만주정의단으로 단명을 바꿔 활동하였다. 일본정의단주 盟酒井榮藏은 단원 100여 명을 심양과 장춘에 파견하여 만주정의단 조직의 정당성을 만주국 정부에 홍보하였으며, 1932년 9월 8일 봉천 성내 소북관에서 만주정의단 성립식을 개최하였다(外務省外交史料館, 『本邦ニ於ケル反共産主義運動關係雜件』 15. 満州正義団(1932. 9. 12). 이처럼 혼춘정의단은 대일본정의단, 만주정의단과 같은 반공산주의단체이며, 반항일무장단체의 맥을 잇기 위해 성립된 단체이다. 다만 설립시기에 대해서는 재론의 여지가 있다. 앞의 자료에서는 설립시기를 1921년으로 기록하고 있으나, 다른 자료(石川龍成, 『日本愛國運動總攬』, 1932, 30쪽)에서는 1925년 2월로 규정하였다. 두 사료가 거의 같은 시기에 생산되었다는 점을 고려할 때 앞으로 이에 대한 면밀한 검토가 필요하다.

일무장투쟁세력에 대한 파괴와 '귀순자' 처리를 위해 설립된 단체였다. 그러면 혼춘상조회의 설립과 혼춘정의단으로 변화하는 과정을 살펴보겠다.

만주국 설립 직후인 1932년 8월 혼춘헌병대에서는 혼춘 귀순자심사위원회를 설치하여 '귀순자'들을 취급하게 되었다.[155] 혼춘헌병대에서는 귀순자를 이용하여 항일무장세력을 붕괴시키려는 대책을 강구하였다. 이러한 방침에 따라 1933년 1월 1일 혼춘상조회가 발족되었다. 성립대회에는 30여 명의 상조회 회원들이 참석하였으며, 장소는 헌병대 청사였다. 회장에는 김정,[156] 총무에는 최용범, 간사에는 장인춘·김인수·강동춘·이월봉 등이 임명되었다.[157] 특히 혼춘헌병대장이 고문을 맡았다는 사실에서 상조회의 성격을 쉽게 짐작할 수 있다.[158]

혼춘상조회는 귀순활동에 초점을 맞추었다. 이는 만주국 성립 이후 지속적으로 전개해온 치안숙정의 한 방법으로 사용되었으며, 특히 반민생단 사건과 맞물려 그 파괴력은 점차 배가되었다. 혼춘상조회에서는 매달 1일과 15일에 회원들 상호간 경험담을 통해 '일본제국주의에 귀순'한 것

---

155 최석승, 「혼춘상조회」, 『연변문사자료』 3, 185쪽. 1933년 1월 「귀순공비처리규정」을 제정하여 본격적인 '귀순자' 문제를 처리하였다. 이는 간도총영사관에서 관장하였다(李洪錫, 『日本駐中國東北地區領事館 警察機構硏究』, 延邊大學出版社, 2008, 418쪽).

156 김정은 3·1운동에 참가한 후 중국으로 망명하였다. 그는 혼춘 상조회 투항공작대에 참가하였으며, 상조회 해산 이후 장춘에서 병사하였다. 『20세기 중국조선족력사 자료집』(1), 141쪽.

157 『滿蒙各地ニ於ケル鮮人ノ農業關係雜件(8)』, 「在滿朝鮮人槪況 年次報告書 提出ノ件」(1936. 10. 30, 機密제314호)

158 고문에는 영사분관 주임, 혼춘경찰서장 혼춘조선인민회장, 협화회사무처 처장 등이 선임되었다.

을 격려하거나 맹세하는 시간을 가졌다. 회원수는 본부에 140명, 동흥진에 310명, 마적달에 48명이었다. 혼춘상조회는 1934년 회원들의 '귀순'과 '개조'작업을 끝마치고 혼춘정의단으로 개편되었다.[159]

혼춘상조회는 투항한 사람들을 사상적으로 선전 교육하며, 교육을 이수한 사람들에게는 투항증(귀순증)을 수여하였다.[160] 상조회는 매달 한 차례 정기회의를 소집하였으며, 초기에는 수백 명이 이 회의에 참석하였다.[161] 회의 내용은 주로 헌병대장·외무성경찰서·현공서 등에서 사상전환에 대한 강화와 시정에 대한 선전 등이었다. 회의 주체는 헌병대였다. 투항자들은 대부분 헌병대 및 경찰토벌대에 의해 붙잡힌 항일투사였다. 이들은 일정기간 교육을 받고 다시 항일투사들을 탄압하기 위한 토벌대의 일원으로 '작전'에 참여하였다.

상조회 투항공작대원으로는 김인수·박두남·김정·양복석·김홍락·안채욱·채관규·마창권 등이 있다. 항일근거지였던 혼춘 대황구에서 항일무장세력과 교전하여 이들을 붙잡아 '귀순'하게 하였다.[162] 공작대는 일반회원들로 구성된 것이 아니라 정예요원들만을 선발해서 구성하였다. 그만큼 그들의 사업이 중요하였음을 의미한다. 하지만 상조회 투항공작대의 활동이 원칙에 의해 움직이는 것만은 아니며 시기·인원·환경에 따라 진행되었다. 또한 상조회의 활동이 '귀순작업'에 국한된 것은 아니다. 일반노동자들의 노동장 분배에도 관여하였다.

---

159 최석승, 「혼춘상조회」, 186쪽.
160 『20세기 중국조선족력사 자료집』(1), 143쪽.
161 『20세기 중국조선족력사 자료집』(1), 144쪽.
162 위와 같음.

혼춘정의단은 혼춘상조회의 후신으로 설립하였다. 설립시기는 정확하지 않지만 1934년 또는 1935년경으로 보고 있다.[163] 혼춘정의단은 '악사상(사회주의 : 필자)을 배척하여 황도정신을 고양함으로써 민족적 편견을 버리는'데 설립목적이 있었다.[164] 강령을 보면 설립목적을 보다 명확하게 알 수 있다. 강령은 첫째, 황도주의와 황국신민화의 사상을 선전하며, 둘째, 소련에 있는 조선동포를 구제하고, 셋째, 민족의 편견을 버린다. 이처럼 혼춘정의단은 일본제국주의의 선전 홍보기관 및 한인 감시기관이었다. 무엇보다도 혼춘정의단의 항일무장세력을 '토벌'하고 정보를 수집하며, '귀순자'를 대상으로 한 활동에서 혼춘상조회와 그 맥락이 같음을 알 수 있다. 혼춘정의단의 가입 연령은 18세부터 35세까지로 정하였다.[165]

혼춘정의단 건립 주체는 헌병대이다.[166] 당시 헌병대장은 상조회의 합병과 혼춘정의단의 개편을 다음과 같이 밝혔다. "상조회는 한 시기 문제이며 귀순한 사람들의 사상문제가 기본상 해결되었기 때문에 이제부터

---

163 『봉화, 중국조선민족발자취총서』 3, 247쪽에서는 혼춘정의단의 설립시기를 1934년 7월로 보았으며, 『滿洲日報』 1935년 6월 4일자, 『在滿朝鮮人動態(3)』에서는 1935년 2월 11일 발회식을 가졌다고 했다. 이는 1934년 7월경에 창설되었지만 다음해 천장절인 2월 11일에 발회식을 가져 상징성을 돋보이게 한 것은 아닌가 여겨진다.

164 『滿蒙各地ニ於ケル鮮人ノ農業關係雜件(8)』, 「在滿朝鮮人概況 年次報告書 提出ノ件」(1936. 10. 30, 機密 제314호)

165 『滿洲日報』, 1935년 6월 4일자에서는 혼춘정의단의 가입연령을 20세에서 40세라고 하였다.

166 혼춘헌병대는 간도헌병분단 소속이며 만주국 헌병단 제6단에 속해 있었다. 간도헌병분단은 만주국에서 유일하게 '한인' 헌병군관이 존재하였다(中央檔案館, 『僞滿憲兵統治』, 中華書局, 1993, 365쪽).

〈표 1〉 혼춘정의단 조직표

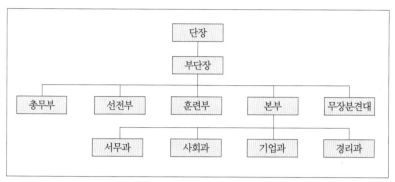

* 『20세기 중국조선족력사 자료집』(1), 112~115쪽. 『연변문사자료』 3, 188~190쪽.

는 정의단을 조직하여 귀순한 사람들의 직업문제를 해결해야 한다"고 하였다.[167] 이에 따라 정의단장은 경제기관을 설치하거나 경영하여 정의단 및 정의단 설치 관련기관의 재정을 확보해야 한다고 했다. 첫 회합에 200여 명이 참석하였다. 회의 이후 혼춘연락소·경신연락소·마적달연락소·동흥진연락소 등 지방 연락소를 설치하였다. 연락소의 주요 임무는 소속된 지방의 귀순자들의 이동 사항을 정의단 본부단장에 보고하는 것이었다.[168] 혼춘정의단의 조직 구조를 정리하면 〈표 1〉과 같다.

혼춘정의단 단장은 김기룡(김길룡, 김제동)[169]이며 부단장에는 박두

---

167 『20세기 중국조선족력사 자료집』(1), 149~150쪽.

168 1935년 6월경에 혼춘정의단의 회원은 약 300명 정도라고 한다(『만주일보』 1935년 6월 4일자).

169 『不逞團關係雜件 – 朝鮮人ノ部 – 鮮人ト過激派(1)』, 「鮮人ノ不穩文書 發見ニ關スル件」(1921. 4. 8, 中 제1294호). 전한국민의회 의장에는 문창범, 김기룡(단지동맹 결성)은 외무부장에 선임되어 활동하였다. 여기에 나온 김기룡이 혼춘정의단의 김

남[170]이 선임되었다. 본부는 단장을 도와 단의 모든 업무를 취급하였으며, 부장은 조규팔이었다. 본부에는 서무과(과장 이탁, 부과장 신인묵), 사회과(과장 윤귀동), 기업과(과장 야마나카), 경리과(과장 겸 회계 박원성)를 두었다. 서무과는 단내의 모든 문건과 문건 번역 및 각과의 계획을 관장하였으며, 사회과는 '귀순자'에게 일만친선[日滿親善]의 '교양교육'을 실시하였다. 특히 『정의』라는 잡지와 삐라를 발행하였고 항일군인 가족을 동원하여 투항토록 설득시키는 업무를 담당했다.[171]

본부 외에 총무부(부장 후루다)·선전부(부장 윤규현)·훈련부(부장 유선장, 부부장 다나카, 김인수)를 두었다. 총무부는 상급기관과 연계를 책임지고 단원 교양업무를 담당하였다. 선전부는 반공선전 실시와 선전물 인쇄 및 배포와 소련에 대한 정보를 수집했다. 그 밑에 정치과를 두었으며 과장은 박두남이 겸임하면서 주로 소련정보를 수집하였다. 혼춘정의단의 부서 가운데 가장 규모가 큰 부서는 훈련부로 부부장이 2명이며, 무장 분견대[172]의 무기를 관리하고 훈련을 조직적으로 실시하여 '귀순자'의 사상

기룡인지에 대해서는 좀 더 면밀한 검토가 필요하다.

170 『不逞團關係雜件 – 朝鮮人ノ部 – 在滿洲의 部(43)』, 間島及琿春地方 朝鮮人ノ結社團體 調査報告ニ關スル件』(1926. 6. 26, 第627號), 『時代日報』, 1926년 1월 7일자. 박두남은 독서회를 통해 항일운동을 전개하였으며, 이주화·여남수 등과 함께 강연 연사로서 활동하였다. 1933년 초 혼춘현 항일유격총대를 결성할 때 제3 대대 정치위원이 되었지만 민생단 사건에 연루되어 1934년 봄 혼춘 일본헌병대에 투항하였다(강만길·성대경, 『한국사회주의운동인명사전』, 창작과비평사, 1996, 186쪽).

171 『20세기 중국조선족력사 자료집』(1), 152쪽. 혼춘정의단은 1935년경 6월부터 그 단세가 확장되기 시작하였다.

172 '귀순'작업 또는 항일무장세력 탄압시 무장대오를 갖추었다.

〈표 2〉 무장분견대 및 중대 일람표

명칭	대장	성립시기	주요 인물	인원	주요 임무	비고
이도구분견대	김인수	1937	이일, 김홍락, 양호석, 최삼림	30	항일유격대의 공격 방비, 항일유격대 와 일반인 간의 연 계 차단	금광, 목재 채벌 장 경비
대북성분견대	최경웅	1937		30	집단부락과 금광 경비	
대서남차분견대	박순	1937			금광 경비	
동흥진무장분견대	강동훈	1937. 4			일본특무기관에서 소련 파견시 특무 수송	석탄운송
훈춘중대	권용활	1936			항일무장단체 및 소련 정보 수집. 귀 순자 동태 파악	
하다문중대	김두한	1936			위와 같음	
마적달중대	오현찬	1936. 3	오상조	50	위와 같음	산업에도 종사
동흥진중대	황진식	1935	최동수, 전병욱		위와 같음	
경신중대	김만종	1936	김재곤		위와 같음	문맹퇴치, 체육활 동 병행

* 『20세기 중국조선족력사 자료집』(1), 105~106쪽·115~117쪽. 『연변문사자료』 3, 189~
190쪽.

동향을 면밀하게 감시하는 역할을 담당하였다. 특히 무장분견대는 항일
무장세력에 대한 탄압의 강도를 높이기 위해 설치되었다. 혼춘정의단의
항일무장세력과 전투를 전개했던 무장분견대 및 중대 상황을 정리하면
〈표 2〉와 같다.

〈표 2〉에서 알 수 있듯이 무장분견대와 중대는 혼춘과 연해주 지역 접
경지역에 많이 배치되어 있었다. 당시 무장 분견대는 '귀순자' 가운데 전

투경험이 있으며, 일제에게 충성하는 친일분자를 선발하여 조직되었다.[173] 인원은 대략 30~50명 정도였다. 분견대와 중대는 항일무장세력에 대한 탄압뿐만 아니라 혼춘정의단의 재정확보와 연관되는 금광의 경비 및 목재채벌장 경비, 문맹퇴치나 체육활동과 같은 대민활동도 병행하고 있었다. 즉 항일무장세력으로부터 일반 이주한인을 분리시키기 위해 적극적으로 활동하였음을 알 수 있다. 혼춘정의단의 주요인물을 정리하면 〈표 3〉과 같다.

혼춘정의단 단장과 부단장을 통해서 알 수 있듯이 이들은 대부분 항일투쟁경력을 가지고 있다. 박두남의 경우는 민생단 사건에 연루되어 그의 상관을 살해하고 혼춘헌병대에 투항하면서 친일의 길로 나섰다. 혼춘정의단에서 활동하면서 박두남은 간도협조회와 긴밀한 협력 관계를 유지하였고, 혼춘정의단 해산 이후 협화회의 일원으로 활약하였다. 연령은 30~50대로 사회적으로 안정적인 직업을 가질 시기이며, 주요 구성원들은 혼춘정의단 가입 이전 인텔리들이 선호하는 직업을 가지고 있었다. 교원과 경찰 출신들이 많았다. 혼춘정의단 해체 이후 단원들은 정의단과 연결된 단체에서 계속 활동하거나 일본 또는 국내로 귀환하기도 하였다. 활동업무는 소련정보를 파악하거나 항일유격대와의 교전 등을 통한 '귀순공작'이 대부분이었다.[174] 특히 혼춘의 지리적 특성 때문에 러시아 정보에 대해서 민감하게 반응하였으며, 업무의 대부분이 이에 치중되어 있는 것은 혼춘정의단의 특성을 고스란히 말해주고 있는 것이다.

---

173 『20세기 중국조선족력사 자료집』(1), 117쪽.
174 박두남이 그 중심에 있었다. 『20세기 중국조선족력사 자료집』(1), 94, 112쪽.

만주지역 친일단체

〈표 3〉 혼춘정의단 주요구성원

이름	연령	소속 및 직위	주소	경력	주요 활동	비고
김기룡 (김제동)	35	정의단장	서울		항일투사 귀순	
박두남	35	부단장		훈춘현위원회 간부	민생단 사건 이후 변절하여 귀순공작 진행. 소련정보 수집	해방 후 행방불명
신은묵	52	서무과 부부장	훈춘현 하다문	초등학교 교원	소련과 유관된 정보 수집 및 번역	정의단 해체 후 혼춘동만 철도에 근무
최동수	63	동흥진 중대장	왕청현 서대파	경흥경찰서 순사. 밀정	만주와 소련의 정보를 수집, 항일투사 귀순	밀정비로 매달 20월 수령
윤희장	50	훈련부장	서울	중학교 교원	군사훈련, 귀순자 관리	
고전 상사	30	총무부장		교원	단원에 대한 교육실시. 단장 유고시 대리	해체 후 한반도로 이동
윤귀동	30	사회과장	서울	신문기자	잡지「정의」출판	
조규팔	40	본부장	서울	한문교원	단장 보조	김기룡과 동서지간
이 탁	30	서무과장		경찰	문서생산, 목탄 판매	
상중맹		기업과장			탄광, 농장, 목재, 목탄과 도선 수입	일본으로 귀국
김인수	30	훈련부 부부장		항일유격대	귀순공작	상조회 시기부터 활동
김두찬	40	하다문중대장		교원	소련정보와 항일유격대 정황 파악	
권용활	30	훈춘중대장			위와 같음	

* 『20세기 중국조선족력사 자료집』1, 92~96쪽.

혼춘정의단의 활동과 해산

'귀순작업'과 항일무장세력 탄압

혼춘정의단은 민과 접촉을 중요시 여겼으며, 이주한인을 보호한다는 이미지를 제공하는데 주력하였다. 먼저 마을마다 목재 채벌장에 무장대원을 배치하였다. 명목상 '공비'로부터 마을을 안전하게 지키기 위함이라고 선전했다. 특히 '집단부락'이 설치되면서 혼춘정의단의 '경비'는 주요한 활동 가운데 하나가 되었다. 기존 집단부락 설치시 민회가 앞장서는 경우가 많았지만 혼춘지역에서는 민회와 정의단이 유기적으로 활동하고 있었다. 집단부락이나 '안전농촌' 설치에 민회가 앞장서는 경우가 많았다. 주하현 하동 안전농촌이 설치될 때도 주하현(현 상지시)일면파一面坡 조선인민회가 빠르게 움직였다.[175]

간도지역에서도 마찬가지로 민회가 앞장섰다. 북간도에 설치된 집단부락 가운데 혼춘현에만 4개의 집단부락이 설치되었다. 당시 집단부락에 수용할 농가를 선별할 때 조선인민회장이 이를 담당하였다.[176] 뿐만 아니라 민회는 수용 농민들의 사상까지 검열하기도 하였다. 만주국에서는 선별과 검열 작업을 한인에게 위임함으로써 이주한인들의 거부감을 제거하는 효과를 거둘 수 있다고 판단하였다. 이처럼 한인들을 전면에 내세워 새로운 이주민을 받아들이고 통제하는 방법은 '민생단' 사건 등을 통해서도 나타났다.[177]

주력 사업은 '항일세력탄압'과 이 과정에서 발생한 '귀순자' 처리였

---

175 『滿蒙各地二於ケル鮮人ノ農業關係雜件(3)』, 「一面坡朝鮮人民會ノ水田經營地調査二關スル件」(1932. 1. 28, 機密제55호).

176 金泰國, 『東北地區朝鮮人民會硏究』, 黑龍江朝鮮民族出版社, 2007, 230쪽.

177 김성호, 『동만항일혁명투쟁특수성연구 - 1930년대 민생단사건을 중심으로』, 흑룡강조선민족출판사, 2006, 46~47쪽.

다.[178] 이를 위해 혼춘정의단은 새로운 간부를 충원하려고 노력하였으며, 일정 정도의 교육을 이수한 간부들은 '귀순자' 처리 작업에 동원되었다. 훈련간부 모집은 복잡하지 않았다. 당시 훈련간부 모집 때 공문을 발송하였는데 주요 내용은 침구 및 세면도구를 휴대하고 소집 기간 내에 훈련부에 도착하라는 것이었다. 교련 기한은 약 1개월 이상이고 보통 여름에 실시하였다.[179] 훈련생 자격과 그 밖의 인원 장악은 김인수와 훈련부장과 훈련부부장이 담당했다. 일반적으로 본부에서 아침마다 단장 주도로 '천조대신'이라고 쓴 목패에 합장배례하였으며 각 부장 및 전체 단원들에게 일본정신으로 일치단결할 것을 훈시하였다.[180]

혼춘정의단은 무장을 하고 항일세력에 대한 탄압의 강도를 더해 갔다. 당시 보유한 무기는 권총 2자루, 경기관총 1~2정, 보총 30자루 정도였다. 이 무기는 김인수가 정리하고 관리하였다. 1936년 초 이도구파견대의 김인수·양호석·안채운 등 10여 명이 나자구 방면에 가서 항일유격대원 구선일 등 10여 명의 항일군중을 붙잡아 '귀순'시킨 일이 있다. 이 가운데 유격대원 구선일은 항일유격구에서 쓰던 무기를 가지고 이도구 정의단 파견대원으로 변절하였다.[181] 1936년 1월 5일 혼춘정의단에서 토벌대를 끌고 와서 금창에 남아 있던 특별지부 서기 박창주와 양분적 등 수십 명을 체포하였으며, 군중까지 모두 40명을 압송하여 백구로 갔다.[182] 이처럼

---

178 『20세기 중국조선족력사 자료집』(1), 85~86쪽.
179 『20세기 중국조선족력사 자료집』(1), 98쪽.
180 『20세기 중국조선족력사 자료집』(1), 98쪽.
181 『20세기 중국조선족력사 자료집』(1), 136쪽.
182 『연변문사자료』 1, 158쪽.

탄압을 통한 '귀순작업'이 광범위하게 진행되었다.

'귀순자'들은 탄압을 통해서만 생성되는 것이 아니라 선전 및 홍보를 통해서도 가능하다고 판단한 혼춘정의단에서는 『정의』라는 잡지를 발간하였으며,[183] 사회과장 윤귀영이 편집에 관여하였다. 잡지 내용은 일제를 위하자는 의미의 격서였으며, 특히 일본과 조선은 형제로서 호의적으로 단합하자는 취지의 글이 게재되었다.[184] 사회과에서는 연해주지역의 이주 한인들이 강제로 학살당하였다는 것을 강조하면서 "일본과 조선은 일치 단결하여 러시아의 침략으로부터 함께 투쟁해야 한다"는 내용의 보고문을 작성·배포하였다.[185] 선전을 강화하여 '귀순'을 자연스럽게 유도함으로써 불필요한 비용 지출을 최소화하려고 하였다.

한편 자체 예산을 통해 조직도 운영하였다. 먼저 도선장의 수입·목탄 판매 수입·이도구 농장소작료·특무기관의 보조수입·목재채벌 수입 등으로 경비를 충당하였다.[186] 이것만으로 조직을 운영하기가 벅찼는지 단장 김기룡은 만주척식회사로부터 3만 원을 차용하여 이를 운영비에 충당했다. 당시 대원들의 월급은 초기 12원이며 후기에는 18원이 지급되었다. 뿐만 아니라 1934년 5월 이도구 농장을 개발하여 이를 통하여 재정 확충을 기대하였다. 이도구는 1931년 9월 18일 '만주사변' 이후 토지가 완전

---

183 1937년 9월에 잡지 정의 6호가 발간되었다(『동아일보』 1937년 9월 7일 「정의6호, 간도혼춘가 정의단 본부 발행」).
184 『20세기 중국조선족력사 자료집』(1), 99쪽.
185 『20세기 중국조선족력사 자료집』(1), 109쪽.
186 『20세기 중국조선족력사 자료집』(1), 120쪽.

만주지역 친일단체

히 황폐한 상태로 다만 사금구에 금점 10여 호가 있었을 뿐이었다.[187] 정의단에서는 무장 인원 30여 명을 이도구에 파견하였는데, 파견대장은 김인수였다. 분대장으로는 이일·김홍락·양호석·최삼림 등이었다. 이도구 파견대원들은 대부분 항일유격구에서 무장경험이 있는 자들로 이도구의 금광 경비 업무를 담당하였다.[188]

뿐만 아니라 이도구의 부농과 중농들의 토지를 강제로 매수했다.[189] 즉 정의단에서는 공작대와 '부락'·금광을 운영하였는데, 전자는 항일연군과 일반인과 연계를 차단하거나 또는 항일연군의 활동을 탄압하는데 그 목적이 있었으며, 부락과 금광운영은 재정 확충에 그 목적이 있었다.[190]

단원들의 적극적인 파견근무를 통해 소속감을 강화시키고 조직활동 역량도 제고하고자 하였다. 1936년 권용활·강원명은 처음으로 정의단의 소개로 조선중앙체육학원에서 1년간 유학하고 귀환하였다. 귀환 후 권용활은 혼춘중대장을 맡았다.[191] 이처럼 단원들의 능력 배양과 현실정세 인식고양 및 소속감을 제고시키기 위하여 적극적인 투자를 아끼지 않았다. 김봉렬이 일본에서 1년간 유학하고 온 것도 이러한 맥락에서 이해할 수 있다.

---

187 이도구는 혼춘하를 끼고 있기 때문에 주변에 채금지역이 많았다. 1910년대까지 사금채취가 크게 성행하였다(김택 주필, 『해방전 연변경제』, 연변인민출판사, 1994, 27쪽).
188 『20세기 중국조선족력사 자료집』(1), 150~151쪽.
189 『20세기 중국조선족력사 자료집』(1), 146쪽.
190 『20세기 중국조선족력사 자료집』(1), 147쪽.
191 『20세기 중국조선족력사 자료집』(1), 156쪽.

특무기관과 협력

혼춘정의단이 설립될 당시 가장 영향력 있는 단체는 혼춘헌병대였다. 혼춘정의단 활동 역시 혼춘헌병대의 입김에서 자유로울 수 없었다. 따라서 혼춘헌병대는 정의단의 업무를 통제하거나 조율하는 상급기관이라고 할 수 있다.

혼춘정의단과 특무기관의 연계는 설립 초기 와다和田의 활동을 통해서 약간 짐작할 수 있다. 와다는 혼춘 특무기관에 있으면서 정의단에서도 임금 50원을 받았다. 와다와 혼춘정의단은 단장 김기룡의 매개로 이루어졌다. 이들 사이에는 항일무장투쟁에 대한 인식뿐만 아니라 경제적인 이해관계가 얽혀 있다. 하지만 설립초기에만 활동하였으며, 이후에는 주로 특무대장 다나카가 혼춘정의단과 연계되어 있었다.

1936년 봄 단장 김기룡은 특무기관장 다나카의 소개로 이도구 토지 증서를 만주척주식회사 연길지점에 저당시키고 현금 3만 원을 수령하였다.[192] 당시 정의단 내부의 경영비로 사용하였는데 주로 자동차 3대를 구입하였고 이도구농장 투자자금·정의단 인건비·판공비 등으로 지불되었다. 당시 3만 원은 특무기관의 소개로 만척회사로부터 받았기 때문에 정의단과 특무기관의 공고함을 엿볼 수 있다. 1937년 정의단이 새롭게 무장할 때 기관총 2정·권총 10여 자루·보총 30자루를 특무기관에서 공급받았다.[193] 특무기관장 다나카와 김기룡 관계는 매우 긴밀하였기 때문에 각

---

192 『20세기 중국조선족력사 자료집』(1), 133쪽.
193 『20세기 중국조선족력사 자료집』(1), 134쪽.

만주지역 친일단체

종 행사에도 항상 배석하였다.[194]

뿐만 아니라 정의단 해산 이후에도 혼춘특무기관에서는 기존 단원들과 연결하여 특수임무를 수행하는데 활용하였다.[195] 1941년 정의단이 해산된 3년 후 혼춘특무대장 아라키荒木는 무장 경험이 있는 정의단원을 모집하여 매년 두 차례 특수훈련을 실시하였으며, 그들에게 매일 1원의 훈련수당을 지급하였다. 훈련기관은 약 1주일 정도였다. 훈련받은 정의단원들이 무슨 목적으로 어디에 참여하였는지 정확하게 파악되지 않지만 국경지역의 항일무장세력에 대한 탄압에 동원된 것이라 짐작된다.[196]

이처럼 단장 김기룡은 정의단을 운영하면서 특무기관을 적극적으로 끌어들였다. 이는 정의단 운영경비 마련과 직결된 문제였다.[197] 김기룡은 정의단의 경비문제에 봉착하자 일본특무기관장 다나카와 협의하여 무장문제와 경비문제를 해결하고자 하였다. 그 방법의 하나로 앞서 언급하였듯이 만주척식회사 연길지점에서 다나카의 주선으로 이도구의 토지증서를 저당으로 현금 3만 원을 차용하였다. 이를 바탕으로 1936년 이도구에 정의단부락을 건립하고 혼춘현의 피난민과 투항자 가족을 이주시켰으며, 마을 사람들의 생활문제는 모두 정의단에서 해결한다고 선전하였다.[198] 하지만 무상으로 책임진 것이 아니라 각종 경비는 마을 사람들에게 고스

---

194 『20세기 중국조선족력사 자료집』(1), 134쪽.
195 『20세기 중국조선족력사 자료집』(1), 135쪽.
196 당시 훈련에 참여했던 사람들은 김인수·양복석·김득련·김완묵·김용화·안용택·임순봉·김태순·임기호 등이다.
197 『20세기 중국조선족력사 자료집』(1), 146쪽.
198 『20세기 중국조선족력사 자료집』(1), 146쪽.

란히 전가시켰다.

1937년 여름 대북차 금광에서 항일연군과 야간무장충돌이 발생하였는데, 당시 동흥진에 보고한 결과 일본군·경찰대·헌병대에서 현장검증을 하였다. 이 결과 정의단원의 거짓말로 판명되어 경비대원 2명은 헌병대에서 체포되었다. 이때 특무기관장 다나카 주선으로 모두 풀려났다.[199] 이러한 사실도 특무기관과 관계를 짐작할 수 있는 사건이다.

해산

정의단이 언제 해산되었는지 정확하지 않다. 대략 1937년 단장 김기룡이 인원을 축소하기 시작하면서 해산의 조짐이 보였다고 할 수 있다. 그는 탄광 경영의 부진을 들어 본부 직원을 정리하였다. 본부장 조규팔, 훈련부장 윤희장, 서무과장 이탁, 부단장 박두남, 본부 직원 최수원, 경리회계 박원성 등이 정리대상이었다. 기타 인원은 계속해서 정의단 본부 일을 담당하였다. 따라서 1937년 이후로 정의단의 해산시기를 추론해 볼 수 있다. 당시 정의단원들의 구술을 토대로 정의단의 해산시기를 살펴보겠다. 다만 정의단원들의 구술 가운데 정의단 해산에 관련된 부분은 이견이 많아 해산의 정확한 원인을 찾는데 어려움이 있다.

먼저 정의단의 해산을 경제적 이유에서 찾는 경우이다. 이는 단장 김기룡의 역량을 너무 높게 파악한 데서 비롯되었다. 김기룡은 항일무장투쟁세력에 대한 '귀순작업'뿐만 아니라 경제적인데 관심이 많았다. 사금광을 운영하거나 이도구농장을 운영한 것이 바로 그것이다. 실질적으로

---

199 『20세기 중국조선족력사 자료집』(1), 148쪽.

1937년 하반기부터 본부 직원들이 축소되기 시작하였다. 1937년 대북성 파견대가 해산되었고 그 뒤를 이어 서남차분견대도 해산되었다. 이도구 파견대는 1938년 여름에 해산되었다. 당시 양복석의 구술내용을 인용해 보겠다.

이도구파견대가 마지막에 해산되게 된 것은 정의단의 재산 즉 이도구 농장의 토지, 부림소와 현공서의 목재 청부가 완결되지 않았기 때문에 최후 처리를 위하여 남게 된 것이다. 정의단에 만척회사의 빚이 있었기 때문에 1938년 여름 만척회사에서는 이도구농장에 와서 부림소를 모 아 농호에 팔거나 혹은 혼춘시장에 가져다 파는 등 재산처리를 하였으 며, 이도구농장의 토지도 여러 주민들이 만척으로부터 수매하였다. 이 것을 최수원이 처리하였다. 이렇게 처리된 후 이도구파견대는 해산되었 다. 1938년 여름 이도구농장이 처리되기 전 산중맹山中猛이 끝까지 업무 를 책임지고 완수하였다.[200]

또한 특무기관장은 혼춘정의단의 역할을 만주국군이 대체하였다고 했 다. 최삼림의 구술내용을 정리하면 다음과 같다.

혼춘친화채금회사의 경비는 만군에서 대체했기에 너희들은 이제부터 필요없이 되었기에 해산시킨다. 그러니 돌아가 직업을 해결할 사람은 해결하고 해결하지 못할 사람은 앞으로 특무기관에서 직장을 해결해

---

200 『20세기 중국조선족력사 자료집』(1), 137쪽.

준다.[201]

요컨대 혼춘정의단의 해체는 두 가지 측면에서 설명할 수 있다. 첫 번째는 김기룡이 혼춘정의단을 사조직화하여 자신의 이익을 위해 기관을 활용하였기 때문에 결국 해산의 길로 들어섰다는 점을 들 수 있다. 여기에서 김기룡의 정의단 운영에 대한 평가를 내려야 할 것 같다. 김기룡이 과연 개인적으로 정의단 운영자금에 손을 대었는지, 그렇다면 혼춘헌병대에서 김기룡에 대한 연계는 공적인 것이 아니라 사적이었다는 측면이 더 강하다. 최삼림의 구술내용을 보면 혼춘헌병대에서 김기룡의 탐욕과 혼춘정의단의 활동 역량 축소가 해산의 원인이라고 지적하고 있다.[202]

두 번째는 1937년경에는 혼춘지역에서 항일투쟁역량이 사라졌다는 점을 들어 혼춘정의단의 해산원인을 여기에서 찾고 있다. 하지만 여기에는 몇 가지 고려해야 할 점이 있다. 예컨대 혼춘정의단 산하 무장분견대의 역할이 어떠하였는지가 규명되어야 할 것이다. 무장분견대는 앞서 살펴보았듯이 항일무장세력과 교전뿐만 아니라 마을 또는 혼춘정의단에서 운영하는 사업장의 경비 책임을 맡았다. 활동 비중은 사업장의 경비에 더 있었던 것 같다. 다만 비중이 어디에 있었던지, 혼춘정의단의 활동은 조선인민회와는 확연히 구분되며, 오히려 간도협조회와 그 성격이 유사하다는 점을 간과해서는 안 된다.

혼춘정의단이 해산에 직면했던 1937~1938년경 대황구를 비롯한 혼춘

---

201 『20세기 중국조선족력사 자료집』(1), 158쪽.
202 『20세기 중국조선족력사 자료집』(1), 161쪽.

만주지역 친일단체

의 대부분의 항일근거지가 파괴되었으며, 간도특설대가 1938년 9월에 창설되어 간도지역 전역이 특설대의 작전관할권에 편입되었다는 사실에서 정의단 해산의 원인을 찾는 것이 바람직하다고 본다.[203] 혼춘정의단원들은 해산 이후 이해천 특무조직에 가입하여 관동군의 주구로서 활동하기도 하였다.[204]

혼춘정의단 활동은 강온양면책의 결정판이라 할 수 있다. 일제는 만주국 건국 이후 보다 원활한 통치를 위해 '치안숙정'과 민족협화를 최우선으로 삼았다. 하지만 건국의 정당성을 확보하기 위해 국제연맹의 '조사'도 받아들였던 일제로서는 항일무장세력이 눈엣가시 같은 존재였다. 특히 국제사회에 국군창설과 만주국 건국의 정당성을 보장받으려는 만주국의 입장에서는 국가의 공권력 확보가 시급히 해결해야 할 문제였다. 군대는 국토방위에 있었지만 만주국군은 그것보다 경찰이 해야 할 부분, 즉 치안유지에 주력하였다. 만주국군이나 경찰력으로 오지까지 치안을 유지하기는 곤란했다. 교통망이 완전하지 않은 상태에서는 현지 한인을 활용하는 것이 보다 효과적인 방법이었다. 혼춘정의단 탄생도 이와 맥을 같이한다.

혼춘정의단은 간도지역 그 가운데 러시아와 접경지역인 혼춘이라는 지역적 특수성 속에 탄생되었다. 활동은 항일무장세력 탄압과 이로 인해 발생하는 '귀순자' 처리문제에 집중되었다. 일정기간 훈련된 간부를 동원하여 '토벌'과 '귀순'의 확대재생산 활동을 적극적으로 전개하였다. 물론 탄압 이외에도 『정의』라는 선전물을 활용하여 귀순을 조장하기도 했다.

---

203 김주용, 「만주지역 간도특설대의 설립과 활동」, 『한일관계사연구』 31, 2008, 187쪽.
204 『20세기 중국조선족력사 자료집』(1), 162쪽.

혼춘정의단 활동은 '귀순'에만 국한된 것은 아니었다. 예컨대 이도구에 집단부락을 설치하여 단원들로 하여금 경비를 서게 하였으며, 금광운영 및 목탄수입을 통하여 재정확충에도 경주하였다. 또한 단원들의 능력을 발양시킨다는 취지하에 일정기간 단원들은 국내 및 일본에 유학시켜 현실정세에 대한 인식 고양과 소속감을 제고하였다.

뿐만 아니라 특무기관과 깊숙한 연계를 통하여 조직의 공고화를 꾀하였다. 특무기관의 주선으로 만주척식회사로부터 3만 원의 차용금을 수령하여 이를 통해 조직 운영자금으로 활용한 것은 좋은 예이다. 정의단과 특무기관과 관계는 정의단이 해산된 이후에도 지속적이었다. 하지만 특무기관과 좋은 관계가 반드시 정의단의 조직운영에 순기능으로 작용한 것은 아니었다. 단장 김기룡의 특무기관에 대한 지나친 '짝사랑'은 오히려 자신의 권한이 주체하지 못할 정도로 비대해져, 공적자금에 대한 유용 등 단장으로서 기능을 상실해갔다. 결국 혼춘정의단은 내외적인 요인으로 말미암아 해산되었는데 실질적으로는 혼춘지역 한인사회에 대한 장악력과 이와 연동해서 항일무장세력에 대한 정의단의 효용성이 그만큼 반감되면서 복합적으로 이루어진 것이라고 할 수 있다. 해산 이후 혼춘정의단의 단원들은 다른 특무기관의 단원으로 활동하였으며, 혼춘지역에서는 1941년 혼춘정신대가 조직될 때 일정한 역할을 하기도 하였다. 어쩌면 혼춘정의단은 혼춘상조회의 오늘이며, 혼춘정신대의 과거라고 할 수 있다.

부록

심양(봉천) 근대도시화의 양면성

근대도시는 산업구조의 변화에 따라 새로운 형태의 모습으로 탄생하였다. 특히 만주지역은 고대부터 근대까지 주세력이 바뀌면서 여러 차례 부침을 거듭한 결과 대도시는 심양 이외에는 존재하지 않았다. 심양을 제외한 오늘날 만주지역의 도시는 대부분 19세기 말~20세기 초에 조성된 신도시의 성격을 띠고 있다. '만주국'의 수도 신경(장춘) 역시 길림이라는 전통적 도시를 밀어내고 조성된 신도시 가운데 하나였다. 이처럼 도시는 거주지로서 기능뿐만 아니라 정치세력의 헤게모니와도 직결되었다는 것을 만주를 통해서도 충분히 알 수 있다.

19세기 이후 동아시아의 국제관계는 중국중심적 · 위계적 · 불평등적 화이체계가 서양세력의 개입으로 진통과 갈등이 표출된 양태를 보이고 있었다. 일본은 이러한 국제관계를 가장 효율적으로 이용하면서 자신들의 세력을 신장하기 시작하였다. 일제의 대외정책이 수세적 방식에서 공세적으로 전환한 결과가 청일전쟁과 러일전쟁에서 승리로 나타났다. 특히 러일전쟁의 성과물 가운데 단연 돋보이는 것이 만철이었다. 만철은 만주지역에서 이권침탈의 확대재생산이란 측면에서 철도사업뿐만 아니라 만철부속지의 도시경영에도 깊숙이 개입하였다. 만철은 설립 후 일본정부의 적극적인 후원으로 빠르게 성장하였다. 특히 만철부속지의 도시계획, 만철부속지에서의 전기·가스·전차 등 도시 공공사업도 만철의 독자적인 계획 하에 이루어졌을 만큼 일본 정부로서는 '대륙경영'을 위해 만철이라는 존재를 효과적으로 이용할 수밖에 없었다. 이처럼 만철이 1907년 이후 만철부속지의 도시경영에서 손을 떼기까지 사업비 총액이 약 8억 3천만 원에 달했다. 이 가운데 70% 이상은 철도사업에 쏟아 부었고 나머지는 도시계획에 조달하였다. 만철이 도시계획에 참여하면서 진행된 도시계획 실측조사는 이후 만주국 성립 이후 토지조사사업의 원형이 되었다.

20세기 초 열강들의 만주지역에 대한 관심은 국제사회의 관행으로 여겨졌던 '세력균형'이라는 차원에서 고조되었다. 특히 러시아의 만주지역 선점은 다른 열강인 일본과 미국에게 또 다른 유혹으로 다가왔다. 19세기 말 러시아는 하얼빈에서 자신들에게 맞는 도시화를 진행하였으며, 이는 현재 하얼빈 중심가에 '러시아풍'이 존재할 만큼 내구력이 강한 형태를 띠고 있다는데 그 역사적 경험을 엿볼 수 있다. 하얼빈뿐만 아니라 심양·장춘·대련·단동 등에서도 지배와 생활의 흔적을 쉽게 엿볼 수 있다. 이 공간에서 한인은 피지배자 또는 지배의 협력자와 독립운동가 등 다양한 형태의 삶을 살아간 존재였다.

이 장에서는 현재 만주지역 최대의 중심지인 심양[1]이 '근대도시'로 탈

---

1   이 논문에서는 편의상 '만주국' 시기 명칭인 봉천과 현재의 심양으로 혼용하여 서술하였다.

만주지역 친일단체

바꿈하는데 만철이 어떠한 방식으로 도시계획에 참여했으며, 그로 인한 심양 도시화의 특징이 무엇인지를 규명하는데 있다. 즉 심양의 근대화가 일본적인 것의 결합, 자본제적인 결합과 같이 복잡한 형태를 보이면서 진행되었는지에 대해 살펴보고자 한다.[2]

요컨대 근대성이 내포하고 있는 도시의 성격을 도출하는데 그 기만적인 도시화의 성격으로서 심양이 지닌 특징이 무엇인지에 대해서 규명하고자 한다.[3] 시구개축과 건축규칙에 나타난 심양의 도시계획은 정상적인 절차로서 도시계획이라기보다는 일제가 그들의 자본력을 바탕으로 일본적인 것의 이식에 중점을 둔 사업이었다. 따라서 본 연구에서는 반식민지화와 도시근대화의 상관성이 심양의 도시근대화에 어떠한 형태로 표출되었는가를 규명하는데 초점을 두었다. 특히 탈농촌화와 근대도시화의 상관성을 살펴보고 도시화비율과 인구성장의 연관성, 빈곤층의 양산이라는 측면을 심양이라는 도시의 변화 속성과 연관하여 규명하려 한다.

2　지금까지 심양 근대 도시화의 이중성에 대한 연구는 거의 없다. 다만 윤휘탁의 연구 등이 선구적 연구로 평가받고 있다. 이 연구는 심양의 도시화와 민족구성의 특징을 도출하였는데 한인거주지의 열악성 등 구체적인 측면을 규명하는 데는 미흡한 점이 없지 않다(김경일·윤휘탁·이동진·임성모, 『동아시아의 민족이산과 도시』, 역사비평사, 2004).

3　심양의 도시화는 일제가 1905년 러일전쟁 이후 전리품으로 챙긴 남만주철도주식회사와 그 부속지의 확장과 연관해 살펴볼 수 있다. 이는 만주국 건국 이후 전개된 도시계획이 신·구 도시화 지역의 공간적 구분뿐만 아니라 생활양태까지 결정지었다는 점에서, 만주국의 건국으로 살기 좋은 낙토로 바꾼다는 일제의 구호는 기만적일 수밖에 없었다.

만주사변과 한인

러일전쟁 승리로 만주에서 독점적 지위를 확보한 일제는 세계자본주의의 위기인 대공황을 겪으면서 안정적인 대륙경영을 모색하였다. 동북 군벌 정권과 불안정한 동거와 경제상황 악화는 만주침략이라는 카드를 쓰기에 충분한 배경을 제공하였다. 일제는 1931년 9월 18일 만주지역에 대한 독점적 지위를 보다 확고히 하기 위해 '만주사변'을 일으키고 이듬해 3월 만주국을 건립하였다.

한편 '만주사변'과 만주국 성립은 대다수 한인들에게는 고통의 연속이었다.[4] 봉천시의 경우 심해선沈海線이 불통되어 육로를 통해서 많은 이주한인들이 십간방과 서탑으로 몰려들었다.[5] 일제는 민회를 통하여 피난한 이

---

4 리턴보고서에 의하면, 자신들을 방문한 조선인 대표들이 만주국 건국을 환영한다고 하였지만 대표단은 그들의 대표성에 의구심을 가졌다고 한다(박영석 역, 『리턴보고서』, 탐구당, 1986, 245~246쪽).

5 民族問題硏究所 編, 『日帝下戰時體制期政策史料叢書』1, 韓國學術情報株式會社, 2000, 473쪽. 1931년 10월 봉천에서는 신대륙사 주최로 재만 조선인대회가 개최되어 만주조난동포대책강구회를 조직하고 다음 사항을 결의하였다. 첫째, 내외 각지에서 의연금을 모집하여 피난동포의 응급구제를 실시할 것, 둘째, 조난동포의 유족에 대해서 상당한 위로금을 지급하도록 교섭할 것, 셋째, 중일 양국 관헌에 대하여 조선인의 생명 재산의 철저한 보호를 요구할 것, 넷째, 당국자에 대하여 피난민의 내년 봄 파종기까지의 최소한도의 생활보장 또는 어떤 직업부여를 요구할 것, 다섯째, 조사반·위문반·巡講隊를 파견하여 각지의 조난진상을 조사하여 유족을 위문하고 추도회·연설회 등을 개최할 것, 여섯째, 조난민의 귀국 또는 다른 지방으로 이주할 때 중국철도와 만주철도 각선의 무임승차를 허락하도록 교섭할 것 등이다(『동아일보』 1931년 10월 20일, 「만주 봉천에서는 대련 신대륙사 주최」). 다소 무리가 있는 요구도 있지만 당시 실정이 워낙 절박하였기 때문에 나온 사안들이라고 보인다.

중국 길림시를 점령한 관동군(1931. 9)

주한인들에게 만철병원 건물 등의 피난처를 제공하였다.[6] 일제가 이들에게 피난처를 제공한 것은 치안유지라는 차원에서 이루어졌지만, 보다 중요한 것은 한인들이 정착지를 상실하고 도시의 하층민으로 재편되었다는 데 있다. 즉 이주한인의 대규모 유입으로 기존 도시구조의 변화조짐이 보이기 시작하였다. 이들이 주로 서탑지역으로 몰려들었기 때문에 이 지역에 대한 방안이 강구되어야만 했지만 당시 상황은 그러하지 못하였다. 당시 심양지역 피난한인의 처지가 어떠하였는지는 다음 사실을 통해서 알 수 있다.

그들은 무엇을 하려고 정든 고국을 떠나 이 만줏가지 거칠은 벌판을 차

---

6   奉天居留民會, 『奉天居留民會三十年史』, 265쪽.

자왓든가. 그들은 무엇보다도 대개가 빵문제 해결하기 위하여 몇 해 전에 산설고 물설고 언어조차 다른 곳을 차자와서 땅을 파고 호미 쥐고 기음 매여 대개가 안온한 생황을 계속하여 오든 중 작년 사변 이후로 놀랜 가슴을 움켜쥐고 평화스럽기보다도 장래에 희망을 가지고 남달은 생활로 계속하여 볼가하고 잇든 중 설상가상으로 무지한 중국 대도회大刀會 바람에 집과 량식과 기其 외에도 전양錢兩간 잇섯든 것 죄다 내여버리고 적수 단신으로 남부녀대하고 심해연선으로 물밀 듯 몰려들어 그들 구제책이 분망하다. 봉천에는 현재 3천여 명에 달하여 재봉在奉 각 사회단체와 연락하여 그들 구제책에 대하여 분주하오며 따라서 재봉 기독소년회 주최로 후원『동아일보』봉천지국이며, 본 교회 내 부인전도회 후원 하에서 특별히 수건으로 행상하여 피난민 구제하는 등을 볼 때에 이것이아 참으로 현하의 다 가튼 처지에 잇스면서도 동족애에 열렬한 성의를 그들 피난민들은 찬성을 마지 아니 한다더라.[7]

일본외무성에서는 피난 이주한인을 구호한다는 명목으로 하루 생활비 8전을 제공하였다.[8] 또 민회에서는 한인들에게 가마니를 짜게 하여 생활비 충당을 종용하였으며, 아이들의 교육문제에도 적극적으로 나섰다.[9] 일

7　『三千里』1932년 8월 1일「異域 同胞近況」.
8　일제가 생활비로 정한 8전은 만주지역 생활비의 최저 생계비라고 할 수 있다. 당시 일본 감옥의 수인 1일 평균 생활비가 10전임을 감안할 때 당시 한인들의 궁핍함을 여실히 알 수 있다. 1932년말부터 만주지역을 답사하던 조선공산당 창립멤버였던 임원근은 당시 심양지역 피난 이주한인의 생활을 '금오전짜리 인생'이라고 피력하였다(林元根,「滿洲國과 朝鮮人將來」,『三千里』5권1호, 1933, 56쪽).
9　奉天居留民會,『奉天居留民會三十年史』, 266쪽.

제가 적극적으로 한인들을 지원하게 된 배경에는 한인들이 대부분 수전경작에 종사하였다는 점이 작용하였다. 실제로 1932년 4월 조선총독부와 일본외무성에서는 한인들에게 농업자금을 제공하기 위해 협의하기도 했다. 이처럼 피난 한인들은 심양이라는 도시로 집산을 일시적으로 이루었지만 '만주사변'이 수습되면 다시 농촌으로 돌아가 수전농업에 종사할 대상이었다. 이는 일제가 만주지역의 식량 수급 및 치안유지 차원에서 다루어야 할 중요한 사안이었기 때문이다.

심양으로 피난민 행렬은 지속되었는데 문제는 집단적 수용으로 인한 전염병으로 사망자가 급증하였다는 사실이다. 특히 콜레라로 하루 평균 15명 정도가 사망하기도 했다.[10] 따라서 일제는 만주국을 건립하고 '왕도낙토'를 실현한다고 했지만 정작 이주한인은 '만주사변'의 영향에서 자유롭지 못하고 비참한 생활을 영위하였다.

한편 일제는 만주국 건립과 함께 대규모의 농업이민정책을 추진하였다. 특히 무장이민형태로 추진된 초기 일본인 이민정책은 많은 폐단을 야기하였으며, 마침내 5차에 걸친 무장이민정책이 사실상 실패하였다고 판단한 일제는 1936년 100만호 이민계획을 수립하였다.[11] 1935년 10월 일본척무성에서는 해외척무위원회와 함께 만주이민협회를 설립하였다. 이

---

10 『三千里』 1932. 9. 1. 「참담한 奉天避難民의 현상」.

11 孫邦, 『經濟掠奪』, 吉林人民出版社, 1993, 751쪽. 무장이민은 이른바 시험이민 또는 특별이민이라고 할 수 있다. 일제는 만주지역의 치안이 매우 불안하기 때문에 항일무장세력을 탄압하기 위해서 군대를 충원하였으며, 무장이민 역시 이러한 맥락에서 이해될 수 있다. 1932년부터 시작된 무장이민은 5차에 걸쳐 약 1만호 정도 이주하였지만 신생국 만주국의 건국 목적을 달성하기에 부족하였다(高樂才, 『日本滿洲移民硏究』, 人民出版社, 2000).

것은 만주척식주식회사와 만선척식주식회사의 설립으로 구체화되어 일본인과 조선인 이민의 대규모 사업이 진행되었다.[12] 당시 일제는 삼강성 지대의 3백만 정보를 비롯하여 총 천만 정보 규모의 이민계획을 추진하였다.[13] 100만호 이민계획은 대륙침략의 완성과 과잉인구의 해소를 위해 원안대로 실행되었지만 실질적으로 이주한 호수는 42,000여 호에 지나지 않았다.[14] 일제는 일본인의 이민정책이 예상대로 성과를 거두지 못하자 그 대안으로 한인들에 대한 적극적인 이주를 추진하였다. 그 대표적인 것이 '안전농촌'과 '집단부락'의 실시였다.

---

12 姜德相, 『現代史資料』 - 續 滿洲事變 11, みすず書房, 1965, 949~950쪽.
13 일제가 만주에서 추진한 이민 계획은 다음과 같은 과정을 거치면서 현실화되었다. 이민은 이를 개별하여 정부의 보조금을 높이고 그 직접 취급하는 관계인 이민(갑종이민)과 정부의 보조금이 박하여 주로 민간에 따라 행하는 이민(을종이민)으로 한다. 첫째 갑종이민과 을종이민과의 배치는 이민지의 상태, 농업경영 상태에 따라 달리하는 것을 원칙으로 하며 갑종 이민을 요소에 배치하여 을종이민의 입식을 용이하게 하는 것으로 한다. 둘째 이민은 편의상 5개년을 1기로 하고 갑종이민과 을종이민을 적당한 비율로 하여 대개 다음과 같이 입식하는 것으로 한다. 제1기 10만호. 제2기 20만호. 제3기 30만호. 제4기 40만호 총 100만호. 이민을 적극적으로 추진하기 위해 첫째 정부는 갑종이민에 대하여 도항비·농구·가옥·토지구입을 위해 1호당 대개 1천엔 이내의 보조를 해 준다. 둘째 정부는 을종이민에 대하여 주로 도항비 토지구입을 위해 1호당 대개 300원 이내의 보조를 해준다. 을종이민에 대해서는 정부 보조 외 할수 있는 한 민간으로부터의 보조를 촉진하는 것을 고려한다. 셋째 만주척식회사는 이민에 대하여 저리 자금을 융통해 준다. 이민 계획 실시를 위해 필요한 자금에 대해서는 日滿 양국 정부는 민간자금의 유치에 노력하고 함께 필요하면 부족자원을 공채로 구하는 취지 하에 특별히 구체적인 안건을 작성한다.
14 孫邦, 앞의 책, 755쪽.

만주지역 친일단체

만주국의 성립과 도시계획

1931년 9월 18일 일제는 이른바 유조구柳條溝사건을 일으키면서 만주 침략을 단행하였다. 흔히 '만주사변'으로 일컬어지는 이 사건을 계기로 일제는 빠르게 만주지역을 점령하였고 1932년 3월 1일 만주국을 성립하였다. 만주국은 성립 초기 "왕도주의를 받들며 민의 개명정치를 순응 실행하고 민족융화와 편안하게 살 수 있는 안락한 곳을 만드는 것이 근본방침"[15]이라고 천명했다.[16] 1932년 3월 9일 만주국 정부는 집정에 부의溥儀, 국무총리에는 정효서鄭孝胥 체제로 출범하였다. 만주국은 일제로서는 대륙침략정책의 이정표이면서 새로운 실험무대의 완성이었다.[17]

---

15 全國圖書館縮微複製中心,『僞滿洲國史料』2, 2002, 2쪽.

16 만주국 정부의 조직은 크게 두 시기로 나누어진다. 초기 정부 조직은 원수 집정 밑에 국무원, 입법원, 감찰원 3원 7부제를 채용하고 중요한 국무에 관해서는 집정의 자문기관으로서 별도로 참의정을 설치하였다. 이 정부 조직에서 주목해야 할 것은 남경정부가 손문 오권헌법에 기초하여 입법, 행정, 사법, 감찰, 고시의 5원제를 채용하였지만 만주국 정부는 사법, 고시 양원을 설치하지 않고 사법관계를 특별하게 취급하는 행정원을 국무원으로 개칭하였고, 감찰원법 제1조에 규정한 바와 같이 감찰원은 집정에 직속하고 국무원에 대해서 독립적 지위를 지님으로써 정치의 부패방지에 있어 매우 중요한 권한과 사명을 겸비하는 것이 그것이다. 그리고 정부조직법 제4조에 집정은 전 인민이 이를 추거한다고 규정하였다. 그런데 정부조직법은 새로운 집정의 재가에 따라 비로소 효력을 발생하게 된다면 집정은 이 규정에 기초하여 취임할 수 없고 이 법규 발현 이전에 이미 사실상 모든 인민의 추천을 얻어야 한다. 정부조직법과 인권보장법은 매우 중요한 법규지만 법적 수속으로서는 오로지 집정의 재가에 따라 제정된 것이기 때문에 그 성질은 欽定憲法과 비슷하며 특히 이 조문에 관한 개폐 수속이 규정되어 있어 집정은 언제라도 이를 개폐할 수 있다. 이후 1934년 부의를 황제로 한 정부조직법이 구체화되었다(國務院總務廳情報處滿洲國, 1934『滿洲帝國組織法』13, 3쪽).

17 루이스 영 저(加藤陽子 외역),『總動員帝國』, 岩波書店, 2001, 101~102쪽.

만주국 황제와 일왕의 관병식 열병

한편 만주국은 건국부터 항일무장세력에 대한 처리문제에 골몰하였으며, '치안유지'라는 방법으로 그들을 통제하고자 하였다.[18] '만주사변'의 여파가 한인들의 재이주를 초래할 만큼 만주지역 전체를 요동치게 하였기 때문에 만주지역의 '치안'불안은 만주국 입장에서는 국가 존립 자체를 위협할 수 있는 요소였다.[19]

심양의 경우, '만주사변' 이틀 후 9월 20일 관동군 사령관 혼조 시게루本庄繁 명의의 포고를 내려 시장에 도이하라 겐지土肥原賢二가 임명되었으며,

---

18 蘭星會, 『滿洲國軍』, 1970, 7쪽.
19 小山貞知, 『滿洲國協和會發達』, 東亞新書, 1941, 47~48쪽.

시공서를 만철부속지에 설치하여 곧바로 시정 업무를 담당하게 하였다.[20] 9월 21일 개청된 시공서를 통해 일제로서는 당시 시급히 해결해야 할 '치안유지'에 주력하였으며, '만주사변'과 '만주국' 성립 등 일제는 빠르게 '대륙경영'을 위한 기초 작업을 단행하였다. 그 큰 틀이 만주지역 도시계획으로 표출되었다.

심양의 도시계획은 1932년 11월 만주국·만철·관동군이 봉천도시계획주비위원회(이하 위원회)를 조직하여 철서구 공업구를 필두로 한 봉천도시계획 초안을 작성하면서 본격적으로 이루어졌다. 보다 긴밀한 교통망 구축을 위해 1933년 3월 1일 만철은 심양에 철로총국을 설립하였다.[21] 철도총국의 설립은 심양의 공간적 길들이기의 신호탄을 알리는 것이었으며, 이를 바탕으로 심양의 정치도시에서 공업도시로 인위적 개편이 시작되었다.[22] 당시 만철[23]을 중심으로 한 위원회에서는 치안유지와 복지증진

20　奉天市公署, 『奉天市公署要覽』, 1937, 5쪽.

21　曲曉範, 『近代東北城市的歷史變遷』, 東北師範大學出版社, 2001, 391쪽.

22　奉天商工會議所, 『奉天經濟三十年史』, 1940, 250쪽. 철로총국은 만주국 교통부 총장이 장악하고 있었으며, 국유철도 및 항만에 관한 모든 권한을 가지고 있었다. 철도총국은 이처럼 만주국의 지역적 공간을 통제하는 기관으로 거듭났던 것이다.

23　만철이 만주에서 가진 독점적 권익은 일본의 그것과 직결되었다. 安奉연선을 제외한 일본철도부속지의 권리는 1898년 7월 청국정부와 東淸철도회사와의 사이에 체결된 「동청철도남만지선에 관한 조약」에 의해 제정되었던 것을 러일강화조약에 의해 일본정부가 러시아로부터 양도받아 청나라가 이를 승인한 이후부터 발생하였다. 또 안봉선은 滿洲善後條約 부속 협정에 따라 군사적 점령을 벗어나 국제법상 인허를 받았다. 이 조약 제6조에는 안봉철도에 관한 사항에 대하여 동청철도조약에 준하는 것을 규정하였기 때문에 철도연선 부속지의 성질 또한 다른 철도부속지와 같았다.

절대적 행정권 가운데 경찰권만을 관동도독부의 권한 내에 두었고 그것 이외 일반 행정권은 회사가 행사하였다. 즉 정부명령서에 토목·교육·위생 등에 관한 필요한

을 위한다는 명목으로 성내,[24] 상부지,[25] 부속지[26] 및 그 인접 지역을 편입

시설을 관리한다고 명시되었다. 철도부속지는 대련 신경간·蘇家屯 안동간·여순선·영구선·연대선·무순선 구역을 포함하고 봉천·무순·안산 등 상당히 넓은 지역을 포함한 총면적 330여 km²의 토지를 말한다. 만철은 철도부속지 내에 토지·교육·위생에 필요한 시설을 둘 수 있으며 이것에 필요한 경비를 지급받기 위해 정부의 인가를 얻어 부속지내 거주자에게 수수료를 징수할 수 있었다. 만철은 편법으로 관동도독부령에 기초하여 조직된 와방점·대석교·요양·봉천·공주령·무순 등의 거류민회를 회사의 지방기관으로서 삼아 지방공공사무를 처리하기도 하였다. 그런데 회사의 지방사무는 부속지 공공사무에 그치지 않고 회사소유토지 건물의 대부, 도시계획, 도로의 수축 등과 관련된 사무를 처리하였고, 1907년 7월 대석교·요양·봉천·철령 및 공주령에 지방부원을 파견하여 그 지방소관의 대부사무를 처리하였다. 1908년 12월 지방부를 지방과로 고치고 출장소를 경리계로 개칭하였다. 또 안봉선 연선에서는 안동현사무소가 처음으로 사무를 담당하였고 광궤 개통과 함께 본계호 및 안동에 경리계를 설치하여 그 임무를 담당케 하였다. 1919년 7월에 지방부를 서무·학무·권업·위생 4과로 나누었고, 1922년 서무·학무·농무·위생·토목 5과가 되었다. 1923년 4월 지방부 조직이 개정되어 농무과를 흥업부에 이전하고 별도로 건축과를 합병하였고 지방기관은 종래 2급제도를 고쳐 3급제도로 하였다. 새롭게 4개소의 지방사무소를 설치하여 그 아래 지방구를 배치하여 종래 지방사무소의 사무를 지방구에서 행하였고 지방사무소는 소관구역 내 지방구를 감독하였다. 그리고 1923년 10월 영구 및 안동의 육군소관지역의 이관을 받아 철도부속지와 동일하게 취급하였다. 1930년 6월 만철은 업무의 기능본위에 부과를 배속하는 방침 아래 종래의 직제를 개정하였는데 이 때 지방부 역시 개정되었다. 즉 본사는 토목 건축 양과를 신설하여 공사부에 이관하고 종래 대련공사사무소 및 지방사무소가 분장한 토목 건축에 관한 사항은 모두 공사부 소관으로 하여 각지 공사사무소가 이를 담당하게 하였다(奉天商工會議所, 『奉天經濟三十年史』, 1940, 32~34쪽 ; 南滿洲鐵道株式會社, 『滿鐵第三次十年史』 참조).

24 현재 유네스코 세계문화유산으로 등록된 심양 고궁을 중심으로 봉천시공서, 봉천성공서, 제1군관구 등의 여러 관청이 이었다(奉天市公署, 『奉天市公署要覽』, 1937, 11쪽).

25 商埠地는 1905년 만주선후조약 제1조에 기초한 각국 인종의 거류지로서 중국이 개방한 지역으로 부속지와 성내 중간에 위치하며 일본총영사관을 필두로 각국 영사관, 외국상점, 회사 등이 있으며, 직접 관할 기관인 상부국도 있지만 실질적인 업

하여 '근대적 대도시 건설'을 추진하였다.[27] 특히 만철은 만철조사부를 만철경제조사회滿鐵經濟調査會로 확장하여 관동군과의 적극적인 협력을 모색하였다. 만철조사부의 조사과장인 사다고지로佐田弘次郎은 1931년 1월 여순의 관동군사령부에서 강연을 행하는 등 관동군과의 밀접한 관계를 과시하였다.[28] 또한 관동군은 러일전쟁 이후 만주지역 일본인들의 치안을 담당하였고 일제대륙정책의 첨병역할을 자임하던 존재였기 때문에 만주국에서의 헤게모니 또한 장악하려고 하였다.[29] 만철경제조사회는 관동군 특무부와 함께 만주국 경영 전반에 걸쳐 광범위하게 조사와 정책을 입안하였다. 만주국 성립의 또 다른 '일등공신'인 관동군 특무부는 1932년 1월부터 1934년 8월까지 329건의 정책을 입안하였는데 주로 광공업·도시계획·농업이민에 관한 분야였다.[30] 이렇듯 만철과 관동군은 유기적 관계를 맺으면서 만주국 성립과 도시계획에 깊숙이 관여하였다.[31]

무를 관장하지 않았다. 하지만 1936년 4월 시공서 직제 개혁과 동시에 상부국을 폐하고 시공서가 일원적으로 관리함으로써 상업 지역으로 거듭나게 되었다(奉天市公署, 『奉天市公署要覽』, 1937, 12쪽).

26 만철부속지는 일제가 러일전쟁 이후 얻은 또 하나의 영토이다(小林英夫, 『滿鐵』, 45~47쪽). 심양의 만철부속지 역시 일본인의 심양이었다. 따라서 모든 행정은 일본 중심으로 실행되었으며, 시가는 역을 지점으로 방사형 대로를 이루며 천대전통을 중심으로 북에 낭속통, 남에 평안통의 삼대통로를 축으로 되어 있었다.

27 奉天商工會議所, 『奉天經濟三十年史』, 1940, 247쪽.

28 小林英夫, 『滿鐵』, 108쪽.

29 中山融志, 『關東軍』, 講談社, 2000, 145쪽.

30 越澤明 저(장준호 편역), 『中國의 都市計劃』, 태림문화사, 2000, 117쪽.

31 관동군은 봉천군벌의 군사적 거점인 심양 북대영을 기습하여 점령, 패주하는 군벌의 군대를 뒤쫓아 봉천성과 길림성을 철도 연선을 따라 진격해 흑룡강성까지 침공했다. 이러한 군사작전을 뒷받침했던 것이 만철 사원으로 구성된 철도부대였다. '만주사변'이 발발하자 만철조사부 내에 새로운 움직임이 나타났다. 그것은 만철

이처럼 만주국 설립 이후 심양은 경제도시로서 계획되었다. 장춘이 정치도시로 계획된 것에 비해 심양은 대규모 공업단지가 건설되었다.[32] 1932년 만주국에서는 군특수부, 만철 및 시공서를 TF팀으로 하는 도시계획준비위원회를 창립하여 심양시 전반에 대한 도시계획을 입안하였다.[33] 먼저 구역을 구체적으로 보면, 소서변문 중심의 행정구역, 철서공업구역, 태원가를 중심으로 한 상업구역, 북릉구역 등으로 나눌 수 있다.[34] 설비로는 상하수도·전기·전차·버스·공원·오락장·도로 등 특히 일본인을 배려한 문화주택 건축 계획이 수립되었으며, 조성 기간은 10년이었다.[35]

이처럼 1932년 11월 2일 성립된 대봉천도시계획위원회는 관동군특무

경제 조사회의 탄생을 예고한다. 1932년 1월 만철경제조사회가 발족하기에 이르렀다. 만철경제조사회는 소고 신지를 위원장으로 활동하기 시작했다. 만철경제조사회는 발족 때부터 관동군과의 관계를 어떻게 설정할 것인가를 놓고 고민했다. 그러한 고민은 당시 위원장인 소고의 말에서도 그대로 엿볼 수 있다. "신설된 경제조사회는 형식적으로는 만철의 기관이지만 실질적으로는 군사령관 통수 하에 있는 군의 기관이어서 완전히 국가적 견지에서 만주에서 전반적인 경제 건설 계획의 입안을 담당해야 한다. 따라서 만철 회사 자체의 이해를 초월하고 때로는 만철의 이해관계에 어긋나는 계획을 입안할 때가 있을지도 모른다. 이는 국가의 대국적 견지에서 어떻게 만주를 경제적으로 발전시킬 수 있는가에 대한 조사 입안 방법이 회사의 방침으로 결의되었던 것이다"(小林英夫, 『滿鐵』, 111~112쪽).

32 奉天市公署, 『奉天市公署要覽』, 1937, 92~94쪽.

33 『各國都市關係雜件 – 奉天ノ部』, 「奉天都市計劃ノ件」(關機高 제9849호, 1932년 8월 1일).

34 曲曉範, 『近代東北城市的歷史變遷』, 東北師範大學出版社, 2001, 300쪽.

35 만철은 봉천 도시계획에서 시 당국과의 주도권 쟁탈전을 치른다. 특히 토지 매수 부분은 만철이 가장 심혈을 기울인 사업이었다(『各國都市關係雜件 – 奉天ノ部』, 「奉天都市計劃ニ伴鐵西土地買收ト市政計劃」(關機高支제5448호, 1933년 3월 17일).

만주지역 친일단체

대와 만철의 합작품이었다.[36] 위원회의 회원으로는 봉천시장 옌부閻傳, 관동군토목과장 시미즈清水時三郎, 만철촉탁경제조사위원회 위원 세츠시타析下吉延, 원대련시회 전 의장 무라다村田慈磨, 시정공서참사 고토後藤가 활동하였으며, 그 다음날 회의에서 도시계획 결정사항을 도출하였다. 이 위원회에서는 봉천시의 약 1,800만평에 달하는 예상지역 확보와 비용문제에 대하여 심도 있게 논의되었다. 그 결과 경비절감과 위원회 개최 시기, 기술적 측면의 관동청에서의 원조 등이 결정되었다. 그리고 이 결정을 대외비로 부쳤다.[37] 이에 대하여 1932년 12월 11일 봉천시장은 '대봉천도시계획서안'을 국무원에 보내어 심의를 신청하였다.[38]

'대봉천도시계획서'에는 인구 100만을 목표로 시역 확장과 그 성격을 규정하였다. 소유 시역의 확장, 교통의 배치, 공영사업, 오락장의 증설, 위생시설과 교육사업 및 사회사업 등으로 계획을 나뉘었다. 이처럼 심양의 도시계획은 그동안 '만주국' 성립 이전부터 추진되었던 도시화의 부실했던 측면을 보완하는 입장에서 추진되었다.[39] 심양도시계획에서 구역은

---

36 『各國都市關係雜件 – 奉天ノ部』, 「奉天都市計劃ニ關スル件」(機密 제926호, 1932년 11월 18일).

37 이 계획에서 특이한 점은 봉천을 전원도시로 계획하고자 하는 안건도 제출되었다는 것이다. 하지만 이것이 크게 반영된 것 같지 않다(『各國都市關係雜件 – 奉天ノ部』, 「奉天都市計劃ニ關スル件」(機密 제926호, 1932년 11월 18일).

38 『各國都市關係雜件 – 奉天ノ部』, 「大奉天都市計劃書案」(關機高支 2536호, 1932년 12월 21일).

39 위원회에서는 심양도시계획의 정당성을 다음과 같이 주장하였다. "봉천시 현재 인구는 30만 이상으로 그 증가율 수는 날마다 해마다 틀리기 때문에 인구증가율에 적합한 것이 필요하며 시에서 이를 수용하여 발전 확대의 진행 속도에 따라 평균적으로 대비하여야 한다. 봉천시는 수년간 구태를 벗어나 근대도시의 형세를 구비하

크게 6구로 나누었다. 먼저 성내와 중앙시구를 포함한 지역을 심성구로 하였으며, 만철부속지와 북릉 일대의 문화구, 대동구를 중심으로 한 동공업구와 서공업구, 상부지 일대인 남상업구, 북시장 일대인 북상구로 획정하였다. 이 계획에서 중요한 것은 교통문제였다. 특히 철도는 공업지역 물자수송에 절대적인 지위를 차지하고 있었기 때문에 심해(심양 - 해룡)선과 봉산선이 동공업구와 병공창까지 연장운행하였는데, 이는 만철이 도시계획의 주도권을 확보할 수 있는 중요한 계기가 되었다.[40] 하지만 이 계획의 실천과정에 순탄치만은 않았음을 아래의 자료를 통해 확인해 볼 수 있다.

봉천시 도시계획에 따라 부속지 서쪽의 봉천시정공소奉天市政公所 이관문제 관하여 심양현공서, 봉천시정공소, 봉천성공서가 절충안을 협의하였으며, 2월 24일 성공서에서 철서공업예정지인 황고둔皇姑屯, 칙관둔則官屯, 이관보棃官堡에서 혼하에 이르는 지역 250만평을 시정공서에 이관하여야 한다고 하였다. 하지만 봉천시장은 250만평은 시공업 예정지로서 협애하다는 이유로 다시 이를 확장하는 방법을 성공서 총무청을 통하여 민정부 총무사에 연락하고 그날 총무처장의 동의를 얻어 제1기 계획

여 왔다. 비록 그 방법이 완전하지 않아 또 종종 결함에 빠져 신민에게 고통을 주었다. 때문에 이러한 교정개량 사업이야말로 실로 목전에 필요한 계획으로 구태를 벗고 새로운 것을 실행하는 것이 초미의 급무이다"(『各國都市關係雜件 - 奉天ノ部』, 「大奉天都市計劃ニ關スル市政公署草案報告ノ件」(機密 제37호, 1933년 1월 24일)).

40 『各國都市關係雜件 - 奉天ノ部』, 「奉天都市計劃ニ關スル件」(機密 제926호, 1932년 11월 18일).

만주지역 친일단체

으로 황고둔에서 혼하에 이르는 사이를 편입예정지로 하여 사들일 것을 협의 결정하였다. 그러나 만철은 100만원의 융자지출 방법을 통하여 토지매입에 개입하려고 했지만 봉천시장와 민정부총무사의 반대로 소기의 목적 달성이 곤란하여 추후 협의하기로 하였다.[41]

위의 사실에서 심양도시계획을 둘러싼 3자간의 힘겨루기가 이루어지고 있음을 알 수 있다. 하지만 심양도시계획에서 초기 헤게모니는 만철이 장악하였음을 부정할 수는 없다. 만철은 봉천시와 합자조직 형태로 토지회사를 설립하여 철서 공업지역 토지 매수에 적극적으로 개입하였다.[42] 철서구지역 토지매수 자금은 만철에서 봉천시에 대출 형식을 통해 제공되었다. 이처럼 만철이 봉천도시계획 실시와 관련된 토지공급에 대부분의 자금을 봉천시에 제공함으로써 봉천도시계획 자체는 만철의 절대적인 입장이 반영되지 않을 수 없었다.[43] 이 과정에서 봉천시의 시제 확정에 관한 사안이 대두되었다. 대봉천도시계획위원회에서는 "봉천시가 정치적·경제적 중앙에 위치하고 군부(관동군)와의 관계상 특별한 입장에 있기 때문에 특별시정 시행은 중앙에서 반드시 이루어져야 한다"[44]라고 하면서

---

41 『各國都市關係雜件 – 奉天ノ部』, 「奉天都市計劃ニ伴鐵西土地買收ト市政計劃」(關機高支 제5448호 1933년 3월 17일).

42 『各國都市關係雜件 – 奉天ノ部』, 「奉天都市計劃ニ伴鐵西土地買收ト市政計劃」(關機高 제3307호). 철서구의 공업지구 100만평을 매수하고 그 후 토지 매수에 관하여 협력할 것을 봉천시와 만철은 협의하였다.

43 越澤明 저(장준호 편역), 『中國의 都市計劃』, 태림문화사, 2000, 138쪽.

44 『各國都市關係雜件 – 奉天ノ部』, 「奉天市政公署特別市制施行方建議ニ關スル件」(機密 제370호, 1933년 6월 28일).

민정부 총장에게 특별시제를 실시할 것을 신청하였다.[45] 하지만 만주국에서는 이를 인정하지 않고 장춘만 특별시제에 포함시켰다.

한편 위원회에서는 민정부에 정식 허가를 받은 봉천시 도시계획 예정지에 대한 부지확정과 함께 본격적인 도시계획을 시행하였다.[46] 위원회는 1934년도 제1차 위원회 회의를 개최하면서 위원회를 봉천시공서에 두는 것을 골자로 한 도시계획위원회 규칙을 정하였다.[47] 당시 위원회는 봉천성장을 위원장으로 그 밑에 부위원장에 봉천시장, 위원으로는 봉천시공서와 군부 및 만철, 봉천일본총영사관 인사로 구성되었다.[48] 이 회의에서 삼각측량·도근측량·지형측량·철서공업구 설정·수도시설 설계·공설시장 계획·시내교통통제·와사계획 등 '대봉천도시계획위원회장정 기초9항'이 협의되었다.[49] 이 안건은 그 해 9월 제2회 위원회에서 다시 봉천시 수도계획 경과보고, 대봉천도시계획의 요강 보고, 철서공업구 경영에 관

---

45 『各國都市關係雜件 – 奉天ノ部』, 「特別市制施行申請ニ關スル件」(奉市市 제20호, 1933년 6월 10일).

46 『各國都市關係雜件 – 奉天ノ部』, 「大奉天都市計劃委員會組織」(關機高支 제5199호, 1934년 3월 30일).

47 위와 같음. 규칙은 다음과 같다. 제1조 봉천시정공서에 봉천도시계획위원회를 둔다. 봉천도시계획위원회는 봉천시 및 그 인접지에 도시계획에 관하여 필요한 사항을 조사 심의한다. 제2조 위원회는 위원장 1인, 부위원장 1인, 위원 40인 이내로 조직한다. 정원 외 필요하다고 판단될 때는 임시위원을 둘 수 있다. 제3조 위원장은 봉천성장, 부위원장은 봉천시장으로 하며 위원 및 임시 위원은 위원장이 이를 임명한다. 제4조 위원장은 회무를 총리한다. 제5조 위원회에 간사·사무원·기술원·촉탁을 둔다.

48 『各國都市關係雜件 – 奉天ノ部』, 「奉天都市計劃委員會組織ノ件」(普通 제388호, 1934년 4월 13일).

49 『各國都市關係雜件 – 奉天ノ部』, 「奉天都市計劃籌備委員會組織ニ關スル件」(普通 제340호, 1934년 4월).

한 건 등을 검토 협의하였다.

이와 같이 심양의 도시계획이 순조롭게 진행되기 위해서는 무엇보다도 예산의 확보가 시급히 해결해야할 사안이었다. 하지만 심양시로서는 일시에 거액의 비용을 지불할만한 예산이 확보되지 않았기 때문에 총사업비 900만원 가운데 제1기 사업비 100만원과 상수도시설비 100만원 합계 200만원을 만주중앙은행과 동양척식주식회사에서 대출받지 않을 수 없었다. 이처럼 심양의 도시계획은 새로운 도시공간 창출이라는 측면이 강하게 반영되었지만 예산문제란 벽에 부딪치면서 '민자'유치의 끊임없는 유혹을 받게 되었다.[50] 이는 관 주도의 도시계획이 한계에 다다랐음을 보여주는 것이라 할 수 있다.

도시공간의 변화

정치도시에서 경제도시로 변화

육지의 항구로 일컫는 심양은 만주지역의 가장 중요한 물자집산지이며, 공업도시로서 토지·용수·연료·교통 등 기업활동에 편리한 제반 조건을 두루 갖춘 도시였다. 이와 같은 특수성을 지닌 심양에 기업들이 들어서는 것은 자연스러운 현상이었다.[51] 이러한 현상을 더욱 가속시킨 것은 만주국 성립 이후 실시되었던 도시계획, 즉 침략과 개발이라는 요소가 강

---

50 奉天市公署, 『奉天市公署要覽』, 1937, 79쪽.
51 臣澤千代造, 滿洲國現勢』, 滿洲國通信社, 1938, 258쪽.

하게 작용하였다. 관동군과 만철에 의해 도시계획이 수립되었고 이를 통해 기존의 정치도시라는 이미지를 탈피하여 경제도시로서 변화를 시도하였다.[52] 도시화는 인구 증가와 밀접한 관련이 있다. 심양도 예외는 아니었다.

심양으로 한인이주는 1910년대부터 본격적으로 진행되었다. 1912년 이후 꾸준히 증가하였으며, 1914년에는 서탑 부근 십간방十間房으로 100여 명이 이주하기도 하였다.[53] 상부지는 부속지와 성의 서쪽과 연접해 있는 십간방 및 대소서변문大小西邊門 밖 일대를 아우르고 있다. 특히 이 지역은 외국인의 잡거구로서 일본영사관을 비롯하여 미국·러시아·독일 영사관이 자리 잡고 있었다.[54]

한편 1930년대 만주는 대규모 농업이민이 진행된 곳이다. 일본과 식민지 조선에서의 이민자, 그리고 관내에서 쿨리(苦力) 등 그 양태는 다양하다. 만주국은 중국농민을 대상으로 진행하였던 금융·협동조합 정책이 농민들에게는 새로운 사회에 대한 배려라고 선전하였다. 군벌시기 군벌과 지주의 압제 하에서 신음하고 있는 열악한 환경의 농민을 구제하기 위한 농촌정책을 펼친 중요한 사안이 금융합작사 정책이었다. 하지만 이러한 정책에도 농업위기와 농촌의 과잉인구로 인해 도시로의 대규모 이주가 불가피하였다.

봉천조선인농무조합은 '만주사변' 전후 봉천 시내의 한인들과 그 위성

---

52 曲曉範, 『近代東北城市的歷史變遷』, 300쪽.
53 각 시기별 봉천 이주자 수는 다음과 같다. 1910년 2호 6명, 1911년 4호 22명, 1912년 6호 44명, 1913년 11호 104명으로 증가하였다(『奉天二十年史』, 183쪽).
54 曲曉範, 『近代東北城市的歷史變遷』, 122쪽.

만주지역 친일단체

도시의 한인들이 자신들의 생활안정을 꾀하기 위한 자구책 일환으로 설립했다. 한인들은 먼저 발기회를 만들고 이를 통하여 봉천 거류민회·권업공사·협제공사와 밀접한 관계를 맺으면서 1931년 2월 봉천농무조합 창립총회를 개최하였다.[55] 창립총회를 통하여 임시의장을 선출하고 각 구의 대의원을 선발하였는데,[56] 이들 대의원은 대부분 거류민회의 구성원으로서 심양 외곽지역 한인들은 이를 통하여 시내와 연결할 수 있는 고리를 구축하였다. 특히 조합 사무실을 십간방에 두었다는 것은 농민들의 시내로 유입 여지가 항상 열려있었다는 것을 반증한다. 이것은 교통로 발달과 직결된다.

도시화의 관건은 먼저 도로망이 어떻게 완비되었는가에 달려있다. 즉 동선망의 합리적 구축이 도시공간의 효율적 배치를 가능하게 하였다. 1920년대 심양의 도시화는 반식민화와 동질성을 가지고 있었다. 이 시기 장작림이 심양에 거주하면서 교량과 토목 건축, 시외곽 건설, 공업단지 조성 등 도시화의 준비가 대규모로 이루어졌다.[57] 특히 1923년 5월 시정관리체제의 정비를 통하여 상부지의 정비, 국제적 선진문물의 수입, 교통기관의 정비를 통한 도시공간의 효율성 제고 등이 추진되었다.[58] 이처

---

55 『滿蒙各地ニ於ケル鮮人ノ農業關係雜件』 2, 「奉天朝鮮人農務組合設立に關する件」(普通 제135호, 1931년 2월 20일).

56 임시 회의를 거쳐 조합장에 김보영, 부조합장 이영방, 이사 임한용, 서기 장의환이 선출되었다. 봉천조선인농무조합의 규약은 다음과 같다. 제1조 본조합은 조합원의 생산능률을 증진하여 상호 협조를 도모한다. 제2조 본 조합은 봉천조선인농무조합이라고 한다. 제3조 본조합은 봉천거류민회관내 농업에 종사하는 조선인으로 조직한다. 제4조 본 조합의 사무소는 봉천 십간방 제2구 협제공사에 둔다.

57 曲曉範, 『近代東北城市的歷史變遷』, 129쪽.

럼 교통문제는 도시공간의 효율성 문제와 직결되었다. 만주국 시기 심양 도시계획에서 도로건설비가 차지하는 비율은 39%이다. 도로건설과 함께 하수도 정비 역시 18%로 큰 비중을 차지한 사실로 보아 심양 도시계획에서 도로건설과 하수도 정비사업이 역점사업이었음을 알 수 있다.[59]

만주국은 건국 후 1년을 거치면서 1933년 3월 1일 만주국 경제건설 요강을 선포하고 경제건설의 근본 방침을 명확하게 하였다.[60] 만주국의 경우 자본주의 폐해를 최소화하기 위해 국가적 통제를 기본으로 하였으며, 이에 따라 네 가지 근본 방침 하에 경제시스템이 구축되었다.

첫째 국민전체의 이익을 기조로 한 자원개척실업 진흥의 이익이 일부 계급에 농단되는 폐해를 막는다는 것이었다.

둘째 국내 자원을 효과적으로 개발하여, 경제 각 부문의 종합적 발달을 도모함으로써 중요 경제 부문에는 국가적 통제를 가한다.

셋째 이원利源의 개척, 실업 장려에 대해서는 문호개방, 기회균등 정신에 입각하여 세계에 자본을 구하고 특히 선진제국의 기술경험과 기타 좋은 것을 수집하여 적절하게 이용하는 방침이다.

넷째 동아경제의 융합 합리화를 목적으로 먼저 일본과 상호 의존 경제 관계에 비추어 협조에 중점을 두고 상호 부조 관계를 긴밀하게 유

---

58 러일전쟁 이전까지 심양의 도로형태는 물자집산지로서의 기능을 수행하지 못했을 정도로 정돈되지 못하였다. 이것은 고궁이 심양의 상징으로 작용하여 원활한 상거래를 위축시켰던 것이다(仲摩照久, 『風俗地理』, 新光社, 1930, 230~231쪽).

59 月澤明, 앞의 책, 143쪽.

60 大藏省管理局, 『日本人の海外活動に關する歷史的調査』, 69쪽.

지한다.[61]

이처럼 만주국의 경제건설 방침은 자원개발과 국가 통제 그리고 일본
과 협력을 주요 골자로 이루어졌다. 이는 동북지역에 대한 일본 본국의
경제정책에 자원약탈과 함께 일본 경제의 후방이라는 측면이 강하게 내
포되었음을 알 수 있다. 특히 경제통제는 국가통제로 이어졌으며, 국방
혹은 공공의 이익을 위한 특수회사의 설립으로 나타났다.[62] 이는 만주국
이 내세웠던 정치적 측면에서 치안제일주의와 경제적인 면에서 국가통제
라는 큰 축이 당시 일제가 만주국을 어떻게 설립하게 되었는지를 단적으
로 보여주는 예라고 할 수 있다.

만주국의 도시계획에서도 일본적인 것의 이식이 그대로 나타났다. 심
양의 만철부속지에는 야마토호텔을 비롯하여 요코하마정금은행 봉천지
점·봉천경찰서·일만공군본부·흥업은행·관동군사령부가 들어서 있었
다. 이들 건물은 봉천역을 방사형으로 계획된 중앙광장(현재 중산광장)에
위치하였다. 이처럼 만철부속지는 만주국 관련 기관뿐만 아니라 일제의
침략통치기관이 설립되어 일본인들에 대한 '특권지역'으로 상징화되었
다.[63] 하지만 심양도시화의 특징은 무엇보다도 대동구와 철서구라는 공업

---

61 大藏省管理局, 앞의 책, 69~70쪽.
62 통제방법은 통신·철강·경금속·석유·자동차·병기·아연·구리 등 자원 전반에 걸
    쳐 행해졌다(大藏省管理局, 위의 책, 74~75쪽).
63 曲曉範, 앞의 책, 102~107쪽. 만철부속지의 일본인 이민은 두 가지로 크게 나눌
    수 있다. 하나는 정부 정책 하의 조직적 이민이며 다른 하나는 자유이민이다. 만주
    지역에 산재한 만철부속지의 일본인 인구는 평균 40%정도이며, 조선인은 5% 정도
    였다. 일본인 인구의 증가와 함께 만철부속지는 완전히 일본식으로 정착되었다.

지구의 탄생이었다. 도시계획으로 심양에는 크게 세 지역의 공업구가 만들어졌는데, 대동구는 군수공업지대로, 심해구는 생산경공업지대로, 철서구는 생산기계화공업지대로 각각 편성되었다.[64]

심양이 공업도시로 거듭날 수 있었던 것은 주변 여건이 마련되었기 때문이다. 무순에 있는 동양최대의 노천탄광과 안산의 제철소는 심양이 공업의 메카로 성장할 수 있는 원동력이었다. 철서구의 건설은 만철부속지의 확대를 가져온 최초의 움직임이었으며, 1934년 심양현 관할 1,157만 m²의 토지를 철서 개발구로 편입 확정하였다. 철서공업구 건설은 도로정비가 가장 먼저 시작되었으며, 1935년에는 35가에 이르렀다. 이러한 과정을 거쳐 철서구에는 제조업체가 속속 입주하였으며, 기계제조류·목재공업류·경화공업류 등 철서구내 대형 공장만 191개에 이르렀다.[65]

이와 함께 상업지구도 설정되었는데 소서변문 부근이 그곳이다. 이들 지역의 중심점은 심양공원의 봉천시 공서대가이다. 그 앞에 면적 57,000m²의 중심대광장이 건설되었고 광장 주위에 고등법원과 우체국 등 높고 큰 건축물이 있으며, 이것이 심양의 신구 표준 건축군들이었다. 이외 광장 주위에 심양 순환 전차로가 건설되었고, 무순·철령·법고·요중·요양·신민·대련으로 나가는 방사형 국도가 연접해 있었다. 이처럼 만주국은 교통시설의 확충에도 힘을 썼는데 이는 새로운 자원약탈과 인구증가를 위해서 추진되었다.[66]

---

64 奉天市公署, 『奉天市公署要覽』, 1937, 46쪽.
65 『奉天經濟事情』(1938년판), 24~35쪽.
66 奉天商工會議所, 『奉天經濟三十年史』, 255쪽.

심양의 3개 중점 건설구는 태원가였다. 이 거리는 일찍이 1910년대 초 이미 상업가로 발전하였으며 그 사이 두 개의 도로로 나뉘어 건설되었고 그 남쪽은 상업 지구의 면모를 유지하고 있으며 태동·평안·봉천·흥업 등 많은 상업 빌딩이 들어섰다. 그 북쪽에는 봉천 철로국과 관동군 행정 건물이 세워졌으며, 봉천철도사무소·봉천지방사무소·철도총국·관동군 경리부·관동국·제일군관구사령부 등 고층 빌딩이 세워져 심양의 마천루 지역이 형성되었다.[67]

심양의 도시계획이 진행되면서 인구는 급증하였고 이로 인한 주택문제와 새로운 건설 문제가 대두되었다. 심양의 인구는 만주국에서 예상한 것보다 훨씬 급속하게 증가하였다. 1935년 10월에 심양 인구는 이미 527,241명에 달했다. 이는 '만주사변' 당시 보다 20여만 명이 증가한 것이다. 나아가 중일전쟁기에도 심양의 인구는 계속 증가하여 1938년에는 75만 명에 달하였다.[68] 심양의 인구증가는 도시계획의 성패와도 밀접한 관련이 있었다. 1934년의 봉천시의 도시계획에 비추어 보면 제1기 공정은 1941년에 끝나고 제2기는 1942년으로 계획되었다. 이 시기 심양의 인구는 급속하게 늘었지만 도시구조의 건전성이 담보되지 않아 제1기 공정이 1945년 이후로 연기되었고 이에 따라 실질적으로 완성되지 못했다. 제2기 공정은 1942년에 시작되었는데 원래 십자형 지하철로를 건설하려는 것이었으나 대동중공업구와 심해경공업구의 건설이 경비부족으로 실행되지 못했으며, 결국 1943년 심양의 도시계획은 전면 중지되었다.

67　曲曉範, 앞의 책, 299~304쪽.

68　奉天市公署, 『奉天市公署要覽』, 1937, 9~11쪽.

시역확장과 도시공간 변화

만주지역을 일대 혼란으로 빠뜨린 '만주사변'은 농촌사회를 중심으로 정착되어 있던 한인사회를 흔들면서, 한인의 대도시 이주를 촉진하는 계기가 되었다. 물론 이주라기 보다는 '일시적인 피난'에 가까웠지만, 그들 가운데 상당수는 농촌으로 귀환하지 못하고 도시에 머물게 되었다. 심양은 이러한 현상이 두드러지게 나타난 도시 가운데 하나였다. 이렇듯 심양은 '만주사변'의 영향과 그 이듬해 설립된 만주국이 추진한 도시계획을 계기로 폭발적인 인구증가 추세를 보였으며, 도시 규모 역시 그에 비례하여 커져 갔다. 1931년 27만이었던 인구가 1년간 약 10만 명이 증가할 정도로 심양은 만주국의 성립과 도시구조의 확대라는 특징을 잘 보여주고 있었다.[69] 급속하게 팽창하는 도시 심양에 대하여 만주국에서는 장춘과 마찬가지로 도시계획을 통해 새로운 형태의 도시로 탈바꿈시키려고 하였다.

심양에 일본인들이 본격적으로 진출하기 시작한 것은 러일전쟁 직후였다. 하지만 그들에게 거류지로 허락된 것은 성내가 아니라 성밖이었다. 그곳이 바로 상부지商埠地였다. 이곳의 십간방부터 소서관小西關에 걸쳐 많은 일본 상인들이 모여 들었고 총영사관과 봉천거류민회도 설치되었다.[70] 이후 이곳에 인접한 철도역을 중심으로 1910년대 초에 신시가지가 건설되었는데 이것이 만철부속지였다. 철도경영권을 손에 넣고 철도 용지라는 명목으로 광대한 토지를 취득하여 진출 거점으로 삼는 수법은 조선에

---

69 奉天市公署, 『奉天市公署要覽』), 1937, 9쪽.

70 하시야 히로시(김제정 옮김), 『일본제국주의 식민지 도시를 건설하다』, 모티브북, 2005, 46~48쪽.

서도 행해지고 있었지만 포츠머스조약에 의한 만철 부속지의 권익은 그 것을 대규모화시켰으며, 만주에서 행해진 일본의 도시건설을 위한 발판이 되었다. 만주국 성립 이전까지 심양은 성내·만철부속지·상부지 세 부분으로 구성되어 있었다. 하지만 만주국 건국 이후에는 일본의 본격적인 도시계획을 통하여 공업지구가 크게 늘어났으며, 인구유입의 급속한 증가로 인해 도시구조 역시 점차 변하기 시작하였다. 특히 심양의 도시구조 변화는 일제의 식민지 도시건설이라는 측면과 연동되어 나타났다. 즉 도시화·공업화·식민지화가 동시에 진행되고 있다는 것이었다.

만주국 설립 이후의 봉천은 경제도시로서 계획되었다. 신경(장춘)이 정치도시로 계획된 것에 비해 봉천은 만주의 경제중심도시로서 대규모 공업지역이 건설되었다. 식민지기 도시계획은 도시의 교통·보안·위생·경제에 걸쳐 공공의 안정과 복리증진을 목표로 세워졌으며, 일제는 이러한 것을 '근대의 세례'로 선전하였다. 앞서 언급했듯이 1932년 만주국에서는 군특수부, 만철 및 시공서를 TF팀으로 하는 도시계획준비위원회를 창립하여 봉천시 전반에 대한 도시계획을 입안하였다.[71] 계획 구역은 심양 상부지와 부속지를 포함하여 동쪽으로는 동대영과 서로는 철도서북쪽, 북은 북릉, 남은 혼하까지로 정하였다. 심양을 '근대문명대도시'로 탄생시킨다는 것이 일제가 추진했던 도시계획의 명목상 목적이었지만 실질적으로는 공업도시로 계획되었다. 도시규모는 인구면에서 보면, 100만명 정도로 계획하였는데, 각 민족 비율은 중국인 75만, 일본인(조선인 포함)

---

71 『各國都市關係雜件 – 奉天ノ部』, 「奉天都市計劃ノ件」(關機高 제9849호, 1932년 8월 1일).

20만명, 기타 5만명으로 설정하였다.

만주국은 중일전쟁기를 '제2의 국가건설기'로 설정하고 그에 따른 제반조처를 국무원 주도로 진행하였다.[72] 이러한 도시계획을 통해 탄생한 1935년 봉천은 만주사변 이전과 비교하여 약 20만명의 인구가 증가하였고, 이와 같은 인구증가와 도시공간의 변화는 연동해서 일어났다. 물론 도시계획이라는 큰 틀이 수반된 것은 말할 필요도 없다. 1936년 봉천의 인구를 정리하면 〈표 1〉과 같다.

〈표 1〉에서 알 수 있듯이 당시의 봉천 거주 일본인 가운데 약 83% 정도가 만철부속지에 거주하고 있었다. 만철부속지의 인프라가 잘 갖추어졌기 때문에 이 지역 일본인들이 집중적으로 거주하고 있다는 것은 당연한 현상이었다. 이에 반해 한인들은 12% 정도만 부속지에 거주하고 있었다. 한편 봉천시의 인구가 이처럼 급속하게 증가한 것은 만주국의 도시계획이 본격적으로 추진하면서부터였다. 이 가운데 한인(조선인)의 비율은 2.8% 정도였다. 이들 대부분은 서탑과 십간방에 거주하고 있었다. 봉천으로 인구유입과 증가는 만주국의 건립과 함께 진행되었고, 이는 도시계획과 무관하지 않았다.

일본인 거주지인 만철부속지의 깨끗한 시가지와는 달리 서탑부근의 한인 거주지는 도시계획 속에서도 제대로 된 정비체제를 갖추지 못했다.[73]

---

72 全國圖書館文獻縮微複製中心, 『僞滿洲國史料』 2, 2002, 4~16쪽.

73 윤휘탁은 앞의 연구에서 봉천시의 민족구성과 그들의 직업분포·임금실태·사회교육실태 등에 대하여 심도있게 다루었다. 하지만 도시계획 과정과 그 이후 한인 거주지에 대한 분석은 결과론적 시각에 국한되어 미흡한 면이 없지 않다. 서탑을 지저분하고 더러운 곳으로 묘사한 기사를 인용하였는데 이는 도시계획상 한인 거주

<표 1> 1936년 봉천 인구

구역별	민족별		호수	인구		
				남	여	계
봉천시	총호구수		85,350	290,487	167,247	458,734
	滿人		78,188	274,712	155,082	429,794
	일본인	호구수	6,894	15,334	11,851	27,185
		일본인	3,855	7,844	5,384	13,192
		조선인	3,039	7,490	6,503	13,993
	외국인		268	441	314	755
부속지	총호구수		18,390	54,357	35,123	89,480
	일본인	호구수	15,436	36,587	30,710	67,297
		일본인	15,202	35,394	30,171	65,565
		조선인	234	1,193	539	1,732
	滿人		2,756	17,438	4,143	21,581
	외국인		198	332	270	602
총인구수			103,740	344,844	202,370	547,214

* 출처 : 奉天市公署, 1937 『奉天市公署要覽』, 10쪽.

여기에는 융화를 내세운 만주국의 차별성이 극명하게 드러나고 있었다. 1935년 봉천시는 만철부속지에 거주하던 한인들에 대해 만철사택 건설을 이유로 80호를 강제 철거하였다.[74] 이 과정에서 봉천경찰서는 한인들에게 아무런 대책도 세워주지 않았는데 이는 어쩌면 '2등공민'이 겪게 되는 당연한 결과였는지도 모른다. 또한 1938년 제2차 도시정비를 집행한다는 명목으로 서탑지역 일부 상가와 주택 80채를 철거한다고 하였다. 그

지에 대한 차별의 구조화를 간과한 것이라 할 수 있다.
74 『조선중앙일보』 1935년 8월 28일 「80동포 住家에 돌연 철훼명령」.

상황을 보면 다음과 같다.

봉천도시계획이 실시된 이후부터 현재 수년 동안을 두고 불량주택 철거로 말미암아 일반 민중들이 받은 영향은 적지 아니하여 봉천 사회 일대 파문을 던지고 있으니 이즈음에는 또다시 봉천봉신창고주식회사에서 2, 30년의 조선인의 근거지인 서탑 거리 일부 조선인 상가와 주택 80여호를 전부 철거시키기로 몇 달전 그곳 주민들에게 바로 비워달라는 내용증명을 발하고 주택을 무단으로 절훼하여 버리다가 경찰의 제지로 정지하고 있다. 만일 동사건이 그대로 실행되는 날이면 재조선인에게는 일대 사회 문제일뿐 아니라 그것을 닦아놓은 서탑거리에 천여호의 지반도 이후 모두 무너질 지도 모른다.[75]

도시화의 진척은 주거공간의 새로운 재편을 의미하기도 한다. 심양이 공업도시로서의 면모를 갖추어 나가면서 노동자들의 대규모 주택단지 문제가 대두되었으며, 이를 통하여 기업가는 기업고유의 인력을 확보하려고 노력하였다. 따라서 서탑지역의 한인 거주지는 불결하고 더러운 곳으로 지목되어 철거되어야할 대상이었다. 이곳을 주택단지로 공간재배치를 도모하려 했던 것도 당연한 현상인 지도 모른다. 이렇듯 봉천시에서는 서탑지역 한인주택 80여 호를 철거하려고 하였지만 여론 등에 부딪혀 일단 유보 결정이 내려졌다. 하지만 1939년 봄까지 철거를 유예한다는 것은 봉천시의 결정이었으며, 이주한인들은 새로운 거주지, 즉 주변지역으로 나

---

75 『동아일보』 1938년 10월 6일 「서탑가의 천여호 주택 풍전등화의 위기 직면」.

심양 서탑. 한인 거리 서탑은 여기에서 유래되었다.

가야만 하였다.[76] 도시화는 통합을 주요 이념으로 내세웠던 만주국의 그 것과는 다르게 진행되었으며, 한인 역시 도시화의 주변성에 머무는 경우가 많았다.

일제는 식민지 도시를 건설하면서 각 구역의 분배뿐만 아니라 일본인들의 삶의 질도 고려하였다. 그 중요한 잣대가 상하수도의 건설이었다. 이는 위생과도 직결되는 문제이다. 만주지역에서 일본인들이 각종 전염병에 시달렸던 것도 이와 무관하지 않았다.[77] 하지만 한인 거주지인 서탑과 십간방의 상황은 매우 심각한 지경이었다.

---

76   『동아일보』 1938년 10월 10일 「서탑조선인 철거문제 明春까지 기한은 연장됐으나 이주지가 없어서 곤란」.
77   『僞滿洲國史料』 2, 204쪽.

40여만이라는 인구를 포용하고 국제도시라고 자만하고 오는 봉천은 특히 시정공서 관할인 상부지 서탑 십간방에는 작년도에 싸인 눈과 수개월간 태산같이 싸인 진분을 그냥 두어 두기 때문에 올 봄에 서탄 1대에는 물나라를 이루어 일반 통행인이 두절되어 수만의 거주민은 지정공서의 비행에 분개하여 비난이 분분하다고 하며 그뿐만 아니라 서탑 십간방을 중심한 대도로에는 운반마차의 빈번함에도 불구하고 그 포장시설의 불비와 산수 설비가 없기 때문에 여름과 가을철에는 홍진만장에 생지옥의 현상을 이루고 취약 불결의 진연은 주민의 보건 위생상 큰 문제가 되어 더욱이 금년도에는 당지 거류민회로부터 시정공에 위촉금 3천원까지 주어 청소를 위촉하였는데 책임당국으로 주민의 생명에 관한 중대문제에 대하여 방관하는 것을 일반은 분개하여 의론이 분분하였다.[78]

봉천시 거주 한인들의 생활비를 도출하기가 어렵지만 오히려 이들 가운데는 최소한의 '생계비'만 필요했을지도 모른다. 수입의 대부분이 식비로 지출되고 저축 등을 통해서 미래에 대한 설계가 거의 없는 상황에서 이들에게 질병은 거의 절망에 가까운 사형선고나 마찬가지였다. 이러한 상태 속에서 서탑과 십간방 거주 한인들에게 상하수도 문제는 질병과 직접 관련이 있기 때문에 반드시 해결해야 할 문제였다. 하지만 봉천시 당국은 한인들에게 철거라는 '카드'만을 내세웠지 소외지역에 대한 적극적인 대책은 세우지 않았다. 만철부속지 정비된 상하수도시설은 서탑과 십간방에서는 찾아볼 수 없었다.[79] 여기에서 만철부속지의 잘 정돈된 모습

---

78 『동아일보』 1936년 4월 3일 「積雪과 녹분으로 通行까지 두절」.

은 서탑과 십간방의 이주한인들에게는 차별의 상징이었다. 이러한 가운데 1932년 봉천시에 호질이 발생하여 서탑지역 한인들이 공포에 떨게 되었다.[80] 이에 따라 1933년에는 서탑지역의 위생과 도로정비를 추진하기 위해 이주한인들을 대표로 선출하여 봉천시 당국과 협의를 하기에 이르렀다. 1938년 5월 십간방에 있는 신대륙사新大陸社[81]에 모여 서탑지역 위생과 전염병 발생의 위험도가 높기 때문에 이를 시정하기 위해 도로의 개수와 우마차 통행 금지를 봉천시에 요청하고 이를 결의하였던 것이다.[82]

봉천서탑은 만주사변 이래 동포촌으로서 날로 이주민이 격증하여 오늘날에는 총호수가 2천여호에 달한다는 데 이 가운데 대부분은 피난민이라 위생시설은 커녕 주가와 의식이 극히 곤란하여 주가도 노천생활을 할 수가 없어 겨우 풍우나 방지할 정도의 가주가를 짓고 지내고 있다. 그리하여 위생 시설이 없이 심지어 변소·우물·하수도의 구별이 어려운 비위생지대 화목동花木洞을 비롯하여 부근에 거주하는 동포 십수명이 지난 24일 밤에 서탑 금강여관에 집합하여 관리당국인 시상부국 및 영사관에 동 지대의 위생시설의 결함을 들어 진정할 것을 결의하였다. 때는

79　『동아일보』 1938년 3월 12일 「泥解化한 奉天市 80만 市民 대수난 특히 在留朝鮮人 市街에 우심」.

80　『동아일보』 1932년 8월 12일 「奉天附屬地에 호역」.

81　신대륙사는 이주한인들의 복리를 증진시키기 위한 활동에 전념하였다. 특히 이 신문사의 사장인 金鍾範은 재만 정의부계열로서 항일독립운동에 적극적으로 투신했던 인물이었다.

82　『동아일보』 1933년 5월 23일 「奉天西塔대가 道路 改修要請, 조선인측이」. 당시 대표로는 지석모·김찬형·임한용·김삼민·최사림 등이었다.

바로 전염발생 시즌을 눈앞에 두고 비위생지대를 방관하고 있는 시정공서의 처지에 일반인들은 불만하여 이에 대한 구체적 방침을 결의할 터이라 한다.[83]

무질서한 서탑의 현실은 도시계획 속에서 한인거주지가 차별받고 있다는 것을 반증한다.[84] 즉 소외지역이면서 아이러니컬하게도 관심지역이기도 한 이곳이 바로 한인들이 거주하던 서탑과 십간방 지역이었다. 심양 서탑을 중심으로 형성된 한인거주지는 심양역과 인접해 있기 때문에 교통이 편리하여 한인들이 정착하기에 용이하였다. 이에 따라 일본측 기관도 서탑과 가까운 곳에 포진하고 있었다. 도시구조는 정책입안자의 구상에 따라 변형된다. 다만 그것이 한인들의 입장에서 어떠한 영향을 미쳤는가가 중요한데, 당시 도시구조는 한인거주지를 '오래된 곳'이나 '철거 대상지'로 지목하였으며, 이를 위해 적극적인 해결책은 거의 없는 듯했다. 따라서 한인거주 서탑과 십간방은 점차 슬럼화되었으며, 이는 새로운 형태의 주거를 계획하였던 만주국 입장에서도, 작게는 봉천시의 도시계획

---

83 『동아일보』 1935년 6월 28일 「西塔在住同胞 衛生施設 眞情」.

84 만주국 시기 한인의 차별은 교육에서도 나타났다. 심양 거주 한인들의 교육문제가 얼마나 심각하였는지는 다음 인용문을 통해서 잘 알 수 있다. "재만조선인의 중등교육문제의 조급함을 통감하게 느낀 바가 있어 지난 5월 조직된 만주조선인 중등학교촉성주비회 봉천지방위원회에서는 지난 29일 오후 8시부터 당지 보통학교 강당에서 전시민대학을 위원장 이헌씨의 사회로 개최한바 참석한 인사가 무려 7, 8백명에 달하는 대성공을 이루었고 이어 12명의 연사가 차례로 등장하여 중등교육문제에 대해 연설하였으며 선언과 결의안을 만장박수로 통과시킨 후 산회하였다"(『동아일보』 1933년 5월 25일 「在滿朝鮮人의 發起로 中學校期成을 결의」).

만주지역 친일단체

속에서 한인 거주지의 차별성을 여실히 드러내는 상징으로 정착되어 갔다. 즉 거대도시 봉천의 탄생은 새로운 각 민족의 새로운 집거구를 만들어 냈으며 한인 거주지 역시 이와 별개일 수 없었다. 하지만 대표적 한인 거주지 서탑과 십간방은 차별과 융화가 동시에 발생하는 곳이었으며, 이러한 현상은 해방까지 지속되었다. 이것이 식민지배의 강력한 제국이 형성되면서 나타난 피지배민족의 이중적 차별의 결과였다.[85]

도시화의 식민지성

제국주의 시기 식민지 도시의 특징은 유럽과 아시아에서 상이한 형태로 나타났다. 일본의 식민지에서는 서구의 많은 식민지와는 달리 공업화가 진전된 것이 특징이었다. 일반적으로 서양에서는 본국에서 산업혁명이 일어나고 공업화가 진전된 후에 식민지 지배가 본격화되었다. 따라서 식민지는 본국의 공업을 떠받치기 위한 원료나 식량의 공급지, 그리고 본국에서 생산된 공업제품의 시장이라는 역할을 담당했다.[86]

도시화를 수반한 공업화는 도시의 외연확대를 초래하였다. 심양의 경우 도시화의 장애가 될 수 있는 지형이 거의 없어 도시계획에 따라 최대한 시가지를 확장할 수 있는 조건을 갖추었다. 이에 따라 심양의 도시계

---

85 일제가 협화를 주창하면서 이주한인들을 만주국의 구성원으로 끌어들였지만, 한편으로는 독립운동의 잠재적 인자로 파악하였기 때문에 이중적 잣대가 항상 따라다니게 되었다.

86 하시야 히로시(김제정 옮김), 앞의 책, 56~57쪽.

획이 수립되고 진척되면서 새로운 형태의 도시로 재탄생하게 될 수 있었다. 도시의 성장은 크게 두 가지로 나눌 수 있다. 첫째 도시 내부에서 양적·질적으로 발생하는 토지이용 강도의 분포변화와 둘째 증가하는 인구와 경제활동을 수용할 수 있는 토지를 확보하기 위한 구역확장이다.[87] 심양의 경우 공간구조의 신설과 기존 공간의 팽창을 통하여 시가지가 확장되었으며, 이로 인한 도시공간 역시 새로운 형태로 재편되었다

심양의 도시화는 앞서 언급하였듯이 주변 농촌인구의 유입에 따라 더욱 가속화되었다. 방대한 농촌인구가 유입되면서 심양은 새로운 도시형태를 띠게 된다. 빈곤한 농민들은 도시로 이주하면서 생계문제에 봉착하게 되었으며, 이들은 대부분 일시적 노동자로 전락하거나 상업활동의 보조자로서 생활하였다.[88] 심양의 도시계획 과정에서 철서구와 같이 공업지대로 새롭게 계획된 곳은 숙련된 노동자의 공급이 필수적이지만,[89] 심양으로 이주한 사람들 대부분은 농촌에서 이탈된 자들이었으며 이차 이주를 택해서 정착한 것이다. 이처럼 심양은 외형적인 팽창을 거듭하면서 소외계층이 확산되는 현상 또한 급격하게 나타났다.

만주국 도시의 양적 팽창이 급속하게 나타나면서 도시공간의 불균형과 그에 따른 부작용도 드러났다. 심양의 도시화가 진행된 가운데 인적 자원

87　허정도, 『전통도시의 식민지적 근대화』, 신서원, 2005, 445쪽.
88　빈곤한 사람들은 일거리를 찾아 단계적으로 마을에서 소읍을 거쳐 지방의 중심부로 이주하기도 한다. 그러나 극빈층의 영구적인 이주는 보다 기술을 갖춘 부유층의 경우보다 훨씬 가능성이 적은데, 그 이유는 대도시의 경쟁적인 노동시장에서의 생존을 용이하게 해 줄 접촉과 자원을 갖추고 있지 않기 때문이다.
89　月澤明, 앞의 책, 219쪽.

의 수급은 관내 노동자와 주변 농업지역에서 유입된 사람들로 충당되었다. 흔히 노동자 가운데 쿨리(苦力)는 생활정도가 일반노동자 보다 낮다. 이들에 대해서는 통제기관이 없기 때문에 정확한 인원을 파악하기가 어려운데 심양경찰청의 조사에 의하면 1937년 150만명에 달하였다고 한다.[90] 이들 가운데 봉천으로 들어온 노동자는 약 30만명 정도였다. 이들 대부분은 만주공창·항공공창 등에 수용되었으며, 이들 가운데 약 2% 정도만 철서공업구에 수용되었다.[91] 이들이 '만주국'의 토목 건설업을 비롯한 기간 산업에 필요한 존재였음은 두말할 필요도 없지만 일본인과 임금 차별, 생활환경의 열악화 등 각종 차별적 대우를 받고 있었다. 쿨리는 기술의 유무와 노동력의 과다에 상관없이 평균 하루 70전 정도의 임금을 받았다. 특히 이들에게는 최소한의 보호법이 적용되지 않았으며, 사회적 불이익을 감수할 수밖에 없었다.[92] 이는 만주국이 주창했던 '오족협화'와도 배치되는 것으로 심양 도시화의 '근대성'[93]의 특징을 단적으로 알 수 있다. 이들의 임금과 일본인의 임금비를 정리하면 〈표 2〉와 같다.

---

90 遼寧省檔案館 編, 『滿鐵與勞工』 제2집 4권, 423쪽.
91 遼寧省檔案館 編, 『滿鐵與勞工』 제2집 4권, 424쪽. 1936년 11월부터 1월말까지 만주지역에 들어온 쿨리 인원 가운데 봉천 공업지구에 수용된 자의 비율은 25%에 이른다.
92 遼寧省檔案館 編, 『滿鐵與勞工』 제2집 1권, 427쪽.
93 심양 도시화와 근대성의 상관성은 일본적인 것의 이식이라고 할 수 있다. 일본이 메이지유신 이후 빠르게 진행했던 자본주의화가 식민지 건설과 이를 통한 서구적인 것의 이식으로 나타났다. 당시 일본은 서구적인 것을 '근대'로 인식하였으며, 식민지 도시건설에서도 이를 반영하였다. 하지만 식민지 도시건설에서는 일본적인 것이 먼저 개입되었는데, 거주공간·교육·문화적 공간 등에 그대로 적용되었다.

<표 2> 봉천 직업별 노동자 임금   (단위 : 원)

직명	일본인			중국인		
	최고	평균	최저	최고	평균	최저
쿨리(인부)	3.00	2.50	2.00	0.80	0.70	0.60
토공	4.00	3.50	3.00	1.00	0.80	0.70
석공	4.00	3.50	3.00	1.80	1.60	1.40
연와공	4.00	3.50	3.00	1.70	1.50	1.30
도공	4.00	3.50	3.00	1.70	1.50	1.30
목공	4.00	3.50	3.00	1.70	1.50	1.30

* 遼寧省檔案館 編, 『滿鐵與勞工』 제2집 4권, 432쪽.

　　일본인과 중국인의 임금차는 최대 5배 정도이며, 최소 3.6배였다. 이처럼 봉천지역 노동구조의 불균형은 임금에서 가장 크게 나타난다. 앞서도 언급하였듯이 봉천은 만주국의 가장 중요한 공업지역이며 중국인의 역할이 가장 큰 곳이기도 하였다. 하지만 노동력의 공급과 임금의 격차는 반비례현상을 보이고 있으며, 이는 일제가 주장했던 '낙토왕국'과는 거리가 먼 '그릇된 이상향' 구현이었다.

　　봉천의 대표적 공업지역인 철서구의 공장노동자는 약 5,000명이다.[94] 그 가운데 처를 거느린 자가 과반수를 차지하고 있으며, 이들의 생활상태는 1일 평균 가구당 80전 정도였다. 이들의 주거지는 사택을 공급받거나 철서지역 내 을종 주택을 사용하고 있었다. 노동구조의 불균형은 만주국의 태생적인 한계로, 이것은 도시계획 입안단계부터 그 문제가 노정되어

94　遼寧省檔案館 編, 『滿鐵與勞工』 제2집 4권, 434쪽.

〈표 3〉 1935년 6월 노동자

지역	공장 수	공장노동자수							
		일본인		중국인		조선인		기타	
		남	여	남	여	남	여	남	여
봉천	123	1,362	30	15,471	2,255	364	229	10	
		막노동자							
		일본인		중국인		조선인		기타	
		남	여	남	여	남	여	남	여
				1,279	360	1,035	131		

* 遼寧省檔案館 編, 『滿鐵與勞工』 제2집 1권(廣西師範大學出版社, 2003), 87~88쪽.

있었다. 특히 도시화에 따른 부작용으로, 소외계층의 확산과 심양의 도시
공간 구조가 불균형의 고착화를 지속시키는 형태로 바뀌었다.[95]

한편 1930년대 남만주지역 한인이 경영하는 공장 수는 21개로 증가하
였고 노동자 역시 그에 비례하여 늘어났다. 한인경영공장에는 일본인 노
동자가 단한명도 없으며, 한인과 중국인들만이 근무하였다.[96] 이는 한인
공장의 근무조건이나 생활환경에서 일본인들의 입맛을 충족시킬 수 없었
기 때문에 나타난 현상이라고 할 수 있다. 1935년 6월 기준 봉천지역 공
장노동자와 일반노동자를 정리하면 〈표 3〉과 같다.

〈표 3〉에서 알 수 있듯이 가장 두드러진 특징은 공장노동자 보다 막노

---

95 근대적 공간은 사실상 끊임없이 주변으로의 확장을 목표로 하는 개별행위의 집적
물이다. 주거의 대량생산에는 대규모의 토지가 소요된다. 토지를 찾는 일은 도시화
에 관련된 주변의 땅들 즉, 밭이나 철로주변 혹은 군사예정지 등과 마주치는 경계
에 이르기까지 진행되었다.

96 한인 1,064명, 중국인 156명이다(遼寧省檔案館 編, 『滿鐵與勞工』 제2집 1권,
88쪽.

동자가 더많다는 사실이다. 공장노동자가 모두 정규직이라고 가정하더라도 막노동자가 이렇게 많이 있다는 것은 한인사회의 중대한 문제이기도 하였다. 한인사회 주요 노동인구가 남자인데 막노동자가 많으면 한인사회의 토대가 불안정하게 되며, 이는 여러 가지 사회문제로 야기될 수 있는 소지가 많았다. 예컨대 아편흡연이 많이 발생한 것도 그와 같은 맥락에서 이해할 수 있다.[97]

한편 이주한인 노동자들은 한인이나 일본인 경영 회사에서 적절하지 못한 대우에 불만을 품고 파업을 전개한 경우가 있었다.[98] 1934년 심양에 소재한 만주자동차주식회사의 노동자 홍순두洪淳斗는 종업원 처우 개선을 실시하지 않을 경우 대규모 파업을 단행하겠다고 하였다. 이때 참가한 한인 노동자는 35명에 달했다. 이렇듯 심양의 한인 노동자들은 자신들의 권익을 보호받고, 또 일제에 항거하기 위해 단체를 조직하여 체계적인 저항을 전개하였다.

만주에서 이주한인 노동자가 차지하는 비율은 매우 낮다.[99] 하지만 심양을 비롯해서 주요 도시에서의 노동종사자는 이주한인 전체에서 차지하는 비율이 낮은 편은 아니다. 이러한 현상은 만주국 이후 심양과 같은 도시지역의 규모가 커지면서 인근 지역의 인구를 흡수하였기 때문이다. 유입된 노동자 가운데 제도적 보호를 받고 있는 철서구 노동자들은 주로 사택에 거주하였다. 그러나 모든 노동자가 사택을 제공받았던 것은 아니었

---

97 金台俊, 「奉天印象記」, 『三千里』 7권 9호, 1935, 197쪽.
98 遼寧省檔案館 編, 『滿鐵與勞工』 제2집 1권, 廣西師範大學出版社, 2003, 100쪽.
99 遼寧省檔案館 編, 위의 책, 120쪽.

만주지역 친일단체

다.[100] 도시화의 근대성 척도가 주거공간의 확보와 밀접한 관련이 있음을 볼 때 심양의 도시화는 기형적인 측면이 내포되었음을 알 수 있다.[101]

도시의 근대화는 정치·경제 발달의 역사적 전개와 밀접하게 관련되어 있다. 심양의 '근대화'는 남만철도, 경봉철도와 안봉철도의 교착점으로서 기능도 포함하고 있었다. 특히 만철부속지의 면적은 급속하게 확장되었고 이는 일본 세력의 확대와 직결되었다. 즉 심양의 도시근대화는 정책의 주체가 외세라는 점에서 기존 심양이 지닌 도시적 특성을 개변시키기에 충분하였다. 만철부속지의 도시계획 과정을 만철의 여러 사업과 연계하여 본다면 당시 일제가 만철 연선에서 진행하였던 각종 도시계획의 일반성을 도출해 낼 수 있다. 이렇게 진행된 도시계획은 근대화라는 또는 도시화라는 선전 속에서 일제의 자금력에 의해 이루어졌다. 이 시기 일본의 자금력이 도시계획을 진행할 수 있을 정도로 축적되었다는 점은 이미 만주에 대한 지배력 강화와 직결된다.

1920년대 심양의 도시근대화는 반식민지화와 동질성을 갖는다. 봉천군벌 시기의 도시계획과 구조의 특징은 식민지 도시체제에 간접 영향을 미치고 있었다. 당시 장작림이 심양에 거주하면서 교량과 토목 건축과 시외곽의 건설, 공업단지 조성 등 도시화의 준비가 대규모로 진행되었다. 특히 1923년 시정관리체제의 근대화를 통하여 상부지의 정비, 국제적 선진문물의 수입, 교통기관의 정비를 통한 도시공간의 효율성 제고 등이 추

---

100 遼寧省檔案館 編, 『滿鐵與勞工』 제2집 4권, 廣西師範大學出版社, 2003, 433~434쪽.
101 『滿鮮日報』 1939년 12월 6일 「奉天簡易住宅建設」.

진되었다. 교통기관의 정비는 상공업의 발전을 초래하였기 때문에 중점 사업으로 진행되었다.

공공시설의 개선은 아직 근대화되지 못한 상공업에 대한 추동력을 불어넣어 주기 위한 특단의 조치였다. 또한 도시의 근대화는 이주자를 흡인하는 중요 인자로 작용하였다. 하지만 장작림의 도시계획은 자금력 부족과 일제의 만주침략으로 좌절되었다.

1930년대 만주국 성립으로 심양은 식민도시가 되었으나 도시계획은 한층 '세련되게' 진행되었다. 1932년 봉천도읍계획준비위원회에서 도시계획의 세부계획안이 실행되면서 '공업화도시계획'은 어느 정도 궤도에 올랐다. 이와 같이 만주국은 도시계획을 수립하면서 팽창하는 인구를 적절히 수용하고 이를 재편하기 위해 고심하였다.

특히 심양의 위성도시는 대부분 중공업도시이기 때문에 심양으로 유입된 인구들을 다시 위성도시로 분출할 수 있는 여지가 많았다. 이 과정에서 이주한인은 만주국에서 선전하는 주요 구성원이었지만 피지배민족으로 차별적 대우를 받았다. 특히 그들의 주요 거주지인 서탑 일대의 주거환경은 만철부속지와 비교하였을 때 열악하기 그지없었다. 만철 연선의 중요한 도시인 심양·장춘·대련 등의 도시계획과 그 실행이 갖는 동질성은 중국인 거주의 구시가지와 일본인 거주의 신시가지를 통하여 명확하게 나타나고 있었다. 이처럼 봉천 신도시계획이 만주국을 설립하면서 장춘과 함께 정치와 경제의 축으로 상징되는 방대한 계획이었지만, 철서공업지구, 만철부속지의 명확성 또는 거주민족의 집단성이 잘 나타난 것이 만주국 시기 도시 심양의 특징이었다.

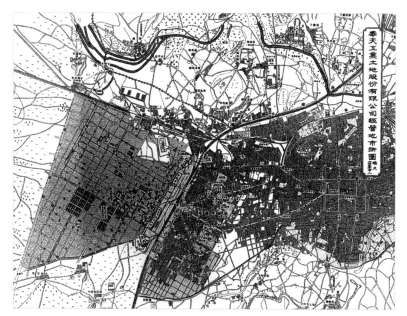

심양도시계획도(시가도)

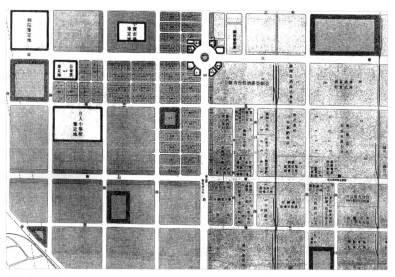

공업지역 일부

찾아보기

만주지역 친일단체

친일, 비겁한 변명

초판 1쇄 인쇄　2014년 8월 5일
초판 1쇄 발행　2014년 8월 15일

지은이　김주용
펴낸이　주혜숙
펴낸곳　역사공간
등록　2003년 7월 22일 제6-510호
주소　121-842 서울특별시 마포구 동교로 142-11 (서교동, 플러스빌딩 3층)
전화　02-725-8806~7, 325-8802
팩스　02-725-8801, 0505-325-8801
E-mail　jhs8807@hanmail.net

ISBN 979-11-5707-013-8　93900